中经"精品课程"系列
中经新文科·财经类系列规划教材

# 中小企业会计基础与实务

主　编：叶梁军　诸　灵　周　艳
副主编：赵克辉　卢美玲　陈穗丹
　　　　普　平　吴令君
编　委：黄秀艳　曾丽萍　屠晓佳
　　　　傅丽敏　王璐茜　林嘉伊

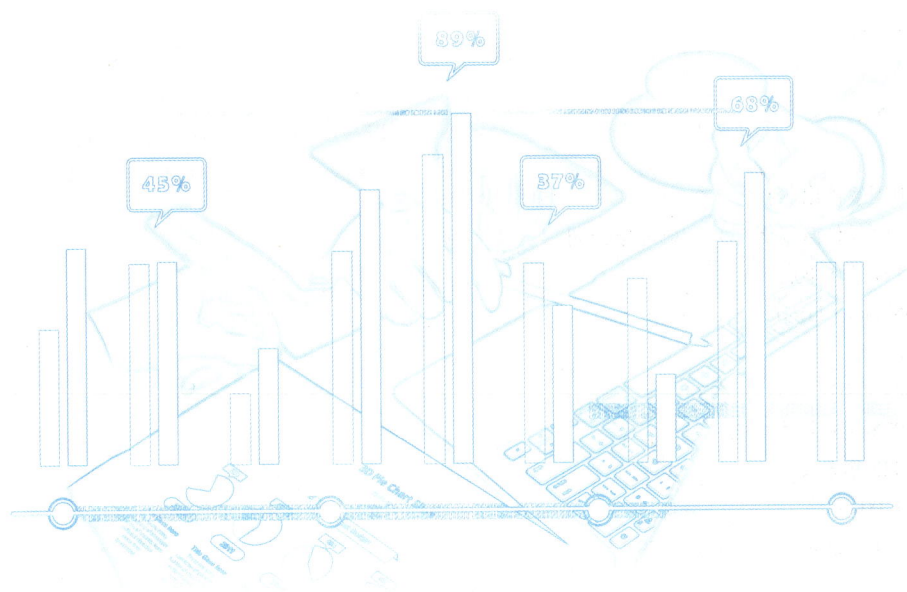

中国经济出版社　中国石化出版社

·北京·

图书在版编目（CIP）数据

中小企业会计基础与实务 / 叶梁军，诸灵，周艳主编 . -- 北京：中国经济出版社：中国石化出版社，2025.8. -- ISBN 978-7-5136-8218-3

Ⅰ.F276.3

中国国家版本馆 CIP 数据核字第 2025Q152K1 号

选题策划　雷　生
责任编辑　彭　欣
责任印制　李　伟
封面设计　任燕飞

出版发行　中国经济出版社
印　刷　者　宝蕾元仁浩（天津）印刷有限公司
经　销　者　各地新华书店
开　　　本　889mm×1194mm　1/16
印　　　张　12.75
字　　　数　324 千字
版　　　次　2025 年 8 月第 1 版
印　　　次　2025 年 8 月第 1 次
定　　　价　54.00 元
广告经营许可证　京西工商广字第 8179 号

中国经济出版社 网址 http://epc.sinopec.com/epc/ 社址 北京市东城区安定门外大街 58 号 邮编 100011
本版图书如存在印装质量问题，请与本社销售中心联系调换（联系电话：010-57512564）

版权所有　盗版必究（举报电话：010-57512600）
国家版权局反盗版举报中心（举报电话：12390）　服务热线：010-57512564

# PREFACE 前言

本书是浙江省普通高校"十三五"新形态教材,是浙江省精品在线开放认定课程"中小企业会计基础与实务"的配套教材。本书基本内容涉及会计基础、财务分析、财务管理和会计信息化等方面的知识与技能。本书的目的是培养高等院校会计专业及财经类专业学生的会计基础知识与技能和财务分析与管理能力。本书的体例和结构基于传统"会计基础""内部控制"等相关课程的知识点和能力点,根据中小企业会计岗位"一岗多能""一专多能"的岗位要求,整合了财务会计和管理会计中财务分析和资产管理的相关内容,体现了会计核算与财务管理的融合、企业内部会计业务与外部会计业务的结合、传统会计向现代会计的转型;以中小企业真实经营活动再现会计业务、流程和方法,突出信息化管理、会计核算及内外部管理、业务与财务服务等教学资源的应用,对于在互联网时代高校会计专业教材建设与改革以及现代信息技术在会计教育与培训中的应用具有较强的实际意义。

本书具有以下特点:

(1) 以中小企业真实经营活动再现会计业务、流程和方法。

(2) 结合中小企业会计岗位"一岗多能""一专多能"的特点,体现了会计核算与财务管理的融合,以及企业内部会计业务与外部会计业务的结合。

(3) 突出信息化在会计核算和财务管理中的应用及服务职能,体现传统会计向现代会计的转型。

(4) 采用行动导向下的项目化教学设计和多种启发式教学方法,促进学生合作学习,做到课内课外、线上线下相结合。

(5) 开发丰富的网上资源,满足学生自主学习需要。

本书由第一主编叶梁军负责总纂与定稿。第二、第三主编由浙江长征职业技术学院诸灵、周艳担任；副主编由杭州德御天悦会计师事务所赵克辉、广州民航职业技术学院卢美玲、广州市公用事业技师学院陈穗丹、武汉兴诚海水泥制品有限公司普平、武汉华发长盛房地产开发有限公司吴令君担任；编委由浙江宇翔职业技术学院黄秀艳、上海立达学院曾丽萍、浙江公路技师学院屠晓佳、杭州国开文化科技有限公司傅丽敏、浙江树人大学王璐茜、浙江师范大学附属泗门实验中学林嘉伊等组成。在编写过程中，编者参考了大量中外文献，得到了有关专家的大力支持，在此一并表示衷心的感谢！由于编者水平有限，书中难免有不足之处，敬请专家、学者和广大读者不吝赐教！

编者

2025 年 1 月

# CONTENTS 目录

## 项目一　认知中小企业会计　001

任务一　认知会计含义……………………………………………… 002
任务二　认知会计职能……………………………………………… 003
任务三　认知会计精神与会计行为………………………………… 005
任务四　认知中小企业会计………………………………………… 007
拓展练习……………………………………………………………… 010

## 项目二　认知中小企业会计核算基本流程　013

任务一　编制家庭资产负债表……………………………………… 014
任务二　编制家庭利润表…………………………………………… 016
任务三　认知公司设立程序………………………………………… 017
任务四　认知中小企业会计核算基本流程………………………… 022
拓展练习……………………………………………………………… 026

## 项目三　中小企业传统账务处理　028

任务一　收缴资本金………………………………………………… 029
任务二　填制纸质会计凭证………………………………………… 031
任务三　登记纸质账簿……………………………………………… 035
任务四　编制纸质报表……………………………………………… 037
拓展练习……………………………………………………………… 043

## 项目四　中小企业智能化账务处理　　045

　　任务一　账务处理应用理论……………………………………………… 046
　　任务二　财务共享服务中心实践流程…………………………………… 062
　　任务三　账务风险管理策略……………………………………………… 072
　　拓展练习………………………………………………………………… 077

## 项目五　中小企业会计工作服务　　080

　　任务一　中小企业会计工作服务项目…………………………………… 081
　　任务二　中小企业会计咨询服务………………………………………… 093
　　任务三　中小企业会计基础工作规范…………………………………… 099
　　拓展练习………………………………………………………………… 107

## 项目六　中小企业财务管理技能　　109

　　任务一　基本财务管理技能……………………………………………… 110
　　任务二　合规工作管理…………………………………………………… 115
　　任务三　人工智能财务工具应用………………………………………… 120
　　任务四　会计信息化服务………………………………………………… 130
　　拓展练习………………………………………………………………… 132

## 项目七　中小企业业财融合管理　　134

　　任务一　经营效益综合服务……………………………………………… 135
　　任务二　业财融合计算基础……………………………………………… 141
　　任务三　销售业务与财务融合管理……………………………………… 147
　　任务四　精细化成本融合分析计算……………………………………… 163
　　拓展练习………………………………………………………………… 175

## 项目八　中小企业多维度财务分析　　177

任务一　搭建财务分析框架……………………………………………………178
任务二　企业战略分析……………………………………………………………180
任务三　会计分析…………………………………………………………………182
任务四　报表分析…………………………………………………………………184
任务五　前景分析…………………………………………………………………191
拓展练习……………………………………………………………………………193

**参考文献**………………………………………………………………………………195

# 项目一 认知中小企业会计

## 知识目标

1. 理解会计概念。
2. 掌握会计基本职能。
3. 熟悉会计精神与会计行为。
4. 熟悉中小企业会计核算的特点和意义。

## 技能目标

1. 能够熟知会计本质、会计主体、主要计量单位等具体含义。
2. 能够识别核算与监督两大传统会计基本职能。
3. 能够识别会计精神与会计行为。

## 素质目标

1. 培养学生对会计在社会发展中重要性的认知。
2. 培养学生自觉践行爱岗敬业、遵守职业道德等会计精神。
3. 培养学生自觉规范坚持原则、实事求是的会计行为。

## 知识串联

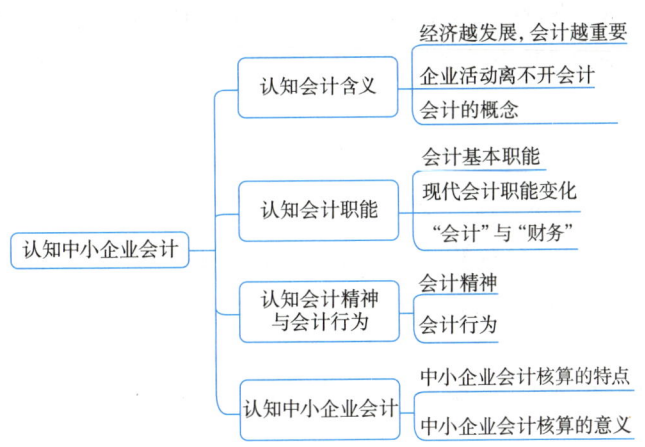

## 任务一　认知会计含义

### 学习情境

会计专业学生陈亦望、王飞、刘晓珂在学习之余,想一起创业,经过深入调研和分析,他们发现,商场里、影院旁抓布娃娃的"娃娃店"生意相当火爆。他们认为,这是一个投资小、见效快的好生意,决定成立一家企业,专营"娃娃店"的生意。根据分工,陈亦望任总经理、王飞任会计、刘晓珂任出纳。"娃娃店"要开张,会计王飞要处理的事情可以说千头万绪:资金从何而来、怎么注册公司、账务如何处理、纳税申报怎样开展……因此,开展这些会计工作,首先要知道:什么是会计?

### 学习目标

了解企业活动;了解会计的重要性;认知会计概念。

### 知识储备

**知识点1:经济越发展,会计越重要**

马克思在《资本论》中指出,"过程越是按社会的规模进行,越是失去纯粹个人的性质,作为对过程的控制和观念总结的簿记就越是必要"。这里讲的"簿记"指的就是会计。这一论述的意思是:经济发展离不开会计,经济越发展,会计越重要。

**知识点2:企业活动离不开会计**

企业是经济社会发展的主体,盈利是企业发展的根本动力。企业盈利的过程就是一个不断从投入资金到收回更多资金的"金钱循环游戏",即资金循环,而会计就是对企业资金循环进行管理。

企业活动包括融资活动、投资活动和经营活动。

(1)融资活动。融资活动是指筹集资金。企业从哪里能够筹集到资金呢?企业的融资渠道有两个:股权融资和债权融资。股权融资,是指从股东那里筹集到的资金,股东是投资人,企业是被投资人。通过股权融资得到的资金,企业不需要支付利息,但公司股权属于全体股东,股东对公司有分红权。债权融资,是指企业借来的资金。在债权融资中,提供资金的一方成为债权人,而得到资金的一方则是债务人,债务人要定期向债权人支付利息。

(2)投资活动。企业的投资活动包括对内投资和对外投资。对内投资主要是指对固定资产、无形资产等期限超过1年的项目进行的投资;对外投资主要是指对外投资公司、购买股票、债券等。

(3)经营活动。经营活动是指企业融资和投资活动以外的所有交易或事项。

**知识点3:会计的概念**

什么是会计?人们通常从三个角度对"会计"进行理解:①"会计"是一项专门的工作——会计工作,比如,王飞是干会计的;②"会计"是一个群体——会计人员,是指担任会计工作的人员,比如,"娃娃店"的王会计是个新手;③"会计"是一门学问——会计学,是指一门以会计为对象的学科,比如,王飞在大学里学的是会计。

我们这里所讲的"会计"则侧重于会计工作。那么,什么是会计呢?

会计是以货币为主要计量单位,反映和监督一个单位经济活动的一种经济管理工作。

**【任务清单】1　认知会计含义**

| 项目名称 | 任务内容 |
| --- | --- |
| 任务情境 | 假如你是"娃娃店"的会计王飞，通过对【知识储备】中会计概念的学习，你能理解什么是会计吗？ |
| 任务目标 | 通过会计概念理解会计的具体含义。 |
| 任务实施 | （1）会计的本质是一项什么活动？<br><br>（2）企业的主体是什么？<br><br>（3）会计的主要计量单位是什么？<br><br>（4）会计还有其他计量单位吗？<br><br>（5）会计的主要作用是什么？ |
| 任务点拨 | 参照知识点 1～3。 |
| 任务总结 | 通过完成上述任务，你学到了哪些知识或技能？ |

## 任务二　认知会计职能

### 学习情境

据中华会计网校网站（http：//www.chinaacc.com/news/jinrihuati/wa1502119799.shtml）报道：在美国，90%的财务人员从事的是财务管理工作；在国内，企业超过85%的财务人士担任会计核算职位，他们80%以上的时间用于记录与核算，扮演着"账房先生"的角色。虽然美国的现在不一定代表中国的未来，但一定可以带给我们很大的指导和警示意义。你认为未来"账房先生"将会何去何从？"账房先生"应该如何转型以适应管理会计人才急剧发展的需要？

### 学习目标

掌握会计基本职能；了解会计职能变化的趋势。

### 知识储备

#### 知识点 1：会计基本职能

会计的职能是由会计的本质特征决定的，固有的、直接的功能。会计的职能，是指会计在经济管理中具有的功能。《中华人民共和国会计法》对会计的基本职能表述为：会计核算与会计监督。

会计核算职能，是指以货币为主要计量单位，从数量方面综合反映企业单位已经发生或已经完成的各项经济活动，并进行公正报告的工作。会计核算贯穿经济活动的全过程，是会计最基本的职能，也称"反映职能"。

会计监督职能，是指按照一定的目的和要求，利用会计核算提供的经济信息，对特定对象经济业务的合法性、合理性进行审查、控制，使之达到预期目标的工作。

会计的核算职能和监督职能是相辅相成、辩证统一的关系。会计核算是会计监督的基础，没有核算提供的各种信息，就无法进行监督，只有正确地核算，监督才有真实可靠的依据；会计监督是会计核算质量的保障，只有核算，没有监督，就难以保证核算提供信息的真实性、可靠性，也就不能发挥会计应有的作用。

**知识点 2：现代会计职能变化**

会计的职能不是一成不变的，而是随着会计的出现以及发展的轨迹逐渐产生和发展，它不仅反映会计工作的性质，而且为确定会计工作的范围和会计工作的目标提供理论保证。

互联网环境下，现代会计的基本职能已发生根本变化，由传统会计的核算职能和监督职能转化为核算职能和管理职能。尽管核算仍是现代会计的基本职能，但由于信息技术的应用，自动化、智能化、数字化的网络技术核算代替了传统会计的纸质核算，会计工作的重心由核算转移至管理。在两大基本职能中，核算职能是基础，管理职能是重点，因此现代会计既不是只顾算账的"账房先生"，也不是袖手旁观的"监工"，而是直接参与企业全方位、全流程的价值管理者。

**知识点 3："会计"与"财务"**

传统上，学术界把会计分为财务会计和管理会计。财务会计以向企业外部提供会计信息为主，工作侧重于会计核算；管理会计以向企业内部提供管理服务为主，工作侧重于财务管理。事实上，在企业实务中，企业财务部门都在同时履行会计核算和财务管理的职责，尤其是在企业经营业务与财务管理融合（业财融合）的趋势下，会计核算与财务管理一体化的趋势越发明显。

如今，传统会计正在向现代会计转型，由最初的计量、记录、核算的核算会计，逐步向资源管理、经济预测、控制与评价经济活动、规划未来、参与决策等价值管理的管理会计过渡。

【任务清单】2　认知会计职能

| 项目名称 | 任务内容 |
| --- | --- |
| 任务情境 | 假如你是"娃娃店"的会计王飞，通过对【知识储备】中会计职能的学习，你如何理解会计的基本职能？如何理解现代会计职能的变化？ |
| 任务目标 | 掌握会计基本职能，了解会计职能变化的趋势。 |
| 任务实施 | （1）如何理解会计基本职能？<br><br>（2）如何理解现代会计职能的变化？<br><br>（3）如何理解"会计"与"财务"之间的关系？ |

续表

| 项目名称 | 任务内容 |
| --- | --- |
| 任务点拨 | 参照知识点 1~3。 |
| 任务总结 | 通过完成上述任务,你学到了哪些知识或技能? |

## 任务三　认知会计精神与会计行为

### 学习情境

万福生科(湖南)农业开发股份有限公司(以下简称"万福生科"),于 2011 年 9 月在深圳证券交易所挂牌上市。2012 年 8 月,湖南证监局在对万福生科的例行检查中偶然发现两套账本,后经调查发现万福生科财务造假,上市前后共虚增营业利润 2 亿多元。最终,万福生科被认定为欺诈发行股票和违法信息披露,万福生科董事长和财务总监等相关人员被判入刑。

### 学习目标

理解会计精神与会计行为。

### 知识储备

**知识点 1：会计精神**

任何一种职业都需要精神支撑,会计也不例外,尤其是在互联网时代,塑造会计精神尤为重要。会计精神主要体现在以下几个方面：

(1)爱岗敬业。这里的"爱岗敬业",是指作为会计人员(包括实际工作者和从事会计教育、研究的整个群体),要热爱自己的职业和从事的岗位并对其怀有敬畏之心。会计人员首先要热爱会计工作,通过自己的业绩、思想和行为影响他人。

(2)职业道德。由于会计信息与信息使用者的利益紧密相关,且会计信息产生于由有关法律、商业伦理、会计准则和会计制度等构成的种种限制条件下,严守会计职业道德必须成为一种非常重要的职业精神。会计人员应始终遵守自己的职业道德,提供符合会计制度和会计准则的会计信息。同时,随着信息技术的发展,会计人员还要改变过去单纯的会计技术观点,在进行会计政策选择时,尽可能多地从职业道德方面进行思考。

(3)谨慎稳重。"谨慎"是会计原则体系中的一个非常重要的原则,也是会计人员一种非常重要的工作态度。会计原则体系包含相互矛盾却又统一的整体。例如,谨慎原则就是对历史成本乃至真实性等的修正。然而,在最坏的情况下,亦即歪曲应用时,它将导致会计信息完全失真。所以,必须依靠职业道德、职业判断能力和其他原则的约束,正确应用它。

(4)沟通协作。财务和会计工作都是在一个相当复杂的环境中进行的,是在由方方面面构成的关系网中完成的。能否理解和处理好这些关系,将在很大程度上决定财会工作的效率和质量。因此,财会人员要具备沟通协作精神,正确处理各种财务和会计关系。

**知识点 2:会计行为**

会计行为是提供会计信息的行为,即会计信息的生产和分配活动。从表面上看,会计行为主体主要是会计人员;实际上,作为会计行为直接主体的会计人员,既非"企业价值"的创造者,又非剩余索取权的分享者,即使偏离或拒绝执行"会计标准"能使自己受益,由此获取的额外收益也远不能弥补其所带来的潜在损失。因而,抛开会计人员专业能力方面的原因,其理性选择必然是"坚持原则",而不是"放弃原则"。事实上,真正决定和影响企业会计行为选择的是企业经营者,因为企业经营者作为企业管理当局的主体,基于最大化自己期望效用和利益的目的,总是希望企业提供的会计信息能够带来更多的额外收益,也有足够的行为能力将这种要求"传导"给会计行为主体,对会计行为主体的理性选择施加影响。因此,企业经营者的行为决定和影响着会计主体的行为,进而影响会计信息的质量。

【任务清单】3　认知会计精神与会计行为

| 项目名称 | 任务内容 |
| --- | --- |
| 任务情境 | 假如你是"娃娃店"的会计王飞,通过对【知识储备】中会计精神与会计行为的学习,你如何理解会计精神与会计行为? |
| 任务目标 | 理解会计精神、会计行为。 |
| 任务实施 | (1)你如何理解爱岗敬业精神?<br><br>(2)你如何理解职业道德精神?<br><br>(3)你如何理解谨慎稳重精神?<br><br>(4)你如何理解沟通协作精神?<br><br>(5)你如何理解会计行为? |
| 任务点拨 | 参照知识点 1~2。 |
| 任务总结 | 通过完成上述任务,你学到了哪些知识或技能? |

## 任务四　认知中小企业会计

**学习情境**

"娃娃店"的会计岗位如何设置？这要根据企业的具体情况来定。中小企业由于规模小、业务少、人员紧张，员工往往身兼数职，如会计人员既做账又兼做行政后勤工作。对中小企业而言，无论人员如何紧张，会计与出纳人员都不能由一人兼任，出纳人员不得兼管稽核、会计档案保管和收入、费用、债权债务账目的登记工作。

**学习目标**

了解中小企业会计核算的特点；理解中小企业会计核算的意义；认知中小企业会计工作。

**知识储备**

**知识点1：中小企业会计核算的特点**

中小企业会计核算的特点如下：

（1）规模小，业务单一，行业分散。

中小企业规模小，主要体现在年营业额少、资金投入量不大上，这与其融资渠道有关。中小企业主要靠企业内部借款，而银行的资金支持有限，虽涉及门类齐全，但大多规模较小，因此，中小企业只能侧重某一项产品或业务，很少多元化经营，业务流程相对单一。

（2）组织结构简单，会计人员体现"一岗多能""一专多能"的特点。

中小企业部门及人员较少，核心管理人员仅有几人，财务管理人员体现"一岗多能""一专多能"的特点，组织结构大多采用集权制，经营机构和内部组织机构较为简单。

（3）结构灵活，创新能力强，工作效率高。

与大企业相比，中小企业规模小，组织灵活，经营富有弹性，有更强的应变能力，但中小企业的经营规模、资金实力、政府支持度等在竞争中处于劣势，形成了巨大的生存压力。

**知识点2：中小企业会计核算的意义**

目前，中小企业已经成为我国经济发展中一股不可忽视的力量，中小企业会计核算推动了会计人员管理体制改革，提高了会计信息质量。中小企业在收益大于成本和重要性的约束条件下，根据中小企业的实际情况，提供满足信息需求者要求的会计信息。我国中小企业的会计信息使用者首先是企业主、债权人、政府主管部门，其次是股东。但是，不同利益相关者对会计信息的需求不尽相同。中小企业由于受到规模成本的限制，对其提供的会计信息不能像要求大公司那样严格，可以相对简明实用。因为中小企业的会计信息主要提供给政府部门，所以真实可靠、合乎国家的相关规定显得特别重要。会计信息的可靠性，是指能确保会计信息免于错误和偏差，并且能如实地反映会计信息意欲反映的现象或状况的质量。会计信息不可靠，不仅无助于会计信息使用者进行决策，而且可能误导会计信息使用者。合规性的构成要素应该是可验性和完整性。可验证性，是指会计信息必须可以重复验证，独立的会计人员对发生的经济业务使用相同的会计程序和方法。

 中小企业会计基础与实务

## 【任务清单】4  认知中小企业会计

| 项目名称 | 任务内容 |
| --- | --- |
| 任务情境 | 假如你是"娃娃店"的会计王飞，通过对【知识储备】中关于中小企业会计核算特点及核算意义的学习，你能描述一下中小企业会计工作吗？ |
| 任务目标 | 了解中小企业会计核算的特点，认知中小企业会计工作。 |
| 任务实施 | (1) 中小企业会计核算的特点有哪些？<br><br>(2) 针对中小企业会计人员"一岗多能""一专多能"的要求，你如何提升自身业务素质？<br><br>(3) 中小企业会计核算的意义体现在哪些方面？ |
| 任务点拨 | 参照知识点 1~2。 |
| 任务总结 | 通过完成上述任务，你学到了哪些知识或技能？ |

### 思政之窗

　　大禹治水的故事大家都耳熟能详，但你知道大禹是会计的祖师爷吗？早在4000多年前，做了天下大王的大禹就在中华大地上构建了最早的国家税负制度，有了税负制度自然就有了会计工作。有一年，大禹召集天下诸侯在今浙江省绍兴市的会稽山（当初叫"茅山"）召开了中国乃至世界历史上第一次会计大会。在这次大会上，大禹考评天下诸侯的业绩，按照业绩加官晋爵，用今天的话来说就是：通过会计活动实施绩效考核、论功行赏。我们今天用的"会计"两字正是从"会稽"而来，对此，司马迁在《史记·夏本纪》中记载："禹会诸侯江南，计功而崩，因葬焉，命曰会稽。会稽者，会计也。"会稽的"会"，意指综合计算；稽，意指稽核、审查；2000多年前，孟子还对"会计"专门做了解释："会，总和计算；计，零星计算。"

　　会稽者，会计也。作为未来的会计从业者，我们应该了解中华文化和会计文明的起源。通过学习，不仅让我们坚信大禹就是中国会计的始祖，会稽山就是中国会计的发源地、是世界会计文化的源头，同时也增强了我们将来从事会计工作的自豪感和自信心。

　　尽管大禹在4000多年前主持召开了人类历史上第一次会计大会，会稽山是事实上的世界会计文化源头，但你知道吗？就目前而言，我国的会计理论及其规则，除了"会计"名称，其余几乎都是来自西方国家的"舶来品"，根本原因是我国在世界会计领域的话语权仍然很低。如今，中美之间已在全方位展开竞争，世界大国之争归根结底就是规则之争，服务于经济社会的会计也是如此，虽然按照单一会计标准形成的会计信息是经济社会有效运行的基础，但会计不仅是对经济现象进行客观反映的"信息系统"，更是企业组织中确定绩效衡量标准的权力子系统，代表着不同的社会政

治结构。当不同国家的企业在同一市场上对某一特定绩效标准展开竞争时，必然导致国家间权力格局和利益格局的调整，使会计问题转化为国际政治问题。面对世界百年未有之大变局，为实现中华民族伟大复兴的中国梦，我们会计人都有责任担当历史重任，探索和推动中国事业发展。

### 故事启迪

**任正非怒批 PFC 裁员 1100 人：这些都是 CEO 人选！**

众所周知，华为集团总裁任正非很重视华为的财务团队，曾在多个场合表达财务的重要性，财务要融入业务中，强调 CFO 是接任总经理（CEO）的最佳人选。但是，华为近几年裁减了近 1100 名项目财务经理（Project Financial Controller，PFC），这令任总非常生气。2025 年 5 月 6 日，华为对外公开了总裁任正非在平台协调会上有关分支机构 CFO 定位的讲话。以下为任总的讲话内容：

## 总 裁 办 电 子 邮 件

电邮讲话【20\*\*】067 号　　　　　签发人：任正非

---

**任正非在平台协调会上关于代表处 CFO 定位的讲话**

20\*\*年 4 月 28 日

我从公司战略上如何培养财经人员说起。我们招聘大量的优秀员工，加入项目财务的工作，是为了培养未来的接班人，PFC 在高潮时曾达到 1700 人，其中有大量外国名校毕业的博士、硕士，我正高兴过几年我们就具有提升财务专家、干部的资源基础了。突然几年前一阵寒风吹，不知谁裁掉了 1100 人，让我生气不已。不知是谁干了这事，心声上也不检讨，这种领导鼠目寸光。

PFC 在公司有什么作用？这些高智商的财经人员，进入项目后，就懂业务，知道华为是干什么的、怎么干、怎么样才能干好。从核算开始，经过预算、计划、项目管理，垫好人生的第一块砖。有部分适合做财务的业务人员，在基层熟悉财务后，也可以进入这种队列。当年，我从非洲带回李华，就是做一个榜样，后来官升大了甩耙子、撂挑子、自暴自弃，被淘汰，不在此话。此人有才华，为何华大不请来做教员呢？我们要心胸宽广一些，容得下一切人。

PFC 做得好后，一二年后可以做大项目 CFO 或小项目 CEO，真正弄明白基层的具体工作，怎么干、怎样干、怎么把它做好。将来升至机关，不至于是"空军司令"。大项目 CFO 是跟着 PD 跑的，要容易一些；小项目 CEO 要难一些，对他们是挑战，从项目生成、如何组合资源、解决方案的先进性，如何适配现存网络、如何工程分包、如何验收……报告怎么写，经过一次洗礼，你将终生难忘。以后即使当了"空军司令"，也能接地气。

公司为什么管理队伍这么庞大，会议这么多、会议又长，而且议而不决？就是因为会议主持人没有实践经验、心中无数、能力太低，所以不能担责；发出去的文件又不符合实际，给一线增加负担，这些都是没有一线实践经验造成的。我们的 PFC 螺旋式上升，优秀的逐渐走上管理岗位。基层 CFO 将来可以接替机关一些重要岗位的工作。

当这些优秀人员升入作战 CFO 时，他们的涉及面更广、更难，也最锻炼人。他们主要是作战 CEO 的助手，在共同的目标下，捆绑在了一起，对项目有更多的感受。在 CEO "受伤"的关键时刻，CFO 能立即替代指挥，作战 CFO 应该在全业务、全方位、全时段都是明白人。所有基层财经人员的成长，都是功夫在诗外，一定要借助这段时间真正地熟悉广谱的业务，成为"万金油"，真正的"万金油"。年年轻轻就拥有了实战经验，终身享用不完。

平台 CFO 没有经过 PFC、作战 CFO 成功历程的人要补课，要利用休息时间下去，一门一门地补起来，你说你懂交付了，我们考你的采购、考你工程如何分包；你懂工程了，我们考你法务、公共关系、合规管理；中央集权的工作随时接受飞行检查。在你所协调的范围内，你都要成为"半坛子"专家，不然你如何协调得了呢？平台 CFO 虽然是"万金油"，但如果没有真知灼见，如何指挥得了联勤保障？平台 CFO 要具有 COO 的能力，没有的赶快补，一年有 104 个周末，抽一些去学习。有人说我要休息，那你就把官位让给别人吧，有的是人愿意冲锋。HR 也是一样，要成为内行，在业务上要成为半个专家。

在平台 CFO 改革过程中，公司一直有争论，我们必须做好这件工作。不合适的，要从战略预备队的优秀学员选拔替换，同样要经历我前面讲过的资历学习、考验。这个角色的要求我一点都不妥协。为了胜利，必须逼你们，你们不努力去补课，就换人。换下来的人不一定不好，但改革一定要成功，我们输不起，不会因迁就一些人毁了改革大局。在岗位就要努力去实现自己的责任，失去机会，什么时候再来？天上不会掉下来一个林妹妹。

财经人员只有经过这种螺旋循环，将来才能接管机关。从坂田机关开始，除了对职员不考试外，干部、专家都要通过战略预备的电子考试，实践考核，每三年循环考一次。

---

报送：董事会成员、监事会成员

主送：全体员工

二〇××年五月六日

---

PFC 是协助项目经理进行项目经营管理的财务人员，支撑的项目经营活动包括概算、预算、核算、预测和决算等。PFC 是连接财务和业务之间的纽带，体现了业财融合趋势下现代会计的转型，任总曾说："我认为账务是公司的大管家，我想没有任何一件事情是你不可以管的。"他多次强调："什么是称职的 CFO？是 CEO 下台，CFO 可以随时接任 CEO，这样的 CFO 才是我们希望看到的合格的 CFO。"

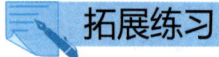

## 拓展练习

### 一、单选题

1. 我们使用的"会计"一词，是由（　　）演变而来的。

   A. 会计　　　　　B. 汇计　　　　　C. 会稽　　　　　D. 计算

2. 会计具有（　　）的基本职能。

   A. 记录和分析　　B. 核算和监督　　C. 计算和考核　　D. 核算和管理

3. 下列不属于会计核算职能的是（　　）。

   A. 审查经济活动是否违背内控制度或是否合法

   B. 确认经济活动是否应该或能够进行会计处理

   C. 记录经济活动的内容

   D. 通过编制财务报告的形式向有关方面和人员提供会计信息

4. 以下不属于会计监督职能特点的是（　　）。

A. 会计监督具有完整性、连续性和系统性

B. 会计监督主要通过价值指标进行

C. 会计监督要对单位经济活动的全过程进行监督，分为事前监督、事中监督和事后监督

D. 会计监督依据有真实性、合法性和合理性等方面

5. 以下不属于中小企业核算特点的是（　　）。

A. 结构稳定，工作程序化要求强

B. 组织结构简单，会计人员体现"一岗多能""一专多能"

C. 业务分散且业务量大，企业扩张迅速

D. 职责分明，各尽其职，各负其责

## 二、多选题

1. 下列关于会计核算和会计监督之间关系的说法，正确的有（　　）。

A. 会计核算是会计监督的基础

B. 会计监督是会计核算的保障

C. 两者之间存在着相辅相成、辩证统一的关系

D. 会计监督是会计核算的前提和基础，会计监督是对会计核算的实现

2. 会计精神主要体现在（　　）等方面。

A. 爱岗敬业　　　　　　　　　B. 实事求是

C. 职业道德　　　　　　　　　D. 谨慎稳重

3. 下列关于中小企业会计核算特点的说法，正确的有（　　）。

A. 结构稳定，工作程序化要求强

B. 规模小，业务单一，行业分散

C. 组织结构简单，会计人员体现"一岗多能""一专多能"的特点

D. 结构灵活，创新能力强，工作效率高

4. 中小企业会计信息的使用者有（　　）。

A. 企业主　　　B. 债权人　　　C. 政府主管部门　　　D. 股东

5. 下列选项中，可以作为会计主体核算的有（　　）。

A. 企业的事业部　　　　　　　B. 分公司

C. 企业集团　　　　　　　　　D. 销售部门或生产车间

## 三、判断题

1. 我国会计法规中地位最高的法律是《中华人民共和国会计法》。（　　）

2. 《中华人民共和国会计法》是由全国人民代表大会颁布的。（　　）

3. 中小企业会计核算实行《企业会计准则》。（　　）

4. 会计能核算企业所有的经济活动。（　　）

5. 会计的职能是会计本质的体现，是会计在经济管理中固有的功能，会计职能不会随着时间和环境发生改变。（　　）

**四、业务操作题**

临近年底，A公司产销两旺，会计小王预测公司将实现利润总额达2 000多万元，乐滋滋地向老板报告公司的盈利状况，老板高兴之余了解到公司还得上交500多万元的企业所得税，就责成小王规划公司账务，并说："实在不行，可以对会计报表做一些会计技术处理。"小王内心清楚，2 000多万元的利润已难降低，要遵照老板的意图只得在会计报表上做手脚。小王感到左右为难：如果不按照老板的意见办，则自己在公司的饭碗难保；如果按照老板的意见办，则自己有违会计法和会计职业道德的要求。为此，小王思想压力很大，不知如何是好。

要求：根据会计精神要求，分析会计小王应该如何处理。

项目1
拓展练习及答案

# 项目二
## 认知中小企业会计核算基本流程

### 知识目标

1. 熟悉资产负债表、利润表的内容和作用。
2. 掌握会计六大要素之间的关系。
3. 熟悉公司设立的基本程序。
4. 熟悉中小企业会计核算的基本流程。

### 技能目标

1. 能够熟知"资产＝负债＋所有者权益""利润＝收入－费用"两大会计恒等式。
2. 能够填制和解释家庭资产负债表、家庭利润表。
3. 能够解释中小企业会计核算的基本流程。

### 素质目标

1. 培养学生基于生活事例理解会计报表的能力。
2. 培养学生基于中小企业设立程序从事会计活动的能力。
3. 培养学生设计中小企业会计核算流程的能力。
4. 培养学生基于出纳岗位要求的资金管理能力。
5. 培养学生会计记账凭证的处理能力。
6. 培养学生登记纸质账簿的能力。
7. 培养学生理解和编制简单纸质会计报表的能力。

## 知识串联

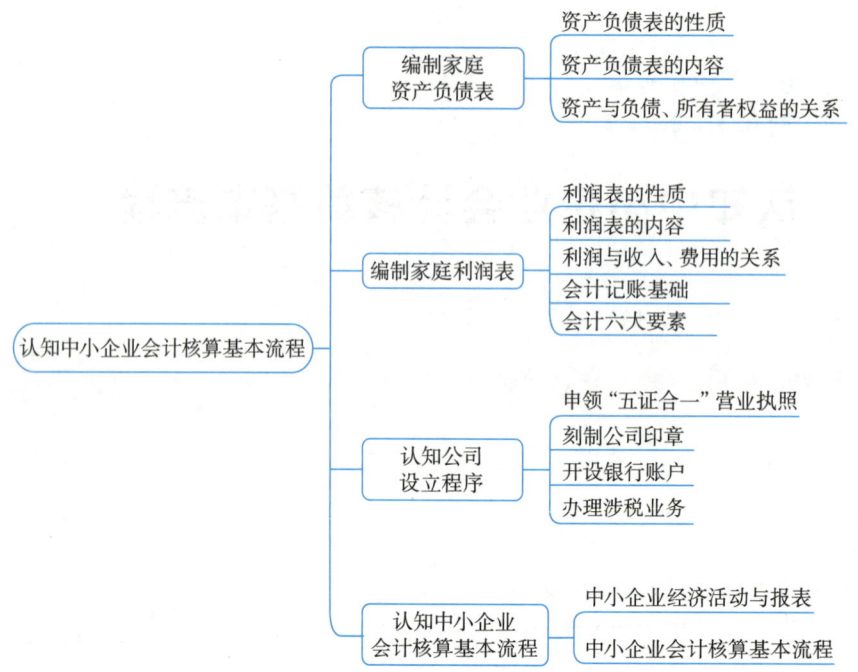

## 任务一　编制家庭资产负债表

**学习情境**

会计报表是会计工作的成果，那么这个会计报表是怎么来的？为了更直观地了解会计报表的编制过程，我们从一个普通的家庭开始，共同学习生活中会计报表的编制。我们首先从最基本的报表——家庭资产负债表开始。事实上，资产负债表是"面子工程"，为什么把资产负债表称为"面子工程"呢？让我们带着这个问题，共同学习和编制家庭资产负债表。

**学习目标**

通过学习，编制家庭资产负债表；了解资产负债表的基本结构；掌握会计恒等式：资产 = 负债 + 所有者权益。

**知识储备**

**知识点1：资产负债表的性质**

资产负债表就像一张照片，是一张静态报表，反映的是某一时点的财务状况。某一时点是指具体的时间点，如20××年8月1日、8月31日，甚至可以说8月31日12时0分0秒，但不能说"1月份"。

**知识点2：资产负债表的内容**

资产负债表反映的是某一特定时点的财务状况。比如，对小刘家的资产负债表来说，它反映的是小刘家特定时点（20××年8月31日）的财务状况。财务状况包括3部分：①小刘家拥有什么资产；②小刘家承担了多少债务；③小刘家拥有多少股东权益（也叫"所有者权益"）。

### 知识点 3：资产与负债、所有者权益的关系

资产负债表从左右两个方向反映，左边反映的是资产，即有什么东西；右边是负债和所有者权益，即这些东西从哪里来。所以，资产负债表左边的资产与右边的负债和所有者权益的合计是恒等的：资产 = 负债 + 所有者权益。资产负债表是按照一定结构进行排列的，左边的资产从上往下按流动性高低排列；右边的负债从上往下按清偿时间先后顺序排列，排在负债之后的所有者权益按照先后顺序排列。

【任务清单】1　编制家庭资产负债表

| 项目名称 | 任务内容 |
| --- | --- |
| 任务情境 | 小刘与小张夫妇是普通的一家（以下简称"小刘家"），为了分析小刘家的资产状况，20××年8月31日，小刘对其家庭财产进行了盘点，具体状况如下：<br>一、小刘家的资产<br>20××年8月31日，小刘家的财产盘点清单如下：<br>存款：15万元<br>股票：25万元<br>生活物品：10万元<br>房产：150万元<br>合计：200万元——资产<br>二、资产的来源<br>银行按揭：80万元<br>结婚时双方出资：小刘60万元，小张40万元<br>家庭收入结余：20万元<br>合计：200万元——权益（负债+所有者权益） |
| 任务目标 | 编制小刘家的资产负债表。 |
| 任务实施 | （1）资产是如何排列的？<br><br>（2）负债及所有者权益是如何排列的？<br><br>（3）资产如何计算？<br><br>（4）负债如何计算？<br><br>（5）所有者权益如何计算？ |
| 任务点拨 | 参照知识点 1~3。 |
| 任务总结 | 通过完成上述任务，你学到了哪些知识或技能？ |

## 任务二　编制家庭利润表

### 学习情境

为了更直观地了解会计报表的编制过程，我们继续从一个普通的家庭开始，共同学习生活中会计报表的编制。我们通过任务一对家庭资产负债表的学习，了解了小刘家的资产负债表这一"面子工程"，本任务我们将通过分析小刘家20××年8月的家庭成果，探讨小刘家的"里子工程"——利润表。

### 学习目标

通过学习，编制家庭利润表；了解利润表的基本结构；掌握会计恒等式：利润 = 收入 – 费用。

### 知识储备

**知识点1：利润表的性质**

利润表是一张动态报表，反映的是一定期间的经营成果。一定期间，是指在会计工作中，为核算经营活动或预算执行情况所规定的时间范围，如1个月、1个季度、1年等，甚至可以说11月11日0时0分0秒—11月11日1时0分0秒，但不能说8月31日。

**知识点2：利润表的内容**

利润表反映的是一定期间的经营成果，是赚钱还是亏钱，会计术语叫作"盈利"或者"亏损"。在报表上，盈利用正数表示，亏损用负数表示，利润表反映的就是盈亏成果，也叫"经营成果"。

**知识点3：利润与收入、费用的关系**

利润表反映了"利润 = 收入 – 费用"的过程，其中，"收入"与"费用"是相匹配的。利润表不仅反映结果，还反映"收入 – 费用"的整个过程，既不能撇开收入谈费用，也不能撇开费用谈收入。

**知识点4：会计记账基础**

会计记账基础包括：收付实现制和权责发生制。其中，企业会计的记账基础是权责发生制。关于收付实现制，比较容易理解，其类似于很多家庭的流水账，收入了多少，支出了多少，在收入或支出时，直接相加减即得出利润。权责发生制，是指凡是当期已经实现的收入和已经发生或应当负担的费用，无论款项是否收付，都应作为当期的收入和费用；凡是不属于当期的收入和费用，即使款项已在当期收付，也不应作为当期的收入和费用。

**知识点5：会计六大要素**

会计工作就是首先将企业的投资、融资和经营三大经济活动分类成资产、负债、所有者权益、收入、费用和利润六个要素，其次按照会计语言编制会计的记账凭证、记明细账和总账，最后编制报表。

关于会计的六大要素，资产负债表中包含三个，分别是资产、负债和所有者权益，这三个要素的关系为"资产 = 负债 + 所有者权益"；利润表中包含三个，分别是收入、费用和利润，这三个要素的关系为"利润 = 收入 – 费用"。

**【任务清单】2　编制家庭利润表**

| 项目名称 | 任务内容 |
| --- | --- |
| 任务情境 | 为了分析小A家的家庭成果，20××年8月，小A对其家庭一个月以来的收支进行了详细登记，请编制小A家的利润表。 |
| 任务目标 | 20××年8月，小A家庭收入支出状况如下：<br>工资：1.5万元<br>日常开支：0.3万元<br>与朋友投资入股：0.8万元<br>向朋友借款：0.2万元<br>支付按揭款：0.7万元（其中，本金0.5万元，利息0.2万元） |
| 任务实施 | （1）如何确定当期收入？<br><br>（2）如何确定当期费用？<br><br>（3）当期利润如何计算？<br><br>（4）会计六大要素之间有什么关系？ |
| 任务点拨 | 参照知识点1～5。 |
| 任务总结 | 通过完成上述任务，你学到了哪些知识或技能？ |

## 任务三　认知公司设立程序

**学习情境**

会计系学生陈亦望联合室友王飞、刘晓珂创业，决定开设一家公司——专营抓布娃娃的"娃娃"店，公司注册资本金10万元，3人的出资为：陈亦望（经理）6万元，王飞（会计）2万元，刘晓珂（出纳）2万元。经登记机构预先核准的公司名称为"杭州娃娃乐玩艺有限公司"。开业在即，公司设立的工作落在会计王飞身上。会计王飞该如何开展下一步工作？

**学习目标**

了解营业执照的申领；熟悉银行预留印鉴章的管理；熟悉银行开户和网上银行操作流程；熟悉

办税流程。

**知识储备**

**知识点1：申领"五证合一"营业执照**

企业要经营，首先要申领营业执照。现在是"五证合一"的营业执照。所谓"五证合一"，是指原来分别申请领取五个证照，而现在只需要一个证照就可以了。原来的"五证"分别是指从工商局领取的工商营业执照、从质监局领取的组织机构代码证、从税务局领取的税务登记证、从人力资源和社会保障局领取的社会保险登记证、从统计局领取的统计证。"五证合一"为企业带来了很大的便利。"五证合一"后，企业证照代码采用统一社会信用代码，该代码由18位数字或字母组成，就像我们个人的身份证一样，它是企业的"数字身份证"（如图2-3-1所示）。

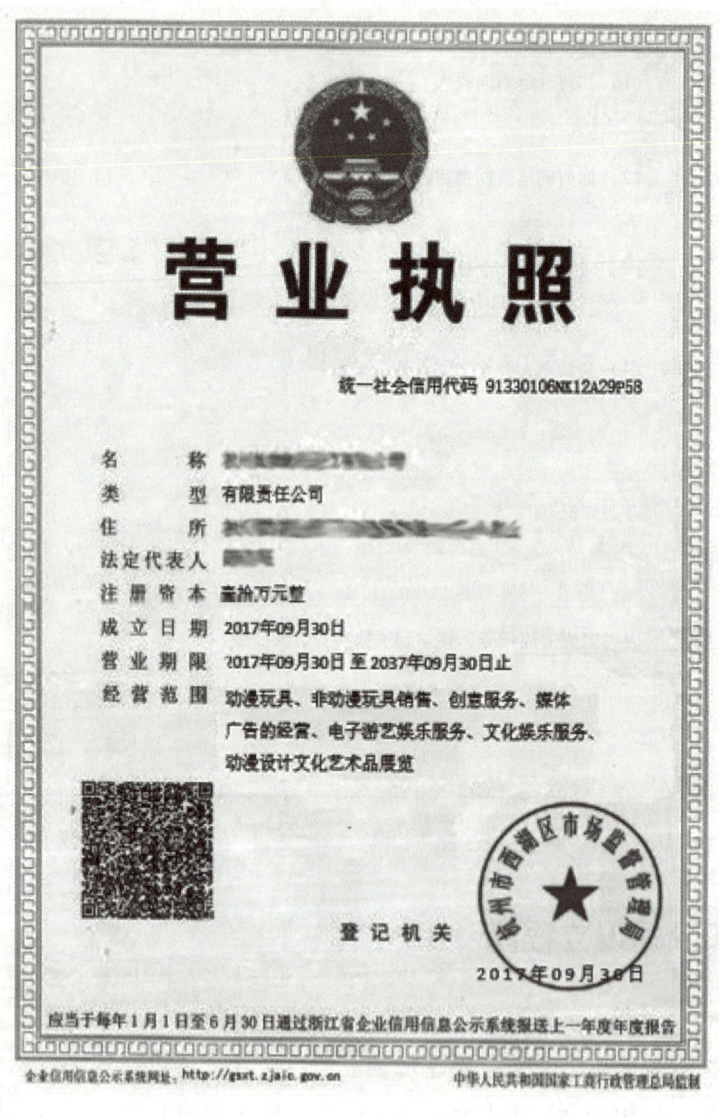

图2-3-1 "五证合一"营业执照

营业执照上的登记日期是企业法定的开业日期。所谓"法定开业日期"，是指法律意义上的开业日期，与企业实际开业日期往往不一致。原因是，对于一个新办企业来说，领取营业执照到正式开业需要一段时间的筹备期，法定开业日期表示企业在领取了营业执照后，就有了开展业务的资格。

新公司注册申请流程如下：

（1）核准公司名称。公司名称只有通过市场监管部门——市场监督管理局核准了才可以使用。公司名称核准可以通过市场监督管理局网站核准，也可以到市场监督管理局现场核准。

（2）提交资料。目前，政府为了提高办事效率，统一在政府行政服务中心受理企业相关事务。政府行政服务中心的市场监管登记窗口在收到申请人申请资料后，经审核，申请资料齐全并符合法定形式的，应向申请人出具《"五证合一"受理通知书》，并及时将相关申请信息录入企业注册登记系统，进入联合审批流程。

（3）审核。市场监管登记窗口在承诺时间内完成营业执照审批手续后，将申请资料和营业执照信息传至"五证合一"系统平台；税务、统计和人力社保等部门窗口收到"五证合一"系统平台推送的申请资料后，在承诺时间内分别办理相关手续。

（4）发证。申请人凭《"五证合一"受理通知书》或有效证件到综合窗口领取"五证合一"营业执照。

**知识点2：刻制公司印章**

公司注册完成后，开展后续业务需要用到相应的印章。文件加盖相应印章相当于签字，是一个公司特有的法律效力文件。公司需要刻制的印章主要有：公章、财务专用章、合同专用章、发票专用章、法人代表章（如图2-3-2至图2-3-6所示）。

（1）公章：用于公司对外事务处置，如以企业名义对外发文、开具介绍信、报送报表等一律需要加盖公司公章。公章的法律效能范围最大，如果公司没有合同专用章，则能够用公章替代。公章形状为圆形。刻制公司公章，需要凭公司营业执照到公司所在地县级以上公安机关办理备案手续，到公安机关指定的刻字厂或刻字店刻制。

图2-3-2 公章

（2）财务专用章：用于公司的财务会计业务，如公司票据、支票等在出具时需要加盖财务专用章。财务专用章有三种形状：正方形、圆形、椭圆形。浙江企业的财务专用章一般为正方形。

图2-3-3 财务专用章

（3）合同专用章：用于公司签署合同。公司的合同专用章形状为圆形。

图2-3-4 合同专用章

（4）发票专用章：用于公司开具发票。发票专用章形状为椭圆形，中间有纳税人的统一社会信用代码。

图2-3-5 发票专用章

（5）法人代表章：公司法定代表人的人名签章，一般用于特定的用处，如公司在签署合同时，合同条款约定加盖合同专用章及法人代表章时，需要加盖法人代表章。通常情况下，财务专用章与法人代表章一起组成银行预留印鉴章。

图2-3-6 财务专用章与法人代表章一起组成银行预留印鉴章

印章对公司意义重大，对印章的管理是公司日常管理中非常重要的一项，公司必须建立严格的印章管理制度，指定专人管理相应的印章，必须履行过授权程序才可以使用印章。一般情况下，公司的公章由行政管理部门保管，行政管理部门在不同的公司有不同的称呼，如公司办公室、综合部、总经办或总裁办等；合同专用章由法务部门、办公室、业务部门或财务部门保管；财务专用章及法人代表章、发票专用章由财务部门保管。银行预留印鉴章，即财务专用章和法人代表章，不能由同一个人保管，一般情况下，财务负责人保管财务专用章，出纳员保管法人代表章。

**知识点 3：开设银行账户**

公司在完成注册并刻制完主要印章后，需要预约银行为公司开设相应的银行存款账户，以便于公司资金的收入、支出和资金管理。银行存款账户分为基本存款账户、一般存款账户、临时存款账户和专用存款账户，其中，基本存款账户和一般存款账户是公司经常涉及的存款账户。基本存款账户，是指我们日常所说的基本户，是公司办理日常转账结算和现金收付的主办账户。公司的基本存款账户只能开设一个，可以用来提取现金、发放工资、转账等。一般存款账户，是指公司因结算或借款需要，在基本户开户银行以外的银行开立的银行结算账户。一般存款账户只能在基本存款账户开设之后设立，可以办理转账结算和现金缴存业务，但不能通过此账户提取现金。

(1) 银行账户开设流程。

基本存款账户和一般存款账户都是企业经常使用的银行账户，但开设一般存款账户的前提条件是先有基本存款账户。开设银行账户需提供开户资料，如"五证合一"的营业执照、公章、财务专用章、法人代表章、法人代表身份证等。在银行开户时，公司需要在银行预留印鉴（财务专用章和法人代表章），并且要盖在一张卡片纸上，留存在银行里，银行通过电子扫描上传至银行内部网络共享系统。当公司需要通过支票、汇票等结算方式对外支付时，先要填写支付申请，并且申请必须盖上在银行预留的印鉴；银行经过核对，确认对外支付申请上的印鉴与预留印鉴相符后，才可以为企业进行支付。

(2) 网上银行开通流程。

在互联网时代，网上银行已成为公司必不可少的支付工具。公司要使用网上银行，需要在开通银行账户的基础上申请开通网上银行，网上银行开通流程如下：

1) 网上银行开户。公司只有在银行开设了存款账户才可以申请网上银行。公司填写网上银行企业用户开户申请后，携带申请表、经办人身份证等资料，到开户行办理网上银行开户（加盖公章及预留银行印鉴）。开户行根据公司提交的申请表中经办人权限，设置管理员和操作员，并为公司下载客户证书及提供密钥。

2) 网上银行激活。公司管理员或操作员登录网上银行，通过输入网上银行激活码，激活网上银行服务。管理员或操作员首次登录网上银行，需要重置登录密码才能正式使用网上银行各项服务。

3) 网上银行权限管理。公司网上银行权限按照出纳制单、会计复核模式两级权限进行管理。①出纳：配备具有基本权限的网上银行密钥，持有此网上银行密钥可随时上网查询账户状况，包括日常交易明细、时点余额等详细信息，提交办理收支结算指令。②会计：配备具有复核权限的网上银行密钥，会计必须对网上银行收支结算指令进行复核，查询网上银行收付记录，做到有效复核和监督。

**知识点 4：办理涉税业务**

领取营业执照后，公司需要办理以下涉税业务：

(1) 会计制度备案：公司领取"五证合一"营业执照后，应在 15 日内将其会计制度报送主管税务机关备案。

(2) 银行账号报告：公司应在开立存款账户之日起 15 日内，向主管税务机关报告全部银行账号。

（3）税款划款协议：公司办理银行划缴税款，需要签署纳税人、税务局和银行之间的三方协议，在纳税人完成纳税申报后，税款可从银行直接划转入国库。

（4）增值税纳税人资格登记：增值税是以商品在流转过程中产生的增值额作为计税依据而征收的一种流转税，是我国的主体税种。根据纳税人的资格，增值税纳税人分为一般纳税人和小规模纳税人。

【任务清单】3　认知公司设立程序

| 项目名称 | 任务内容 |
| --- | --- |
| 任务情境 | 假如你是"娃娃店"的会计王飞，通过对【知识储备】中公司设立程序的学习，你该如何为"娃娃店"申领营业执照？ |
| 任务目标 | 熟悉申领营业执照的流程。 |
| 任务实施 | （1）申领营业执照的程序有哪些？<br><br>（2）公司印章如何管理？<br><br>（3）开通网上银行有哪些流程？<br><br>（4）公司注册前后如何办理涉税业务？ |
| 任务点拨 | 参照知识点 1~4。 |
| 任务总结 | 通过完成上述任务，你学到了哪些知识或技能？ |

## 任务四　认知中小企业会计核算基本流程

**学习情境**

会计就是企业的导航仪，为什么呢？以人类交通工具的发展为例。最初，人类的交通工具是马车，驾驶马车只需要驾驶技术，不需要仪表；后来，有了汽车，仪表的作用开始显现，驾驶汽车不仅需要技术，也需要仪表；再后来，有了飞机，飞行员不仅需要更高的驾驶技术，更离不开仪表（如图 2-4-1 所示）。

图 2-4-1　人类交通工具发展历程

同样，对于企业来说，一开始经济业务量很少，比如，每月就几张增值税发票，靠记忆、流水账就可以解决问题，但随着业务量增大，简单靠记忆或流水账就行不通了，这时要对经济业务进行分类、汇总，于是便有了记账凭证、明细账、总账，最后产生了报表（如图 2-4-2 所示）。

图 2-4-2　企业发展过程中的业务会计处理变化

飞机的仪表能提供飞机是否安全飞行的基本信息；同样地，会计的财务报表能提供企业是否安全运行的基本信息。

**学习目标**

了解中小企业经济活动与会计核算的关系；熟悉中小企业会计核算基本流程。

**知识储备**

**知识点 1：中小企业经济活动与报表**

企业财务成果最终要靠财务报告予以反映，而这些财务成果是由当初企业的经济活动产生的。

（1）三大经济活动。企业有三大经济活动，分别是融资、投资和经营。①融资，是指筹集资金，包括对内的股东（投资人）、对外的债权人；②投资，包括对内的购买设备、厂房等固定资产投资，对外的收购企业、购买股票、债券等投资；③经营，是指日常的商品买卖等活动。

（2）两大会计报表。企业会计报表包括对内的管理报表和对外的财务报表。其中，对外的财务报表包括 4 张报表及附注说明。但对中小企业而言，最重要的对外会计报表为资产负债表和利润表（如图 2-4-3 所示）。

通过对任务一和任务二的学习，我们知道会计六大要素与中小企业两大会计报表的对应关系分别为：资产、负债和所有者权益对应资产负债表，且其会计等式为"资产=负债+所有者权益"；收入、费用和利润对应利润表，且其会计等式为"利润=收入-费用"。关于会计六大要素的具体内容及资产负债表和利润表的编制，后续课程会详细介绍。

**知识点 2：中小企业会计核算基本流程**

会计报表从何而来？首先，会计人员要获得企业经济业务的凭证，如发票、合同、出库单等，然后对这些凭证进行分类，根据不同类别按照会计特定方法编制会计记账凭证；其次，会计人员把会计记账凭证的内容记录到账本里，这就是明细账；再次，会计人员将明细账进行汇总，

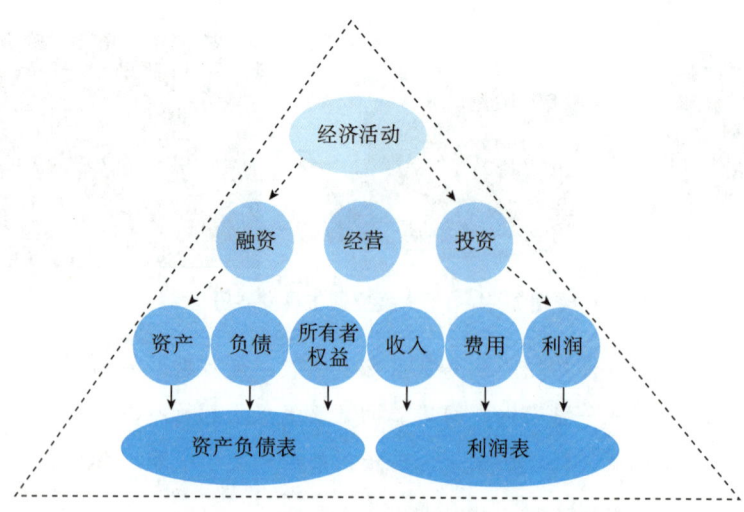

图 2-4-3 中小企业经济活动与报表

得到总账；最后，会计人员根据总账和明细账做出会计报表。因此，中小企业会计核算的基本流程为：原始凭证→记账凭证→明细账→总账→会计报表（如图 2-4-4 所示）。

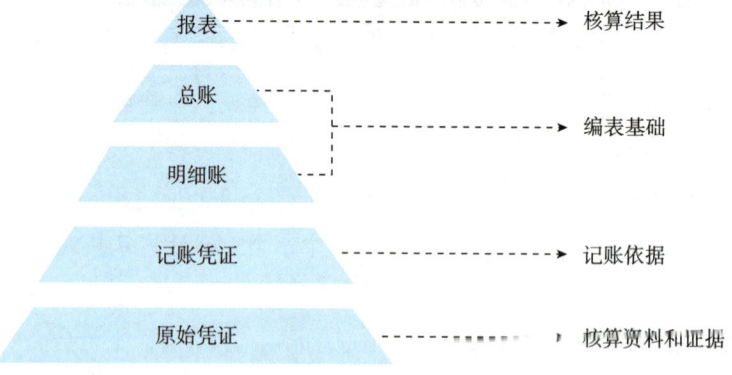

图 2-4-4 中小企业会计核算基本流程

具体的会计核算流程大致如下：

（1）原始凭证的收集与整理。原始凭证可以是从外部取得的票据如发票等，也可以是企业内部的单据如工资表等。原始凭证是会计核算的资料和证据，是核算的基础。

（2）记账凭证填制与审核。记账凭证是根据原始凭证填制的，经过审核的记账凭证成为会计记账的依据。

（3）明细账和总账。明细账和总账都是根据记账凭证登记的，它们是编制报表的基础。

（4）报表。会计报表是会计核算的结果，是由明细账和总账得出的。

【任务清单】4　认知中小企业会计核算基本流程

| 项目名称 | 任务内容 |
| --- | --- |
| 任务情境 | 假如你是"娃娃店"的会计王飞，通过对【知识储备】中中小企业核算流程的学习，你该如何设计和制定"娃娃店"的会计流程呢？ |
| 任务目标 | 设计和制定"娃娃店"的会计流程。 |

续表

| 项目名称 | 任务内容 |
| --- | --- |
| 任务实施 | （1）原始凭证在企业内部如何流转和控制？<br><br>（2）原始凭证由谁收集和整理？<br><br>（3）记账凭证由谁负责填制与审核？<br><br>（4）明细账、总账由谁负责？<br><br>（5）报表由谁编制、向谁报送？ |
| 任务点拨 | 参照知识点1~2。 |
| 任务总结 | 通过完成上述任务，你学到了哪些知识或技能？ |

**思政之窗**

优秀的会计人员必须具有积极向上的会计精神和良好的会计行为，这是优秀会计职业人格的核心。积极向上的会计精神和良好的会计行为可以用5个字概括："情""诚""精""细""勤"。

（1）"情"。会计人员要热爱本职工作，对自己的工作赋予极大的兴趣和热情；对从事的会计职业有正确的认识和恭敬的态度，做到情系岗位、情系职责、情系客户、情系事业；以真情对待职业、以感情对待客户、以实情对待细节、以激情对待未来；以严肃恭敬和积极热爱的态度对待会计工作的每一天。

（2）"诚"。会计人员必须做到"以诚待人"，做老实人，说老实话，办老实事；会计工作必须实事求是，会计活动必须讲信用，每一笔会计业务都要做到数据真实、计算准确、信息可靠、做事讲信用。

（3）"精"。优秀会计人员应当非常熟悉国家的财经法律、法规和方针，熟练掌握并应用会计准则和相关政策，精通会计业务知识，熟练掌握会计方法和操作技能。在中小企业中，更要做到一人多岗、一岗多能、一专多能，每一笔会计业务都要做到精细（心）、精准（确）、精进（取）、精制（做）。精益求精是优秀会计的基本职业素养。

（4）"细"。会计业务环环相扣，容不得一丝差错，每一笔经济业务都需要经历耐心细致的打造过程，要反复检查、严谨细致；细致入微地做好每一张报表和每一笔核算，对于关键环节更要注重细节，这既是会计的职业态度，也是职业追求。

(5)"勤"。会计人员要勤奋实干，以工作为重，做到"四勤四多"，即脑勤多想、耳勤多听、手勤多写、腿勤多跑；勤奋学习，要有强烈的求知欲，学习理论和专业知识。在当今信息化时代，会计人员要把握行业发展动向，在转型和提升中不断提高业务能力，时刻站在行业发展前端。

### 故事启迪

#### 将脑袋打开 1 毫米

美国有一家牙膏公司，产品优良，包装精美，深受广大消费者的喜爱，每年营业额蒸蒸日上。记录显示，前 10 年每年的营业增长率为 10%~20%，这令董事长雀跃万分。不过，当进入第 11 年、第 12 年及第 13 年时，业绩陷入了停滞，每个月维持同样的数字。董事长对最近 3 年的业绩表现感到不满，便召开全国经理级高层会议，以商讨对策。

会议中，有名年轻的经理站起来，对董事长说："我手中有张纸，纸里有个建议，您要使用我的建议，必须另付我 5 万美元！"

董事长听了很生气，说："我每个月都支付你工资，另有分红、奖励，现在叫你来开会讨论，你还要另外要求 5 万美元，太过分了！"

"董事长，请别误会。您支付的工资，让我在平时卖力地为公司工作，但这是一个重大又有价值的建议，您应该支付我额外的奖励。若我的建议行不通，您可以将它丢掉，一分钱也不必付。但是，不看我的建议，您损失的必定不止 5 万美元。"年轻的经理解释说。

"好！我就看看它为何值这么多钱！"董事长看过那张纸后，马上签了一张 5 万美元的支票给那名年轻的经理。那张纸上只写了一句话："将现在的牙膏开口扩大 1 毫米。"

董事长采纳了那名经理的建议，马上下令更换新的包装。试想，每天早上，每个消费者多用 1 毫米的牙膏，每天牙膏的消费量将会多出多少倍？这个决定，使该公司第 14 年的营业额增加了 32%。

一个小小的改变，往往会产生意想不到的效果。当我们面对新知识、新事物或新创意时，千万别将脑袋封闭，置之于后，应该将脑袋"打开 1 毫米"，接受新知识、新事物。也许一个新的创见，能让我们从中获得不少启示，从而提高业绩，改善生活。

——脑洞大开，就让我们从学习会计知识开始吧！

### 拓展练习

#### 一、单选题

1. 在资产负债表中，左边的"资产"等于右边的（　　）与"所有者权益"之和。
   A. 总资产　　　　B. 流动资产　　　　C. 债务　　　　D. 负债

2. 某企业的资产总额为 180 万元，负债为 80 万元，企业收到投资者追加投资款 10 万元后，企业所有者权益总额为（　　）万元。
   A. 105　　　　　B. 110　　　　　　C. 100　　　　　D. 120

3. 下列各项中，属于反映企业经营成果的会计要素的是（　　）。
   A. 资产　　　　B. 收入　　　　　　C. 负债　　　　D. 所有者权益

4. 利润表中的会计等式为（　　）。
   A. 收入 = 费用 - 利润　　　　　　　B. 收入 + 费用 = 利润

C. 利润 = 收入 – 费用　　　　　　　　D. 利润 = 收入 – 支出

5. 以下不属于中小企业会计核算流程的是（　　）。

A. 审核原始凭证　　B. 编制财务预算　　C. 编制会计报表　　D. 编制记账凭证

## 二、多选题

1. 资产负债表中的会计要素有（　　）。

A. 资产　　　　　　B. 负债　　　　　　C. 所有者权益　　　D. 收入

2. 利润表中的会计要素有（　　）。

A. 资产　　　　　　B. 收入　　　　　　C. 费用　　　　　　D. 利润

3. 资产负债表和利润表中的会计等式有（　　）。

A. 资产 = 负债 + 所有者权益　　　　　　B. 负债 = 资产 + 所有者权益

C. 利润 = 收入 – 费用　　　　　　　　　D. 收入 = 利润 – 费用

4. 下列关于资产负债表的说法，正确的有（　　）。

A. 资产负债表是反映一段时期财务状况的报表

B. 资产负债表是反映特定时点财务状况的报表

C. 资产负债表中，左边的资产项目排列顺序是按照价值大小进行的

D. 资产负债表中，负债要排在所有者权益之后

5. 下列关于利润表的说法，错误的有（　　）。

A. 利润表的编制是以收付实现制为基础的

B. 利润表反映的是收入，说明货款已经收取

C. 利润表反映的是一段期间的经营成果

D. 利润表比资产负债表更重要

## 三、判断题

1. 资产负债表中反映的资产是 100 万元，说明企业的净资产为 100 万元。（　　）

2. 中小企业的会计报表只有资产负债表和利润表。（　　）

3. 资产负债表是动态报表。（　　）

4. 利润表是动态报表。（　　）

5. 既然手工做账已被计算机取代，那么会计专业学生就不需要再学习会计核算了。（　　）

## 四、业务操作题

小刘花 50 万元投资了一间商铺。两个月后，小刘认为位置太偏，将商铺以 51 万元的价格卖掉，又以 52 万元价格买下另一间商铺。没过多久，小刘还是认为不太理想，又以 53 万元价格将商铺卖掉，以 55 万元价格买下位置更好的一间商铺。在商铺的买卖过程中，小刘是赚了，还是赔了？赚了或赔了多少？（提示：在计算盈亏过程中，要考虑相关影响因素，做出相应假设）

项目2
拓展练习及答案

# 项目三

## 中小企业传统账务处理

### 知识目标

1. 熟悉收缴资本金的程序。
2. 理解会计基本假设、借贷记账法等会计基本知识。
3. 熟悉填制记账凭证的程序和方法。
4. 熟悉填制会计账簿的方法。
5. 熟悉填制会计报表的方法。

### 技能目标

1. 能够开具收款收据。
2. 能够填制简单的会计记账凭证。
3. 能够登记简单的纸质账簿。
4. 能够编制简单的纸质报表。

### 素质目标

1. 培养学生基于出纳岗位要求的资金管理能力。
2. 培养学生会计记账凭证的处理能力。
3. 培养学生登记纸质账簿的能力。
4. 培养学生理解和编制简单纸质会计报表的能力。

## 知识串联

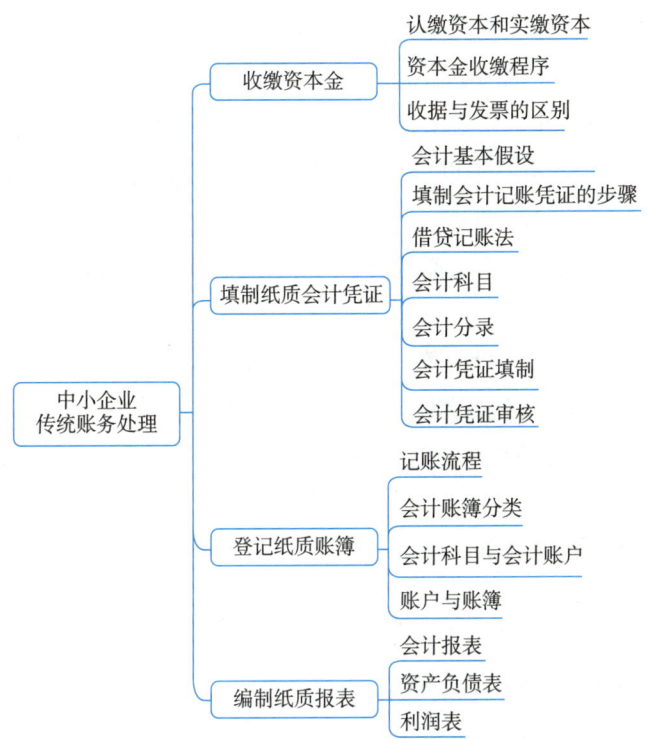

## 任务一 收缴资本金

### 学习情境

会计系学生陈亦望、王飞、刘晓珂本打算以 10 万元资本金开设"娃娃店",而且在没有缴纳资本金的情况下申领了营业执照,营业执照上显示公司注册资本金 10 万元,但他们现在只凑齐了 5 万元,于是决定在 20××年 9 月 30 日 3 个股东按原来约定的出资比例先缴纳 5 万元资本金。

那么,在股东缴纳资本金过程中,出纳刘晓珂应该如何办理结算手续?

### 学习目标

了解认缴资本和实缴资本;熟悉资本金收缴程序,以及出纳员办理收款结算业务。

### 知识储备

**知识点 1:认缴资本和实缴资本**

营业执照上显示公司注册资本金 10 万元,说明 3 个股东对公司认缴 10 万元的注册资本,但现在他们只缴纳了 5 万元。这里的 10 万元为认缴资本,5 万元是实缴资本。要具体说明认缴资本与实缴资本的关系,首先要了解国家对公司注册资本进行的改革。我国原来对公司注册资本实行的是实缴登记制度,股东认缴资本要与实缴资本、注册资本保持一致,在公司注册时,还要提供会计师事务所的验资报告;改革后,我国的注册资本实缴登记制度转变为认缴登记制度,营业执照登记部门只登记公司认缴的注册资本,不需要再登记实缴资本,也不再收取验资报告。

"认缴资本"与"实缴资本"虽然只是一字之差,但意义有很大不同。认缴资本,是指答应准备缴纳的资本金,是营业执照上注明的"注册资本";实缴资本,是指股东实际已缴纳的资本金。

这里需要说明的是,注册资本实缴登记制度转变为认缴登记制度后,尽管股东可以自主决定实缴资本数额,但不是说股东对实际出资额可以随心所欲,他还要受其他条件约束,如作为公司内部最高级别的规范文件,公司章程要明确股东的认缴出资额、出资方式、出资期限等;当公司因破产清算等原因需要承担对外支付义务时,公司股东以认缴额承担责任,而不是按照实缴资本承担责任。比如,公司股东认缴 10 万元资本金,实际只缴纳了 5 万元,结果公司破产了,而且以现有的财产无法偿还债务,这时,股东应该把没有缴纳的资本金 5 万元补齐,用来偿还债务。

**知识点 2:资本金收缴程序**

(1) 收缴资本金:股东将准备投入公司的投资款转入公司指定账户。

案例背景:甲、乙两人共同投资成立 A 有限责任公司,公司注册资本为 200 万元,甲投入 120 万元,乙投入 80 万元,款项已存入中国银行杭州分行城西营业部。

会计处理:

借:银行存款——中国银行杭州分行城西营业部　　　　　　　　　　　2 000 000
　　贷:实收资本——甲　　　　　　　　　　　　　　　　　　　　　1 200 000
　　　　　　　　——乙　　　　　　　　　　　　　　　　　　　　　　800 000

若甲投入 150 万元,占注册资本份额 120 万元,则账务处理为:

借:银行存款——中国银行杭州分行城西营业部　　　　　　　　　　　1 500 000
　　贷:实收资本——甲　　　　　　　　　　　　　　　　　　　　　1 200 000
　　　　资本公积——资本溢价　　　　　　　　　　　　　　　　　　　300 000

(2) 资金查询:出纳员通过网上银行或直接到开户银行查询股东投资款是否按时、足额转入公司指定账户。

(3) 收集收款回单:出纳员可以向开户银行索取银行收款回单,也可以通过网上银行打印电子回单。

(4) 开具收据:出纳根据公司章程、投资协议及资金查询等情况向股东开具收款收据,收据要加盖收款单位财务专用章,收款人还要盖章或签名。

**知识点 3:收据与发票的区别**

(1) 收据是一种收款凭证。收据只能作为收取往来款项的凭证,收款方不需要纳税,但不能作为收入凭据;付款方不能作为成本、费用入账。

(2) 发票是一种纳税凭证。发票受到税务局的严格管控,公司要向税务局购买发票,对企业增值税发票的填开、保管都有严格规定。

【任务清单】1　收缴资本金

| 项目名称 | 任务内容 |
| --- | --- |
| 任务情境 | 假如你是"娃娃店"的出纳员刘晓珂,通过对【知识储备】的学习,当股东转入资本金时,你如何处理? |
| 任务目标 | 熟练掌握收缴股东资本金的业务。 |

续表

| 项目名称 | 任务内容 |
|---|---|
| 任务实施 | （1）如何理解认缴资本和实缴资本？<br><br>（2）如何通过网上银行查询资金往来？<br><br>（3）如何通过网上银行打印电子回单？<br><br>（4）如何开具收据？<br><br>（5）收据与发票有什么区别？ |
| 任务点拨 | 参照知识点 1~2。 |
| 任务总结 | 通过完成上述任务，你学到了哪些知识或技能？ |

## 任务二　填制纸质会计凭证

### 学习情境

股东缴纳投资款后，"娃娃店"便有了经营的"本钱"，也开始了会计的账务处理工作。那么，"娃娃店"收到注册资本金，应该怎样进行账务处理，又该由谁来进行账务处理？带着问题，我们开始学习会计凭证的填制。

### 学习目标

熟悉会计基本假设；掌握简单会计记账凭证的填制方法。

### 知识储备

**知识点 1：会计基本假设**

会计核算的对象是企业活动，而企业所处的环境和企业活动都存在着许多不确定因素，需要对会计核算进行合理的判断和假设。所以，会计基本假设是会计核算的前提，是对会计核算所处时间、空间环境等做出的合理设定。会计基本假设包括会计主体、持续经营、会计分期和货币计量。

（1）会计主体。会计主体是指会计核算服务的特定对象。比如，本案例中"娃娃店"所在的公司——杭州娃娃乐玩艺有限公司就是一个会计主体。会计主体是会计确认、计量和报告的空间范围。会计主体不同于法律主体。一般来说，法律主体必然是一个会计主体。比如，一个公司是法人主体，这个法人主体应该进行独立核算，应该是会计主体。但反过来，一个会计主体不一定是法人主体。比如，杭州娃娃乐玩艺有限公司作为一个法人主体，可以开设多家"娃娃店"，每个"娃娃店"都可以单独核算，都可以作为一个会计主体，但这些"娃娃店"没有法人资格，不是独立的法人实体。

（2）持续经营。持续经营是指会计主体的生产经营活动将无期限持续下去，在可以预见的将来不会停业或大规模清算。在持续经营前提下，会计核算应当以企业持续的、正常的生产经营活动为前提。

（3）会计分期。会计分期是指将一个企业持续经营的生产经营活动划分为一个个连续的、长短相同的期间。在会计分期假设下，企业应当划分会计期间，分期结算账目和编制财务报告。会计期间通常分为年度和中期，提供的会计报告分别叫作"年度报告"和"中期报告"。中期是指短于一个完整会计年度的报告期间，如按月、季度、半年报告。

（4）货币计量。货币计量是指在会计核算中，要以货币为主要计量单位，记录和反映企业财务状况和经营成果。企业经济活动是多种多样、错综复杂的。为了达到会计目的，必须综合反映会计主体的各项经济活动，这就要求有一个统一的计量尺度，以货币为主要计量单位刚好可以满足这个要求。需要说明的是，这里的货币是主要计量单位，而不是唯一计量单位。如在对"娃娃店"经营的商品"布娃娃"进行会计核算时，不仅要以人民币为记账本位币核算库存商品的价值，还要以"箱""只"等数量单位进行辅助核算。

**知识点2：填制会计记账凭证的步骤**

会计记账凭证的填制主要有三个步骤：第一步，收集、整理原始凭证，由会计人员对原始凭证进行分类和整理；第二步，填制会计记账凭证，由记账凭证填制人员根据原始凭证不同的类别，按照会计准则要求编制记账凭证；第三步，审核会计记账凭证，由凭证审核人员对凭证编制的合规性、合理性、正确性进行审核。

（1）原始凭证。

原始凭证，又称为"单据"，是指在经济业务发生或完成时，由经办人直接取得或填制的一种书面证明，是会计核算的原始资料和重要依据。

原始凭证有多种分类方法。按照来源不同，原始凭证可以分为外来原始凭证（如发票、车票）和自制原始凭证（如领料单、工资单等）。按照填制手续和内容不同，分为一次凭证、累计凭证和汇总凭证。按照格式不同，原始凭证可以分为通用凭证和专用凭证。按照经济业务的类别不同，原始凭证可以分为款项收付业务凭证、出入库业务凭证、成本费用凭证、购销业务凭证、固定资产业务凭证、转账业务凭证等。

（2）记账凭证。

记账凭证是根据原始凭证编制的，是登记会计账簿的直接依据。

根据填制方法，记账凭证可以分为单式记账凭证和复式记账凭证。这里涉及单式记账法和复式记账法。

1）单式记账法，是指对发生的每一项经济业务，只在一个账户中进行登记的记账方法。传统的流水账就属于单式记账法。

2）复式记账法，是指对发生的每一项经济业务，都要以相等的金额，在两个或两个以上相互关联的账户中进行登记的记账方法。前面我们讲到的家庭资产负债表中，"资产 = 负债 + 所有者权益"的结构设计就是复式记账法的体现。

我们所学的会计记账凭证采用了复式记账凭证。

按照用途，记账凭证可以分为专用记账凭证和通用记账凭证。专用记账凭证根据经济业务是否涉及库存现金和银行存款的收付，分为收款凭证、付款凭证和转账凭证。通用记账凭证是用一种通用格式记录各种经济业务。在我国，中小企业普遍采用通用记账凭证。

**知识点3：借贷记账法**

借贷记账法是以"借"和"贷"为记账符号，对发生的每一项经济业务都以相等的金额在两个或两个以上相互关联的账户中进行登记的一种复式记账方法。借贷记账法以"资产＝负债＋所有者权益"为理论依据，以"有借必有贷，借贷必相等"为记账规则。

借贷记账法起源于意大利，与当时银行借贷资本相关。企业向银行筹措资金，叫"借款"，类似英语的 borrow（借入）；而银行向企业放贷，称为"贷款"，类似英语的 lend（贷出）。

但随着借贷记账法的发展、变化，现在的"借""贷"两个字已经失去了本意，演变成了纯粹的记账符号。

**知识点4：会计科目**

（1）会计科目的概念。

会计的核算对象是整个企业活动，为了便于会计核算，会计将企业活动细分成资产、负债、所有者权益、收入、费用和利润六个部分（会计要素），而会计科目又是对会计要素进行的进一步细分。会计科目根据详细程度又分为总账科目（一级科目）和明细科目（可以细分为二级科目、三级科目等），如"银行存款"是一级科目，而"工行存款"是在一级科目"银行存款"下面的二级科目。

如：固定资产（一级科目）

二级科目：按资产类型设置（如"房屋建筑物""机器设备""运输工具"）；

三级科目：按具体资产名称设置（如"机器设备——生产线A""运输工具——货车"）。

示例：购入机器设备——生产线A，价款10万元（不含税）。

借：固定资产——机器设备——生产线A                100 000

　　应交税费——应交增值税（进项税额）              13 000

　　贷：银行存款——中国银行杭州分行城西营业部      113 000

（2）会计科目的借贷方向。

不同会计科目的借贷方向表示的意义不同，根据会计科目借贷表示的增减方向，会计六大要素可以大致分为两大类科目。

第一类是资产、费用类。这类科目以资产类科目为代表，而费用又是由资产转化来的，因为企业投入的资产早晚要通过买卖或消耗转化为成本或费用。这类科目借方表示增加、贷方表示减少。这里的"借""贷"与我们日常理解的资产增减保持一致，可以借助当初意大利借贷记账法刚兴起时从债务人也就是企业的角度，看待资产的增减，增加就记入借方，减少就记入贷方。

第二类是除资产、费用之外的其他四大要素的科目。这类科目以负债为代表，与资产类科目刚好相反，借方表示减少，贷方表示增加。可以理解为，站在债权人也就是银行的角度，放出的贷款是增加，收回贷款是减少，即贷方计入增加，借方计入减少。

因此，要确定一个会计科目的借贷方向，首先要确定它到底属于会计六大要素中的哪一类，其次根据它的增减状况确定借贷方向。对于初学者来说，要理解和掌握资产与费用类科目属于一类，借方表示增加、贷方表示减少，其他各类要素则刚好与之相反。这样，有助于我们更好地判断和掌握相关内容。

### 知识点5：会计分录

根据会计凭证，我们还可以编制相应的会计分录。

会计分录，是指预先确定每笔经济业务涉及的账户名称，以及记入账户的方向和金额的一种记录，简称"分录"。会计分录由应借应贷方向、对应账户（科目）名称及应记金额三个要素构成。

会计分录不同于记账凭证，记账凭证要求要素齐全，并有严格的审核与编制程序；而会计分录则只是表明记账凭证中应借应贷的科目与金额，是记账凭证的最简化形式。会计分录通常只是为了讲解方便出现在书本中，在会计实务中很少出现。

### 知识点6：会计凭证填制

根据整理好的原始凭证填制记账凭证。记账凭证标题行里的"日期"，是指记账凭证填制日期；"字号"，是指记账凭证的编号，记账凭证的编号要连续；"附件"，是指所有附在记账凭证之后的原始凭证，具体张数根据原始凭证具体张数填写；"摘要"填写要求简单、明了，这里的总账科目和明细科目是指会计科目，如"银行存款""实收资本"为一级科目，"工行存款"等为二级科目；"借""贷"为记账符号。

### 知识点7：会计凭证审核

会计凭证审核的主要内容如下：

（1）记账凭证是否附有原始凭证，经济内容是否与所附原始凭证内容相同。

（2）应借应贷的会计科目（包括二级科目或明细科目）对应关系是否清晰、金额是否正确。

（3）记账凭证中的项目是否填制完整，摘要是否清楚，有关人员的签章是否齐全。

【任务清单】2 填制纸质会计凭证

| 项目名称 | 任务内容 |
| --- | --- |
| 任务情境 | "娃娃店"收到股东陈亦望、王飞、刘晓珂的投资款，分别为3万元、1万元、1万元，会计王飞和出纳刘晓珂该如何编制和审核记账凭证？ |
| 任务目标 | 掌握实缴资本金的会计记账凭证编制和审核方法。 |
| 任务实施 | (1) 会计基本假设有哪些？<br><br>(2) 如何理解会计六大要素各自"借方"或"贷方"代表的意义？<br><br>(3) 如何填制记账凭证？<br><br>(4) 如何审核记账凭证？ |
| 任务点拨 | 参照知识点1~7。 |

续表

| 项目名称 | 任务内容 |
| --- | --- |
| 任务总结 | 通过完成上述任务，你学到了哪些知识或技能？ |

## 任务三 登记纸质账簿

### 学习情境

记账凭证把分散的原始凭证进行了分类和整理，而会计账簿是对记账凭证进行系统整理和汇总，是编制会计报表的必要环节。那么，"娃娃店"该如何登记相关账簿呢？

### 学习目标

熟悉记账流程；了解会计账簿的分类；掌握纸质账簿的登记方法。

### 知识储备

**知识点1：记账流程**

会计账簿的登记过程称为"记账"，记账的流程包括记账、对账和结账。

（1）记账是根据会计凭证先登记明细账，再登记总账。这里的会计凭证包括原始凭证和记账凭证。

（2）对账就是核对账目，是指在会计核算中，为保证账簿记录正确可靠，对账簿中的有关数据进行检查和核对的工作。在对账过程中，要做到3个"相符"，即账证相符、账账相符、账实相符。

（3）结账时，首先，确保当期所有经济业务全部入账；其次，对账务进行必要的调整与结转，根据权责发生制进行账项调整，并进行相关账务处理；最后，应结出现金日记账、银行存款日记账以及总分类账和明细分类账各账户的本期发生额和期末余额，并将期末余额结转下期。

**知识点2：会计账簿分类**

会计账簿的分类方式有很多种。按照层级，会计账簿可分为总分类账和明细分类账；按照用途，会计账簿可分为序时账簿、分类账簿和备查账簿；按照账页格式，会计账簿可分为两栏式账簿、三栏式账簿、多栏式账簿、数量金额式账簿；按照外形特征，会计账簿可分为订本式账簿、活页式账簿、卡片式账簿。

（1）总分类账和明细分类账。

1）总分类账，是指用来登记全部经济业务，进行总分类核算，提供总括核算资料的分类账簿。总分类账根据总分类科目登记。总分类账提供的核算资料，是编制会计报表的主要依据。

2）明细分类账，是指按照明细分类账户进行分类登记的账簿，根据企业开展经济管理的需要对经济业务的详细内容进行核算，是对总分类账进行的补充反映。

总分类账与明细分类账的关系：总分类账是对明细分类账进行综合分析，对其明细分类账进行统驭的账户。明细分类账是对总分类账的必要说明和补充。

(2) 序时账簿、分类账簿和备查账簿。

1) 序时账簿，又称"日记账"，是按照经济业务发生或完成时间的先后顺序逐日、逐笔登记的账簿，也是会计核算的主要账簿之一，如现金日记账、银行存款日记账。

2) 分类账簿，是用来反映和监督各项资产、负债、所有者权益、收入、费用和利润增减变动情况及其结果的账簿，也是会计核算的主要账簿之一，如总分类账、明细分类账。

3) 备查账簿，是指对一些在序时账簿和分类账簿中不能记载或记载不全的经济业务进行补充登记的账簿。备查账簿属于辅助性账簿，可以为经营管理提供参考资料，如委托加工产品登记簿、租入固定资产登记簿等。

(3) 两栏式账簿、三栏式账簿、多栏式账簿、数量金额式账簿。

1) 两栏式账簿，是指只有借方和贷方两个基本金额栏目的账簿。

2) 三栏式账簿，是指设有借方、贷方和余额三个基本栏目的账簿。

3) 多栏式账簿，是指在账簿的两个基本栏目——借方和贷方——按需要分设若干栏的账簿。收入、成本、费用明细账、利润明细账一般均采用这种格式的账簿。

4) 数量金额式账簿，是指采用数量和金额双重记录的账簿。这种账簿的借方、贷方和余额三个栏目内都分设数量、单价和金额三小栏。

(4) 订本式账簿、活页式账簿、卡片式账簿。

1) 订本式账簿，账页固定，既可以防止散失，又可以防止抽换账页。总分类账、现金日记账、银行存款日记账都是订本式账簿。

2) 活页式账簿，简称"活页账"，是将账页装在账夹内便于随时取放的账簿。活页式账簿适用于一般明细分类账。

3) 卡片式账簿，简称"卡片账"，是指以某些由专门格式的分散的卡片为账页组成的账簿，如固定资产登记卡。

**知识点 3：会计科目与会计账户**

会计科目是会计要素的基本分类（是静态的），只有名字。

会计账户是根据会计科目设置的（是动态的），包括结构与格式，可以记录和反映会计要素的增减变化及结果，比如，可以表示借方多少、贷方多少、余额多少。

**知识点 4：账户与账簿**

账户与账簿是内容和形式的关系。

账户存在于账簿中，账簿中的每一账页就是账户的存在形式和载体，没有账簿，账户就无法存在；账簿序时、分类地记载经济业务，是在个别账户中完成的。因此，账簿只是一个外在形式，账户才是它的真实内容。

【任务清单】3 登记纸质账簿

| 项目名称 | 任务内容 |
| --- | --- |
| 任务情境 | 编制好会计记账凭证后，如何登记相关会计账簿呢？通过对纸质账簿的学习，请为"娃娃店"登记相关会计账簿。 |
| 任务目标 | 登记"娃娃店"相关会计纸质账簿。 |

续表

| 项目名称 | 任务内容 |
| --- | --- |
| 任务实施 | （1）会计账簿的登记过程有哪些？<br><br>（2）会计账簿的主要分类有哪些？<br><br>（3）如何理解会计科目与会计账户？<br><br>（4）如何理解会计账户与会计账簿？<br><br>（5）请根据"娃娃店"相关凭证登记会计纸质账簿。 |
| 任务点拨 | 参照知识点 1~4。 |
| 任务总结 | 通过完成上述任务，你学到了哪些知识或技能？ |

## 任务四　编制纸质报表

**学习情境**

会计报表是对企业会计成果的最终体现，会计账簿登记完毕后，"娃娃店"如何编制第一个月的会计报表？

**学习目标**

了解会计报表的基本编制程序和方法。

**知识储备**

**知识点 1：会计报表**

会计报表分为内部管理报表和外部会计报表。

（1）内部管理报表。内部管理报表是根据企业自身管理需要设置的，每个企业的内部管理报表内容有多种，格式并不统一，比如，公司的运营管理报表、预算执行报表、客户信用管理报表等。

（2）外部会计报表。外部会计报表是对外财务报告的重要组成部分。财务报告分为 4 张报表和附注说明，4 张报表分别为资产负债表、利润表、现金流量表和所有者权益变动表。对于中小企业来说，最主要的对外报表是资产负债表和利润表，企业应每个月编制资产负债表和利润表。

**知识点 2：资产负债表**

通过对家庭资产负债表的学习，我们知道，在资产负债表中，有一个会计恒等式"资产 = 负债 + 所有者权益"。所以，资产负债表的左边反映的是资产，右边前半部分反映的是负债、后半部分反映的是所有者权益。

资产负债表反映的是企业的财务状况，具体反映了企业拥有什么资产，以及这些资产是从哪里来的，即负债有多少、所有者权益有多少。

在编制资产负债表时，我们要注意，资产负债表是一个静态报表，反映的是一个具体时点的数据，所以，报表的上方要填写报表编制的具体年月日。

为了对比企业财务状况的变动情况，资产负债表的左右两侧又分了两栏填写："期初余额""期末余额"。"期初余额"一般填写年初或上年末数据，而"期末余额"就是报表编制当期数据。

资产负债表的编制格式是账户式，分为左、右两方。账户式资产负债表，又称为"水平式"，其资产项目按照资产的账户式流动性大小列示于报表的左方，流动性越强排序越靠前。所谓"流动性"，是指资产的变现能力。负债和所有者权益项目列示于资产负债表的右方，上半部分的负债一般按债务的清偿先后顺序排列，下半部分的所有者权益按永久性程度高低排列。资产负债表左右双方总计金额相等。它的优点是资产、负债和所有者权益的恒等关系一目了然。

资产负债表的编制方法如下：①根据总账账户期末余额直接填列，如案例中实收资本就是按照总账账户期末余额直接填列的；②根据若干总账账户期末余额分析填列，如案例中货币资金就是按照库存现金、银行存款以及其他货币资金等账户期末余额分析填列的；③根据有关明细分类账户的期末余额分析填列；④根据有关总分类账户及其明细分类账户的期末余额分析填列；⑤根据有关资产类账户与其备抵账户抵销后的净额填列。

案例背景：假设浙江＊＊集团连锁企业娃娃店 2023 年 12 月 31 日进行财务核算，需要编制资产负债表。以下是其部分总分类账户及明细分类账户的期末余额信息。

**总分类账户期末余额**

金额单位：元

| 账户名称 | 期末余额（借方） | 期末余额（贷方） |
| --- | --- | --- |
| 库存现金 | 5 000 | — |
| 银行存款 | 100 000 | — |
| 应收账款 | 80 000 | — |
| 坏账准备 | — | 5 000 |
| 应付账款 | — | 60 000 |
| 预收账款 | — | 30 000 |
| 预付账款 | 40 000 | — |
| 原材料 | 35 000 | — |
| 固定资产 | 200 000 | — |
| 累计折旧 | — | 20 000 |
| 短期借款 | — | 50 000 |
| 实收资本 | — | 200 000 |

## 明细分类账户期末余额

金额单位：元

| 总分类账户 | 明细分类账户 | 期末余额（借方） | 期末余额（贷方） |
|---|---|---|---|
| 应收账款 | A 公司 | 50 000 | — |
| 应收账款 | B 公司 | 30 000 | — |
| 应付账款 | C 公司 | — | 40 000 |
| 应付账款 | D 公司 | — | 20 000 |
| 预收账款 | E 公司 | — | 20 000 |
| 预收账款 | F 公司 | — | 10 000 |
| 预付账款 | G 公司 | 30 000 | — |
| 预付账款 | H 公司 | 10 000 | — |

资产负债表相关项目填列计算：

货币资金：根据"库存现金""银行存款"总账科目余额合计填列。

货币资金 = 库存现金期末余额 + 银行存款期末余额 = 5 000 + 100 000 = 105 000（元）

应收账款："应收账款"项目应根据"应收账款"所属明细科目的期末借方余额合计，减去"坏账准备"科目中有关应收账款计提的坏账准备期末余额后的金额填列。

应收账款 =（A 公司期末借方余额 + B 公司期末借方余额）− 坏账准备期末余额 =（50 000 + 30 000）− 5 000 = 75 000（元）

预收账款：根据"预收账款"所属明细科目的期末贷方余额合计填列。

预收账款 = E 公司期末贷方余额 + F 公司期末贷方余额 = 20 000 + 10 000 = 30 000（元）

应付账款：根据"应付账款"所属明细科目的期末贷方余额合计填列。

应付账款 = C 公司期末贷方余额 + D 公司期末贷方余额 = 40 000 + 20 000 = 60 000（元）

预付账款：根据"预付账款"所属明细科目的期末借方余额合计填列。

预付账款 = G 公司期末借方余额 + H 公司期末借方余额 = 30 000 + 10 000 = 40 000（元）

固定资产：根据"固定资产"科目的期末余额，减去"累计折旧"科目的期末余额后的金额填列。

固定资产 = 固定资产期末余额 − 累计折旧期末余额 = 200 000 − 20 000 = 180 000（元）

**知识点 3：利润表**

通过对家庭利润表的学习，我们知道，在利润表中，也有一个会计恒等式，即"利润 = 收入 − 费用"。

利润表反映的是企业的经营成果，具体反映了某一段期间内收入了多少、花费多少，盈利了多少或是亏损了多少。

在编制利润表时，我们要注意，利润表是一个动态报表，反映的是一段期间的数据，如 1 个月。所以，利润表的上方要填写编制的具体年月，而不是某日。为了全面反映企业经营成果，利润表一般分"本月金额"和"本年累计金额"两栏反映企业的经营成果。

我国的利润表是按照多步式编制的。多步式利润表按性质对当期的收入、费用项目加以归类，按利润形成的主要环节列示一些中间性利润指标，分步计算当期利润。

这里需要了解几个概念。

（1）净利润，是指在利润总额中按规定缴纳了所得税后公司的利润留成，一般也称为"税后利润"或"净利润"。净利润的多少取决于两个因素，一是利润总额；二是所得税费用。

（2）利润总额，是指企业在生产经营过程中各种收入扣除各种耗费后的盈余数额，反映企业在报告期内实现的盈亏总额。

利润总额＝营业利润＋营业外收入－营业外支出

（3）营业利润，是企业最基本经营活动的成果，也是企业一定时期获得利润中最主要、最稳定的来源。

营业利润＝营业收入－营业成本－营业税金及附加－管理费用－财务费用－销售费用－资产减值损失＋公允价值变动损益＋投资收益

案例背景：假设浙江＊＊集团连锁企业娃娃店2024年12月发生以下经济业务（不考虑增值税等税费）：

主营业务收入：销售产品取得收入800 000元，其中600 000元已收到款项并存入银行，200 000元尚未收到。

其他业务收入：出租包装物取得收入20 000元，款项已收到。

主营业务成本：销售产品的成本为500 000元。

其他业务成本：出租包装物的成本为10 000元。

税金及附加：本月计算的税金及附加为8 000元。

销售费用：发生销售人员工资20 000元，销售部门水电费5 000元，共计25 000元。

管理费用：行政管理人员工资30 000元，办公设备折旧8 000元，办公费用5 000元，共计43 000元。

财务费用：支付银行手续费2 000元，取得银行存款利息收入500元，财务费用净额＝1 500（2 000－500）元（手续费记借方，利息收入记贷方，此处按净额列示在利润表借方）。

投资收益：出售交易性金融资产取得收益30 000元。

营业外收入：收到政府补贴10 000元。

营业外支出：因违约支付罚款5 000元。

所得税费用：假设企业所得税税率为25%，根据利润总额计算所得税费用（利润总额×税率）。

利润表填写过程如下：

营业收入：

根据"主营业务收入"与"其他业务收入"科目发生额分析填列。

主营业务收入800 000元＋其他业务收入20 000元＝820 000元，填入"营业收入"项目。

营业成本：

根据"主营业务成本"与"其他业务成本"科目发生额分析填列。

主营业务成本500 000元＋其他业务成本10 000元＝510 000元，填入"营业成本"项目。

税金及附加：根据"税金及附加"科目发生额8 000元分析填列。

销售费用：根据"销售费用"科目发生额25 000元分析填列。

管理费用：根据"管理费用"科目发生额43 000元分析填列。

财务费用：根据"财务费用"科目相关明细发生额，净额 1 500 元分析填列（手续费借方发生额 2 000 元减去利息收入贷方发生额 500 元）。

投资收益：根据"投资收益"科目发生额 30 000 元分析填列。

营业利润：

营业利润 = 营业收入 − 营业成本 − 税金及附加 − 销售费用 − 管理费用 − 财务费用 + 投资收益

= 820 000 − 510 000 − 8 000 − 25 000 − 43 000 − 1 500 + 30 000 = 262 500 元，填入"营业利润"项目。

营业外收入：根据"营业外收入"科目发生额 10 000 元分析填列。

营业外支出：根据"营业外支出"科目发生额 5 000 元分析填列。

利润总额：

利润总额 = 营业利润 + 营业外收入 − 营业外支出

= 262 500 + 10 000 − 5 000 = 267 500 元，填入"利润总额"项目。

所得税费用：

所得税费用 = 利润总额 × 所得税税率 = 267 500×25% = 66 875 元，根据"所得税费用"科目发生额分析填列。

净利润：

净利润 = 利润总额 − 所得税费用

= 267 500 − 66 875 = 200 625 元，填入"净利润"项目

简易利润表

| 项目 | 本年累计金额（元） |
| --- | --- |
| 一、营业收入 | 820 000 |
| 减：营业成本 | 510 000 |
| 税金及附加 | 8 000 |
| 销售费用 | 25 000 |
| 管理费用 | 43 000 |
| 财务费用 | 1 500 |
| 加：投资收益 | 30 000 |
| 二、营业利润 | 262 500 |
| 加：营业外收入 | 10 000 |
| 减：营业外支出 | 5 000 |
| 三、利润总额 | 267 500 |
| 减：所得税费用 | 66 875 |
| 四、净利润 | 200 625 |

【任务清单】4　编制纸质报表

| 项目名称 | 任务内容 |
| --- | --- |
| 任务情境 | 登记好相关账簿后，月底该如何编制会计报表呢？通过对【知识储备】中会计报表的学习，请为"娃娃店"编制纸质报表。 |

续表

| 项目名称 | 任务内容 |
| --- | --- |
| 任务目标 | 根据"娃娃店"成立的第一个月账务情况,为"娃娃店"编制资产负债表和利润表。 |
| 任务实施 | (1) 中小企业内部管理报表、外部会计报表主要有哪些?<br><br>(2) 在编制资产负债表时,要注意哪些方面?<br><br>(3) 请为"娃娃店"编制第一个月的资产负债表。<br><br>(4) 在编制利润表时,要注意哪些方面?<br><br>(5) 请为"娃娃店"编制第一个月的利润表。 |
| 任务点拨 | 参照知识点 1~3。 |
| 任务总结 | 通过完成上述任务,你学到了哪些知识或技能? |

### 思政之窗

会计不是枯燥、乏味的数字"编码"工作,而是在用数字信息生动地讲述着企业的经营故事。事实上,会计工作通过大量相等或相符的数字信息关系体现了会计的美感,如"有借必有贷、借贷必相等"的复式记账规则、"资产=负债+所有者权益""利润=收入-费用"的会计恒等式、资产负债表结构、总分类账与明细分类账的平行登记、账簿记录与报表数字的勾稽关系、报表中主表与所属附表的依存关系、会计分录中的账户对应关系、记账凭证与所附原始凭证的对应关系、记账凭证与账簿记录的核对关系、银行存款与银行对账单的核对关系等,都是账证相符、账账相符、账实相符、账表相符的具体体现,展现了会计特殊的平衡美。同样地,作为会计从业人员,我们应将这些会计平衡美运用到实际工作与生活中,正确处理好企业与社会、个人与企业、整体与局部等平衡关系。

### 故事启迪

#### 辞职

一天,"娃娃店"会计小王向他的同学小张发牢骚说:"我要辞职,我恨透这个公司了!"

小张说:"我举双手赞成,不过,我建议你不要轻易放过那个破公司,你最好给它点颜色看看。你现在离开,还不是最好的时机。"

小王问:"为什么?"

小张说:"如果你现在走,公司的损失并不大。你应该趁着在会计岗位的机会,拼命地把公司的账理顺，把资产管理好，还把那些客户欠下的陈年老账追回来，成为公司独当一面的人物，让公司越来越离不开你，然后你就突然离开公司，公司一时找不到更好的会计就会受到重大损失。"

小王觉得小张说的非常在理，于是努力工作，事遂所愿。一年后，再见面时，小张对小王说："现在是时机了，要跳槽就赶快行动哦！"

小王淡然笑道："老总跟我长谈过，准备升我做财务负责人，我暂时没有离开的打算了。"

其实，这正是小张的初衷。一个人的工作，只有付出大于收获，让老板真正看到你的能力大于位置，才会给你更多的机会替他创造更多利润。

## 拓展练习

### 一、单选题

1. 会计使用的主要计量尺度是（    ）。
   A. 实物量度　　　B. 劳动量度　　　C. 货币量度　　　D. 实物量度和货币量度
2. 会计主体假设规定了会计核算的（    ）。
   A. 时间范围　　　B. 空间范围　　　C. 期间费用范围　　　D. 成本开支范围
3. 下列各项中，属于收益性支出的是（    ）。
   A. 建造房屋的各项支出　　　　　　B. 长期股票投资支出
   C. 生产工人工资　　　　　　　　　D. 为取得专利权发生的支出
4. 下列各项中，适用于划分各会计期间收入和费用的原则是（    ）。
   A. 实际成本计价原则　　　　　　　B. 一致性原则
   C. 权责发生制原则　　　　　　　　D. 谨慎性原则
5. 下列各项中，适用于财产计价的原则是（    ）。
   A. 权责发生制原则　　　　　　　　B. 配比原则
   C. 收付实现制原则　　　　　　　　D. 实际成本原则

### 二、多选题

1. 下列各项中，属于静态会计要素的有（    ）。
   A. 资产　　　B. 收入　　　C. 费用　　　D. 负债
   E. 所有者权益
2. 下列各项中，属于动态会计要素的有（    ）。
   A. 资产　　　B. 收入　　　C. 费用　　　D. 利润
   E. 所有者权益
3. 反映企业财务状况的会计要素有（    ）。
   A. 资产　　　B. 收入　　　C. 费用　　　D. 负债
   E. 所有者权益
4. 反映企业经营成果的会计要素有（    ）。
   A. 资产　　　B. 收入　　　C. 费用　　　D. 利润
   E. 所有者权益

5. 下列关于会计要素之间关系，说法正确的有（    ）。

A. 费用的发生，会引起资产的减少，或引起负债的增加

B. 收入的取得，会引起资产的减少，或引起负债的增加

C. 收入的取得，会引起资产的增加，或引起负债的减少

D. 所有者权益的增加可能引起资产的增加，或引起费用的增加

E. 以上说法都正确

### 三、判断题

1. 货币量度是唯一的会计计量单位。（    ）

2. 会计主体与法人主体是同一概念。（    ）

3. 会计凭证的编号要连续。（    ）

4. 当期所有经济业务全部入账后会计才能结账。（    ）

5. 企业的会计报表只有4种，即资产负债表、利润表、现金流量表和所有者权益变动表。（    ）

### 四、业务操作题

甲公司202×年12月31日的资产、负债、所有者权益的状况如下：

库存现金 500 元；

银行存款 99 500 元；

建筑物 2 600 000 元；

机器设备 200 000 元；

库存商品 100 000 元；

股东投入资本金 2 000 000 元；

应收账款 850 000 元；

未分配利润 150 000 元。

要求：根据上述资料确定资产、负债及所有者权益项目，分别加计资产、负债及所有者权益项目的合计数，并验证资产和权益是否相等。

项目3 拓展练习及答案

# 项目四

## 中小企业智能化账务处理

### 知识目标

1. 熟悉财务数字化平台上多版本组织体系和多版本部门体系的知识与方法。
2. 掌握中小企业智能化账务处理的应用及实践管理知识和方法。
3. 掌握中小企业智能风险管理的基本方法。

### 技能目标

1. 能够掌握中小企业智能化账务应用常识。
2. 能够完成中小企业智能化账务风险应对。
3. 能够完成中小企业智能化账务管理流程设计。

### 素质目标

1. 培养学生根据中小企业组织职责自觉进行更新改进的素质。
2. 培养学生具备基于财务数字化会计基础信息维护及理解管理的能力。
3. 培养学生根据企业组织的变化，相应调整及应对项目的能力。

### 知识串联

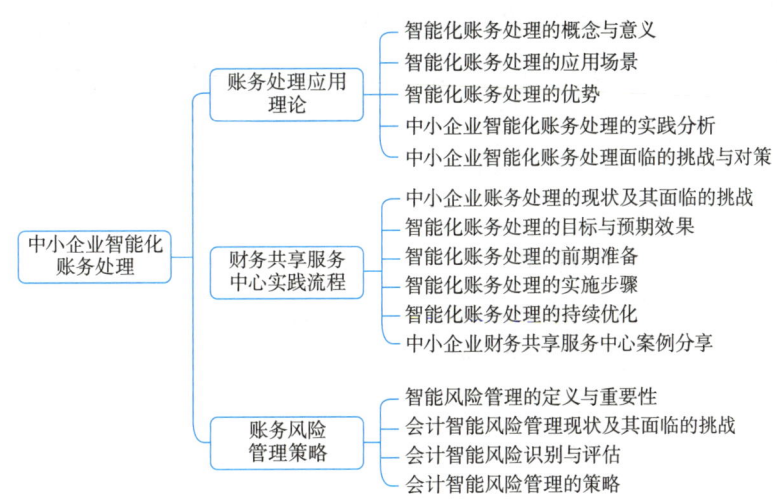

## 任务一　账务处理应用理论

**学习情境**

中小企业智能化账务处理是当前财务管理领域的一个重要趋势，它借助人工智能、大数据等先进技术，实现了账务处理的自动化、智能化，极大地提高了工作效率和准确性。

经过1个月的手工做账，"娃娃店"会计王飞觉得手工做账既麻烦又不符合现代信息技术要求，想进一步了解会计信息化软件。最终，"娃娃店"选择了以××集团NC系统为基础的财务数字化平台软件。为了学习财务数字化操作技能，会计王飞和出纳报名参加了由××集团子公司组织的财务数字化培训。

**学习目标**

根据企业组织架构，能够在财务数字化平台上设置和调整部门档案；根据不同会计岗位进行相应权限的设置；了解智能化处理的核心技术理论及实践运用。

**知识储备**

**知识点1：智能化账务处理的概念与意义**

智能化账务处理是一种利用现代信息技术，特别是人工智能、大数据分析和云计算等先进技术，对中小企业的财务数据进行高效、自动化处理和深入分析的管理过程。这一先进的技术手段颠覆了传统的手工记账和烦琐的财务核算流程，极大地提升了账务处理的效率与准确性。通过智能化账务系统，企业可以实现对日常交易数据进行实时抓取、自动分类和快速核算，从而大大缩短从原始凭证到财务报表的整个处理周期，降低人工成本，减少错误率，使财务信息及时准确地反映企业的经营状况。更重要的是，智能化账务处理系统能够基于强大的数据分析能力，为企业提供深度的业务洞察和决策支持。通过对历史和实时的财务数据进行深度挖掘、智能分析，系统可以帮助企业识别业务趋势、预测财务风险、评估绩效表现，并优化资源配置，进而助力企业做出更科学、精准且具有前瞻性的财务决策。在数字经济蓬勃发展的今天，智能化账务处理已经成为中小企业不可或缺的管理工具，它不仅提升了企业的财务管理水平，也是推动企业实现现代化、精细化管理和可持续发展的关键力量。

（1）人工智能。通过机器学习、自然语言处理等技术，实现对海量财务数据的快速、准确处理，包括数据的收集、清洗、分类、归档等环节。同时，人工智能技术能够基于历史数据和实时数据，对企业财务状况进行实时监测和预警，发现潜在的财务风险，并提供相应的风险应对策略。

（2）大数据。利用大数据技术，可以对企业的财务数据进行深入分析，挖掘数据背后的价值，为企业的决策提供数据支持。

**知识点2：智能化账务处理的应用场景**

智能化账务处理的应用场景主要体现在以下几个方面：

（1）智能预算管理。通过分析历史数据和市场趋势，智能财务系统可以预测企业未来的收入和支出情况，生成准确的预算报告。这有助于企业提前规划和控制成本，避免资金不足或浪费。

（2）智能财务分析。智能财务系统能够收集和分析企业的财务数据，生成各种财务指标（如利润率、毛利率、资产负债率等），帮助企业了解自身的财务状况，发现潜在问题并制订解决方案。

（3）智能风险管理。通过分析财务数据和市场变化，智能财务系统可以帮助企业识别和管理风险。智能财务系统不仅可以监测企业的财务状况，发现异常情况并及时预警，还能提供风险评估和模拟分析功能，帮助企业制定风险管理策略。

（4）自动化处理。智能财务软件如金蝶云会计和用友好会计等，通过自动化处理财务数据，提供实时的财务报表，帮助企业优化财务流程。这些软件能够自动识别发票信息、生成记账凭证，减少人工录入的工作量和错误率。

（5）报表自动化。浪潮云会计等软件通过灵活便捷的操作，帮助会计迅速处理原始凭证，生成记账凭证和报表，提升工作效率。

（6）技术基础和实现方式。智能化账务处理依赖大数据、机器学习和人工智能等技术，这些技术使海量、异构、多类型的数据得到高效处理和深入挖掘，从而提供智能化的财务管理和决策支持。

随着技术的不断进步，智能化账务处理将在更多场景中得到应用，进一步提升财务管理的效率和准确性。未来，智能财务共享服务中心将逐渐发展成为企业自动化、智能化的会计工厂，为企业的财务管理提供更强大的支持。

**知识点3：智能化账务处理的优势**

智能化账务处理系统能够自动化处理日常的记账工作，自动生成记账凭证和财务报表，大大减少了人工操作的时间和精力，提高了整体工作效率。智能化账务处理软件能够生成多维度的报表，通过图表、仪表盘等形式直观展示财务状况和业务表现，辅助企业做出决策。

（1）提高工作效率。智能化账务处理系统的引入，使许多原本需要人工操作的财务流程得以自动化，从而大大提高了工作效率。

（2）降低运营成本。通过应用智能化账务处理系统，企业可以实现对财务数据的实时监测和分析，及时发现并解决潜在的财务问题，从而降低运营成本。

（3）增强决策科学性。智能化账务处理系统能够为企业提供精准的财务预测和规划，帮助企业做出更加科学的决策。

（4）促进财务管理创新。智能化账务处理系统的应用，为中小企业财务管理带来了全新的思路和方法，推动了财务管理的创新和发展。

（5）个性化催收策略。通过分析历史交易数据和客户行为模式，智能化账务处理系统能够为不同客户制定个性化的催收策略，既保证催收效率，又维护良好的客户关系。

（6）预测性分析。利用机器学习算法预测客户的支付能力和支付意愿，提前识别潜在的逾期风险，及时调整催收策略，减少坏账损失。

（7）云端存储与数据安全。智能化账务处理系统通常采用云端存储技术，既保障了企业财务数据的安全性，又支持数据的实时备份和恢复。

以智能化成本核算与管理为例。在当今竞争激烈的商业环境中，企业要想保持竞争力并实现可持续发展，有效的成本核算与管理是至关重要的。随着科技的不断进步，智能化手段正在为成本核算与管理带来全新的变革和机遇。

首先，成本核算与管理是企业管理的核心组成部分。传统的成本核算方法往往依赖手工操作和大量的纸质记录，不仅效率低下，而且容易出现错误。面对复杂的业务流程和多样化的成本构成，这种方式往往难以提供准确、及时的成本信息，从而影响企业的决策制定。智能化成本核算与管理的出现，有效地解决了这些问题。通过运用先进的信息技术，如大数据、云计算和自动化流程，企业能够实现成本数据的实时采集、精准分析和高效处理。同时，大数据技术在智能化成本核算中发挥着关键作用。它可以从企业内部的各个业务系统收集包括采购、生产、销售、人力资源等方面的海量数据。这些数据经过整合和清洗后，能够为成本核算提供全面、细致的依据。例如，通过分析采购数据，可以准确计算原材料的成本；结合生产数据，能够精确核算产品的生产成本。如云计算技术为成本核算提供了强大的计算和存储能力，企业无须再投入大量资金建设自己的服务器和数据中心，只需要借助云服务提供商的资源，就可以实现成本核算系统的快速部署和灵活扩展。同时，云计算保障了数据的安全性和稳定性，使企业能够放心地处理和存储敏感的成本数据。自动化流程是智能化成本核算的一个重要方面。通过使用机器人流程自动化（RPA）技术，可以自动完成诸如数据录入、凭证生成、报表编制等重复性工作，大大提高了工作效率，减少了人为错误。

在成本管理方面，智能化手段同样带来了显著优势。基于实时准确的成本数据，企业能够进行精细化的成本控制。例如，设定成本预算和预警指标后，当实际成本接近或超过预算时，系统能够及时发出警报，以便企业采取相应的措施进行调整。此外，智能化成本管理还能帮助企业进行成本效益分析。通过对不同产品、项目或业务活动的成本和收益进行对比分析，企业可以明确哪些是盈利的业务，哪些是亏损的业务，从而优化资源配置，将资源集中投入效益更高的领域。

其次，智能化成本核算与管理有助于企业实现战略成本管理。它能够从企业的整体战略出发，综合考虑内外部环境因素对成本的影响。例如，在市场竞争激烈的情况下，智能化系统可以分析竞争对手的成本结构，为企业制定具有竞争力的价格策略提供依据。

然而，要实现智能化成本核算与管理并非易事，在这一过程中，企业可能会面临一些挑战。首先，技术投入和人才短缺的问题。引入先进的智能化成本核算系统需要企业投入大量的资金，并且需要具备相关技术知识的专业人才进行系统的维护和优化。其次，数据质量和安全性是不容忽视的问题。如果数据不准确或存在安全漏洞，就会直接影响成本核算与管理的效果。

为了应对这些挑战，企业需要制定合理的信息化战略，逐步推进智能化成本核算与管理的实施。同时，企业要加强对员工的培训，提高他们的数字化素养和技能水平。在数据管理方面，企业应建立完善的数据治理体系，确保数据的质量和安全性。

总之，智能化成本核算与管理是企业提升竞争力、实现可持续发展的重要手段。尽管在实施过程中可能会遇到一些困难，但是只要企业积极应对，充分发挥智能化的优势，就能实现更高效、更精准的成本管理，为企业创造更大的价值。未来，随着技术的不断创新和发展，智能化成本核算与管理将不断完善和深化，为企业的发展提供更有力的支持。

### 知识点4：中小企业智能化账务处理的实践分析

以中国石油、蒙牛集团等大型企业为例。这些大型企业在智能化财务建设方面取得了显著成效。通过引入RPA、人工智能等前沿技术，构建了智能化、移动化财务共享服务平台，实现了账务处理的自动化、智能化。这些成功案例为中小企业智能化账务处理提供了有益的借鉴和参考。

(1) 会计软件系统。

中小企业可以使用会计软件系统管理和处理财务数据，包括账务记账、会计报表生成、税务申报等功能。通过系统的自动化处理，可以提高会计工作的效率和准确性。

目前，市场上有多种会计软件系统可供选择，以下将介绍几款主流会计软件系统及其特点：

①合思。合思（易快报）是国内企业财务收支管理领域市场占有率第一的平台，服务财务人员超过 300 万人。其主要功能包括电子会计凭证的全生命周期管理、全流程数字化费控管理、多场景消费数据自动采集等，适用于各种规模的企业，特别适用于需要优化财务流程和费用控制的中大型企业。

②畅捷通 T+。畅捷通 T+ 是畅捷通公司推出的财务及企业管理软件，适合中小企业。其通过云端与本地结合的方式提供高效、智能的财务和业务管理工具，功能包括财务管理、进销存、供应链管理、成本核算、报表生成等，特别适合需要综合管理多个业务模块的企业。

③金蝶云会计。金蝶云会计是金蝶推出的云端财务管理软件，功能全面，适合各类企业，尤其是中大型企业。其通过模块化设计简化操作流程，提供多层次的安全防护措施，确保企业数据的机密性和完整性。

④用友。用友推出了多个系列，如 NC、U8 等，覆盖财务、供应链、生产制造等多个领域。其软件界面友好，操作逻辑清晰，适合各类行业的企业使用。用友的财务模块功能全面，支持多分支机构、多账套管理。

⑤账信云会计。账信云会计适合小微企业，使用成本低，界面简洁直观。其提供一键录入凭证、自动生成财务报表等功能，特别适合初创企业和日常业务较少的小企业。

⑥速达软件。速达不仅支持传统的财务核算功能，还提供丰富的行业管理系统和库存管理功能，操作简便，适合中小企业快速上手。

⑦Sage Intacct。Sage Intacct 是一款专业的云端财务管理软件，适合需要高级财务管理功能的企业。其提供了强大的数据分析能力和智能化功能，支持多用户同时在线操作。

⑧新中大财务软件。新中大财务软件专注于财务管理和会计核算，适合需要高效财务管理解决方案的企业。

这些会计软件系统各有特色，在选择时，需要根据企业的具体需求和规模进行匹配。

(2) 电子发票管理。

中小企业可以使用电子发票管理系统，将传统的纸质发票转为电子形式，实现发票的电子化管理和存储，提高发票管理的效率和便利性。

那么，电子发票如何规范管理呢？

电子发票的规范管理主要涉及电子发票的使用、开具、保管以及相关法律责任等方面。以下是对电子发票规范管理的详细解答。

①电子发票的使用。

电子发票与纸质发票具有同等法律效力，可以作为报销、入账等凭证。因此，在使用电子发票时，应确保其真实性和完整性。

电子发票的开具应遵循相关法律法规，确保发票内容与实际交易相符。

②电子发票的开具。

电子发票的开具需要通过正规的电子发票系统进行，确保发票的真实性和合法性。

在开具电子发票时，应准确填写相关信息，如购买方名称、纳税人识别号、商品或服务名称、数量、单价、金额等。

电子发票开具后，应及时发送给购买方，并确保其能够正常接收和查看。

③电子发票的保管。

电子发票应妥善保管，确保其安全性和可追溯性。

可以采用电子存储方式进行保管，但需确保存储系统的安全性和稳定性。

定期备份电子发票数据，以防数据丢失或损坏。

④相关法律责任。

违反相关法律法规开具、使用虚假电子发票的，将承担相应的法律责任。

对于非法获取、篡改、伪造电子发票的行为，将依法追究相关责任人的法律责任。规范管理电子发票，需要从使用、开具、保管以及法律责任等多个方面进行把控。各单位和个人应严格遵守相关法律法规，确保电子发票的真实性和合法性，以维护正常的经济秩序和税收征管秩序。

（3）在线支付与收款。

中小企业可以通过接入第三方支付平台实现在线支付与收款功能，客户可以通过网上银行、支付宝等方式进行支付，从而使企业可以实时收到款项，提高资金流动性和管理效率。在线支付，是指通过互联网进行的资金转移行为，通常通过第三方支付平台（如支付宝、微信支付等）完成。用户可以通过手机、计算机等设备进行操作，实现资金的即时转账和结算。在线收款，是指商家通过电子商务平台或移动应用接收消费者支付的款项。这通常涉及支付接口、收款码等技术的应用，确保资金能够安全、快速地转入商家的银行账户。

①应用场景和技术手段。

在线支付：主要应用于网购、在线服务购买、数字产品购买等场景。用户通过手机或计算机上的支付应用，扫描二维码或输入支付信息完成交易。

在线收款：商家通过电子商务平台或自建网站集成支付接口，消费者通过支付平台完成支付后，资金直接转入商家的银行账户。技术手段包括支付接口、收款码、POS机等。

②安全性。

在线支付：虽然方便快捷，但存在网络诈骗、信息泄露等风险。用户需要保护个人信息和支付密码，选择信誉良好的支付平台。

在线收款：商家需要确保支付接口的安全，避免钓鱼网站和恶意软件侵入。使用正规的支付接口和认证机制可以有效保障交易安全。

线上收款和线下收款的区别如下：

①本质不一样。线上支付是通过互联网的支付软件或者系统，线下支付是面对面交易。

②支付方式不一样。线上支付是采用先进的技术，通过数字流转完成信息传输的，都是采用数字化方式进行款项支付的；而线下支付方式是通过现金的流转、票据的转让及银行的汇兑等物理实体流转完成款项支付的。

③工作环境不一样。线上支付的工作环境是一个开放的系统平台（互联网），传统线下支付则

是在较为封闭的系统中运作。

④使用场景不一样。线上支付具有方便、快捷、高效、经济的优势，用户只要通过手机上网登录 App，便可足不出户，在很短的时间内完成整个支付过程；线下支付则受时间和空间的限制。

⑤交易方式不一样。线上支付是卖方与买方通过互联网上的电子商务网站进行交易，银行为其提供网上资金结算服务的一种业务；线下支付是指卖方与买方面对面通过现金或者付款码进行的交易。

生活中，无论我们采用什么支付方式，都要保证财产安全不被侵犯。在支付行业中，根据费率区分，扫码支付、刷卡支付、公众号支付属于线下支付，App 支付属于线上支付；根据使用场景区分，公众号也算线上支付。

### 案例分析

数电票全流程管理案例：北京中远大昌汽车携手泛微·齐业成搭建统一发票共享平台

北京中远大昌汽车服务有限公司（以下简称"中远大昌"）成立于 2002 年，是中远海运集团所属香远（北京）投资有限公司和中信集团所属大昌贸易行汽车服务中心有限公司共同出资组建的一家汽车服务专业公司，致力于为客户提供以汽车租赁为核心的"一站式"用车服务解决方案。

随着中远大昌的业务不断发展，车辆规模超过 4 000 辆，在 25 个重点大中型城市设有分公司及办事处。

企业的财税业务量增加以及分支机构的业务量增加，对管理提出了挑战。

（1）管理效率：开票点多、开票人员多，如何规范发票开具以及抄报税流程？发票量大，如何实时预警、消除风险、减少打印快递成本？

（2）数据获取：业务与发票需要相互关联协同，企业需要快速获取开票数据、及时处理发票报账，与业务数据一致，可为业务流程加速。

（3）收开票风险：企业开票量大，需要确保开票全过程合规，提升集中批量开票时的效率；同时，需要确保发票真实合规才可入库。

（4）业务协同：企业希望开票数据与订单关联，减少开票风险，消除业务系统与发票的"信息孤岛"，为进项发票与付款业务建立闭环。

（5）数据统计：企业希望多维度统计发票相关数据，如往来单位、业务合同、商品服务等，让发票数据能够反映业务，形成业财一体化管理。

客户应用解决方案

在数电票推广的浪潮下，中远大昌积极拥抱数字化转型，加快发票电子化进程，遵循政策要求与监管趋势，提升业务、财务、发票、税务一体化协同能力。此次，中远大昌携手泛微·齐业成构建统一的发票共享平台，打通业财，确保收开票数据的完整性、规范性、合规化，实现业务、财务、发票数据等一体化管理（如图 4-1-1 所示）。

（4）费用报销系统。

中小企业可以使用费用报销系统，员工可以通过系统提交费用报销申请，审批人员可以在系统中审批和核对申请单，实现费用报销的数字化管理，减少纸质流程和人工操作。

①用友 U8。

用友 U8 的报销系统是一款集成在用友 U8 + ERP 解决方案中的模块，专门为企业提供高效、精准的报销管理服务。它通过数字化手段，帮助企业简化报销流程，提升财务管理效率，实现费用

| 前台统一门户中心 | 公司统一门户<br>统一入口，统一消息推送 | | | 个人门户<br>个人工作桌面 | | |
|---|---|---|---|---|---|---|
| 中台应用构建中心 | 流程管理 | 人事管理 | 采购应付管理 | 发票采集 | 发票查验 | 自动开票 |
| | 公文管理 | 供应商/司机管理 | 资金管理 | 价税分离 | 共享转让 | 红字确认单 |
| | 预算管理 | 费用报销 | 凭证集成 | 发票合规 | 发票交付 | 发票下载 |
| | | | | 发票关联报销 | 发票查询下载 | 授信额度查询 |
| 基础支撑 | 开票限额校验服务 | | 合规性校验服务 | 数电票实时开具服务 | | 赋码段申请服务 |
| | | 查询开票数据服务 | | 真伪查验服务 | 发票查验回调服务 | |
| 后台引擎平台 | 门户引擎 | 业务引擎 | 流程引擎 | 文档引擎 | 报表引擎 | 外部系统接口 |
| | 多组织管理 | 系统分权引擎 | 组织用户同步 | 定时任务调度 | 中间库 | 消息引擎 |
| | 元数据管理 | 缓存管理 | 统一用户管理 | 数据转换管理 | 二次开发平台 | …… |

图 4-1-1　业务、财务管理一体化数字化运营平台

的智能化管控，全程数字化操作，确保流程透明、高效。

用友 U8 报销系统的主要功能包括电子发票自动识别、智能审批流程、多维度费用报表、预算控制和合规审计。系统支持多种报销方式，如差旅费、餐饮费、办公费等，通过移动应用，员工可以随时随地提交报销申请，而管理人员可以实时审批，提高工作效率。

用友 U8 报销系统的优势在于强大的集成能力和高度的自动化水平。用友 U8 报销系统与用友 U8 ERP 的其他模块无缝集成，确保数据的实时同步和一致性。其自动化的流程减少了人为错误，提高了报销处理的速度和准确性。此外，用友 U8 报销系统提供详细的费用分析报告，帮助企业优化费用管理，控制成本。

用友 U8 报销系统适用于需要精细化管理费用的中大型企业，特别是那些有复杂报销需求和严格预算控制的企业。它广泛应用于制造业、零售业、医药行业等需要频繁报销和严格费用管控的领域。系统支持多币种、多语言，适合跨国企业使用（见图 4-1-2）。

图 4-1-2　用友 U8 官网首页

②金蝶云星空。

金蝶云星空是一款面向高成长型企业的 SaaS 云平台，旨在通过数字化手段提升企业的管理能力和运营效率。金蝶云星空基于低代码 PaaS 平台，提供全面的企业财务管理服务，帮助企业实现精细化管理和智能化运营。

金蝶云星空的主要功能涵盖了智能会计平台、全程协同供应链、协同制造和国际化平台。智能会计平台支持多维度核算和成本核算配置，满足企业复杂的财务管理需求。

金蝶云星空的优势在于高度的灵活性和可扩展性。金蝶云星空支持企业定制化配置和二次开发，通过开放的产业生态链整合上下游资源，提升企业协同能力。该平台的智能制造解决方案和国际化功能，能帮助企业在全球范围内实现资源优化配置和业务拓展。

金蝶云星空适用于各类高成长型企业，特别是那些需要进行复杂财务管理、供应链协同和制造管理的企业。它广泛应用于交通与物流、制药、日化、电子半导体、食品饮料等行业（见图 4-1-3）。

图 4-1-3　金蝶云星空官网首页

（5）资产管理系统。

中小企业可以使用资产管理系统，对企业的固定资产进行登记、折旧和清查。资产管理系统可以自动计算折旧费用，并提供资产清查的报表和查询功能，提高资产管理的效率和精确度。

资产管理主要包括以下几个方面：

①日常管理。包括资产卡片管理、资产录入、资产转移、资产维修、资产借用、资产启用、资产停用、资产退出等环节。

②资产盘点。涉及盘点单查询、盘点单录入、盘盈盘亏明细表、盘点汇总等。

③折旧管理。包括计提折旧、折旧月报、折旧年报、资产减值准备、资产价值重估、累计折旧明细等。

④报表管理。编制分类明细统计报表、部门明细统计报表、新增资产统计报表、退出资产统计报表等。

⑤系统管理。涉及操作员/权限管理、部门/人员信息管理、资产分类编码、资产属性信息管理等。

资产管理的核心要素如下：

①资产分类与识别。根据性质和功能，将资产划分为固定资产、流动资产、无形资产等类别，并为每项资产赋予唯一的识别码，如二维码或RFID标签，便于跟踪和管理。

②资产评估与估值。通过成本法、市场法和收益法等方法，评估资产的价值。

③资产折旧与摊销。采用直线法、双倍余额递减法、产量法等方法，均匀地分摊或根据实际产出量计算折旧额。

④资产处置与报废。当资产不再需要时，可以通过出售、捐赠或报废等方式进行处理。

⑤制订合理的资产采购计划。通过需求分析和成本效益分析，确保投资回报率符合预期。

⑥实施有效的资产维护与保养。建立定期检查和预防性维护制度，减少故障发生。

⑦加强资产盘点与清查。设立固定的盘点周期，确保资产信息的准确性。

（6）预算管理系统。

中小企业可以使用预算管理系统对企业的预算进行编制、执行和监控。预算管理系统可以实时显示预算与实际的差异和偏差，帮助企业及时调整经营策略和控制成本。

预算管理系统是ERP系统的重要组成部分，旨在帮助企业建立、完善、优化预算管理体制。它引入全面预算、责任中心、责任控制等管理理念、机制和方法，搭建企业管理控制、计划实施和业绩考核的平台，全面提升企业管理水平。

预算管理系统可以针对各类单体企业和集团企业，采用预算管理方法进行企业内部管理与控制。不同类型、不同管理形式的企业，应根据自身实际情况和需求确定预算管理系统的解决方案。

预算管理系统的特点如下：

①快速高效。预算管理系统的工作机制可以快速高效地实现客户对全面预算管理的需求，适应需求不断变化的实际情况。

②数据格式、口径一致。预算管理系统自上而下保持收集数据格式、口径一致，这是全面预算的基础。

③数据共享与集成。预算管理系统开放的数据接口功能支持从会计信息系统或ERP系统提取数据，可以与Excel无缝连接，实现数据的共享。预算管理系统高效的汇总、审核、分析和数据挖掘功能，提高了上级部门汇总和审核预算表的效率。

④灵活扩展。预算管理系统使填报数据可以灵活地从上到下层层扩展，满足不同级次部门的管理需要。

⑤全面控制。全面预算管理是一种整合性管理系统，具有全面控制的能力，是现代大企业围绕发展战略，运用现代网络与信息技术，集经营（业务）预算、资本预算、薪酬预算、财务预算于一体的综合管理系统。

预算管理系统主要适用于预算管理委员会和各预算管理的责任中心（包括成本中心、收入中心、费用中心、利润中心和投资中心）。系统设置的主要功能是将企业和企业集团总部统一制定预算管理制度固化在软件中，通过软件的刚性控制整个企业和企业集团的预算管理活动。

此外，预算管理系统还涵盖了预算编制、预算执行、决算管理等业务，旨在实现关联业务间和上下级财政间的工作协同与数据共享，最终实现"预算编制、预算执行、绩效评价、结果应用"全过程预算管理目标（如图4-1-4所示）。

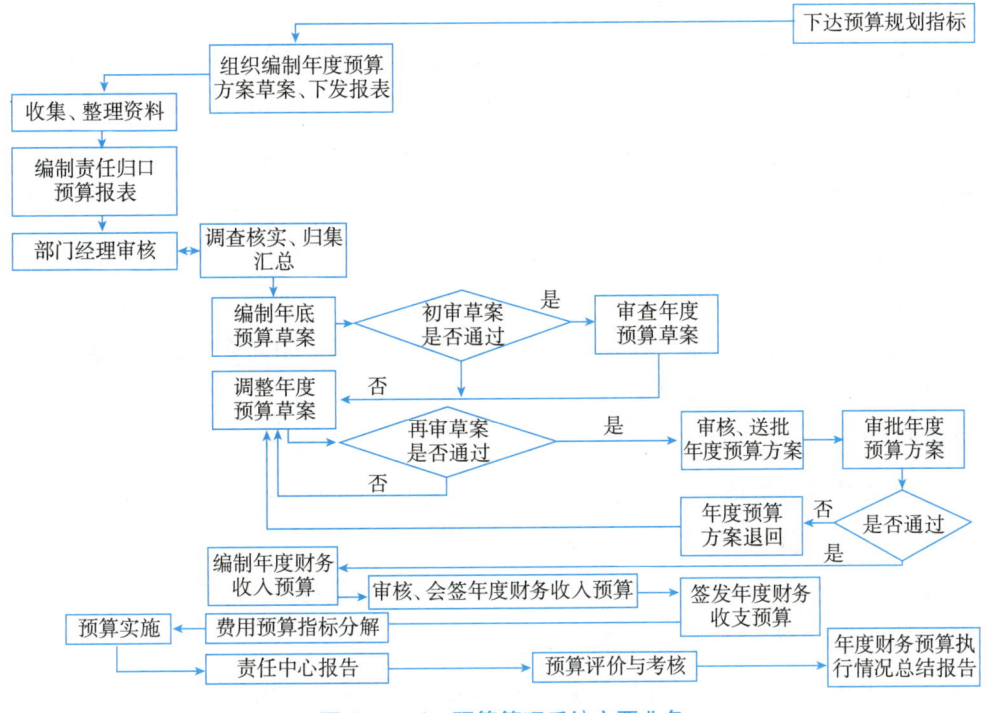

图 4-1-4 预算管理系统主要业务

需要注意的是，预算管理系统的具体应用和实施可能因企业规模、行业特点、管理需求等因素而有所不同。在实际应用中，建议根据企业实际情况选择合适的预算管理系统，并结合专业的咨询和实施服务，以确保系统的有效运行和预期目标的实现。

（7）税务管理系统。

中小企业可以使用税务管理系统实现税务申报和纳税管理的自动化。税务管理系统可以自动生成各类税务报表和申报表格，帮助企业准确申报税款，避免税务风险和罚款（如图 4-1-5 所示）。

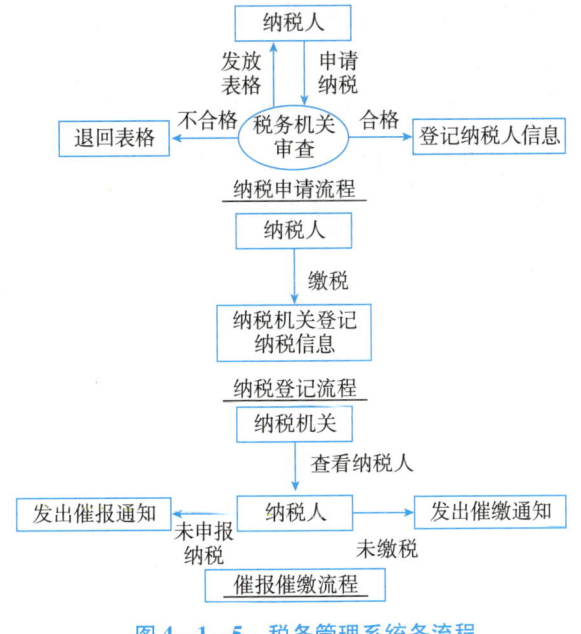

图 4-1-5 税务管理系统各流程

（8）客户关系管理（Customer Relationship Management，CRM）系统。

CRM 系统是一种用于管理公司与客户之间互动和关系的软件系统，旨在通过优化客户关系提高客户满意度和忠诚度，从而增加销售和利润。中小企业可以使用 CRM 系统，管理和维护客户信息和交流记录。CRM 系统可以实时记录客户的需求和反馈，帮助企业更好地了解客户需求，为客户提供个性化的服务和产品。

CRM 系统以客户数据的管理为核心，利用信息科学技术，实现市场营销、销售、服务等活动自动化，并建立一个客户信息收集、管理、分析、利用的系统，帮助企业实现以客户为中心的管理模式。它既是一种管理理念，又是一种软件技术。其最终目标是吸引新客户、保留老客户以及将已有客户转化为忠实客户，增加市场份额。

① 主要特点。

a. 综合性。CRM 系统集成了客户信息管理、销售管理、市场营销、客户服务以及数据分析等多个功能模块，为企业提供全方位的 CRM 解决方案。

b. 智能化。通过数据挖掘、预测分析等技术，CRM 系统能够为企业提供深层次的客户洞察，帮助企业制定更加精准的营销策略和销售计划。

c. 安全性。CRM 系统具有高可控性的数据库和更高的安全性，能够确保客户数据的安全性和隐私性。

d. 集成性。CRM 系统能够与其他业务系统进行无缝集成，实现数据共享和业务流程的优化。

② 主要功能。

a. 客户信息管理。CRM 系统能记录客户的基本信息，如姓名、联系方式、地址等，以及购买历史、沟通记录、服务请求等，帮助企业全面了解客户。

b. 销售管理。CRM 系统能管理潜在客户的信息和跟进状态，跟踪销售机会的进展情况，从初步接触到最终成交，以及根据历史数据和当前销售活动预测未来的销售情况。

c. 市场营销。CRM 系统能计划和执行各种营销活动，如邮件营销、社交媒体推广等，并分析市场趋势和客户需求，优化营销策略。

d. 客户服务。CRM 系统能管理客户的服务请求和投诉，确保及时响应和解决，同时提供常见问题解答和解决方案，帮助客户自助解决问题。

e. 数据分析。CRM 系统能生成各种报表，帮助管理层了解业务状况；通过数据分析发现潜在的商业机会和问题，为企业决策提供支撑。

③ 主要类型。

a. 操作型 CRM。主要用于简化和自动化与客户的交互及日常业务流程，包括销售自动化、营销自动化和服务自动化等功能。

b. 分析型 CRM。主要用于分析和解读客户数据，从而帮助企业做出更明智的业务决策，包括数据挖掘、预测分析和业绩评估等功能。

c. 协作型 CRM。主要用于促进企业内部不同部门之间的协作，以及与客户的沟通，包括客户互动管理、团队协作工具和客户服务平台等功能。

(9) 人力资源管理系统。

人力资源管理系统，是指组织或社会团体运用系统学理论方法，对企业的人力资源管理各个方面进行分析、规划、实施、调整，以提高企业人力资源管理水平，使人力资源更有效地服务组织或团体目标。中小企业可以使用人力资源管理系统，管理员工的招聘、培训、绩效考核等人力资源管理活动。人力资源管理系统可以提供员工档案和薪酬管理功能，帮助企业提高人力资源管理的效率和准确性。

以下是对人力资源管理系统的详细介绍。

①作用与优势。

人力资源管理系统通过提高内部员工的满意度、忠诚度，来提高员工贡献度，即绩效，帮助管理者通过有效组织管理降低成本和加速增长创造价值链利润。其主要作用与优势包括：

a. 流程自动化，优化冗长复杂的人工流程，提升管理效率。

b. 数据驱动决策，通过实时数据分析支持精准决策。

c. 提高员工满意度，通过在线自助服务减少等待时间，提升员工体验。

d. 风险合规，系统化记录和存档，避免合规漏洞。

②功能模块。

人力资源管理系统的功能模块通常包括：

a. 组织管理模块。主要实现对公司组织结构及其变更的管理，对职位信息及职位间工作关系的管理，根据职位空缺进行人员配备，以及对人力规划、人事成本进行管理等。

b. 人事信息管理模块。主要实现对员工从试用、转正直至解聘或退休整个过程中各类信息的管理，以及人员信息的变动管理，提供多种形式的查询、统计分析手段。

c. 招聘管理模块。实现从计划招聘岗位、发布招聘信息、采集应聘者简历，到按岗位任职资格遴选人员、管理面试结果、通知试用的全过程管理。

d. 劳动合同模块。提供对员工劳动合同的签订、变更、解除、续订、劳动争议、经济补偿的管理，以及试用期、合同到期的自动提示等功能。

e. 培训管理模块。根据岗位设置及绩效考核结果确定培训需求，为员工职业生涯发展制订培训计划，并对培训的目标、课程内容、授课教师、时间、地点、设备、预算等进行管理。

f. 考勤管理模块。主要提供对员工出勤情况的管理，帮助企业完善作业制度，包括各种假期的设置、班别的设置、相关考勤项目的设置，以及调班、加班、公出、请假的管理，迟到早退的统计，出勤情况的统计等。

g. 绩效管理模块。通过绩效考核评价人员配置和培训的效果，对员工进行奖惩激励，为人事决策提供依据；系统提供多种考核方法、标准，允许自由设置考核项目，对员工的特征、行为、工作结果等进行定性和定量的考评。

h. 薪酬福利管理模块。主要提供员工的薪酬福利管理功能，包括薪酬的计算、发放，福利基金的提取和管理等。

此外，根据企业的不同需求，人力资源管理系统还可能包括调动管理、保险管理、宿舍管理、员工自助、领导审批等其他功能模块。

③选型与策略。

在选择人力资源管理系统时，企业应根据自身的规模、行业特点、业务需求等因素进行综合考虑。以下是一些建议的选型策略。

a. 中小企业。推荐使用云端 HR 管理系统，如 SaaS 型订阅制产品。这些系统无须部署本地服务器，只需要网络即可实现常见功能，价格便宜、上手简单。

b. 大中型企业。优先选择可私有化部署的系统，确保安全性，并支持定制化需求。此类系统通常需要更高的初始预算，但长期来看性价比不错。

在选型过程中，企业应关注系统的易用性、可扩展性、稳定性以及售后服务等方面。同时，为了避免"信息孤岛"现象，企业应尽量选择能够与其他系统无缝对接的人力资源管理系统。

④市场趋势与发展。

随着信息技术的不断发展和企业对人力资源管理效率要求的不断提高，人力资源管理系统正朝着更加智能化、自动化、集成化的方向发展。未来，人力资源管理系统将更加注重数据分析与挖掘能力，以支持企业的战略决策和人才发展规划。同时，随着云计算、大数据、人工智能等技术的广泛应用，人力资源管理系统将迎来更多的创新与发展机遇。

（10）综合管理系统。

中小企业可以使用综合管理系统集成各个管理模块，实现企业资源的统一管理。综合管理系统可以提供全面的企业管理功能，包括财务、采购、销售、库存等，有助于企业实现信息化管理并提升竞争力。

综合管理系统是一个广义的概念，是指将多个业务管理功能、流程、信息和数据集成在一起的系统。

①定义与目的。

综合管理系统旨在提高企业或组织的运作效率，实现信息资源的共享，优化决策过程，以及提升管理水平。它通过集成多个子系统，如客户管理、协同办公、人力资源、设备管理、供应链管理、仓储管理、生产管理、财务管理等，为企业提供全方位、高效的管理解决方案。

②功能模块。

综合管理系统的功能模块通常包括：

a. 客户管理系统。是企业与客户沟通的桥梁，汇集客户信息、交互历史和销售机会等数据，帮助企业洞悉客户需求，提供贴心服务，提升客户满意度与忠诚度。

b. 协同办公系统。提供团队协作、项目管理、流程审批等功能，打破部门间的信息壁垒，优化工作流程，增强内部沟通，使企业能够更快地响应市场变化。

c. 人力资源信息系统。集成员工信息管理、招聘、培训、绩效评估等模块，简化人力资源管理的烦琐流程，实现信息的实时更新与共享。

d. 设备管理信息系统。帮助企业实现设备的最大化利用和管理效率的提升，通过全面的设备监控、维护和优化功能，确保设备稳定运行。

e. 供应链管理信息系统。监控、协调和优化整个供应链流程，从原材料采购到产品交付，提供全面的可视化管理和决策支持。

f. 仓储管理信息系统。专注于仓库作业流程的优化，通过实时跟踪库存、预警和优化功能，确保库存的准确性与及时性。

g. 生产管理信息系统。实现生产过程的全方位监控、优化及管理，保障生产顺畅进行，提高生产效率和质量。

h. 财务管理信息系统。集预算制定、执行统计等功能于一体，帮助企业高效地管理财务活动。

此外，综合管理系统还可能包括数据分析信息系统、市场营销活动策划与执行系统、员工档案管理系统、工作日历管理系统、月度考勤统计与分析系统等多个功能模块，以满足企业或组织的不同管理需求。

③应用场景。

综合管理系统广泛应用于各个领域，如企业、政府、学校、医院等。在企业领域，综合管理系统可以帮助企业实现高效、全面的管理，提升企业竞争力；在政府领域，综合管理系统可以提高政府部门的办事效率和服务水平；在学校领域，综合管理系统可以优化教学资源配置，提升教学质量；在医院领域，综合管理系统可以提高医疗服务的效率和质量。

④技术与发展趋势。

随着信息技术的不断发展，综合管理系统正朝着更加智能化、自动化、集成化的方向发展。未来，综合管理系统将更加注重数据分析与挖掘能力，以支持企业的战略决策和人才发展规划。同时，云计算、大数据、人工智能等技术的广泛应用将为综合管理系统带来更多创新与发展机遇。

⑤选型与策略。

在选择综合管理系统时，企业应根据自身的规模、行业特点、业务需求等因素进行综合考虑。以下是一些建议的选型策略。

a. 明确需求。企业要清晰界定自身的管理需求，包括但不限于项目管理、人力资源管理、物资管理、设备管理等。明确需求有助于筛选出最符合企业实际情况的系统。

b. 功能评估。企业要重点关注系统的功能模块是否齐全且深入。例如，项目管理模块要支持项目进度、成本、质量的全面跟踪与分析，人力资源管理模块要覆盖人员信息、技能培训、考勤管理等各个方面。

c. 易用性与兼容性。系统界面应友好，操作流程应简单直观，以降低员工培训成本。同时，系统要支持多种操作系统和浏览器，以确保在不同环境下稳定运行。

d. 数据安全与稳定性。企业要确保系统具备数据加密、备份及恢复机制，以及稳定的技术支持和售后服务。

e. 案例参考与口碑。企业应参考同行业企业的使用案例和用户评价，了解系统的实际应用效果。

这些都说明了中小企业会计信息化的具体应用场景，通过引入信息技术和软件系统，可以提高会计工作的效率和准确性，优化企业的财务管理和业务流程，为企业的发展提供有力支持。综上所述，综合管理系统是企业或组织提高管理效率、优化决策过程的重要工具。在选择和使用过程中，企业应结合自身的实际情况进行综合考虑和决策。

**知识点 5：中小企业智能化账务处理面临的挑战与对策**

尽管智能化账务处理具有诸多优势，但是中小企业在实践过程中仍面临一些挑战，如数据安全与隐私保护、技术更新与迭代速度、法规遵从与合规性等。

中小企业智能化账务处理面临的挑战主要体现在以下几个方面：

（1）资金和技术投入有限。中小企业通常面临资金紧张的问题，难以在智能化账务处理方面进行大规模的投入。购置先进的财务软件、建立完善的信息化系统以及培养专业的技术人才，都需要大量的资金支持，对于中小企业来说是一个较大的负担。

（2）财务数据质量不高。一部分中小企业在财务管理中存在数据记录不规范、不完整、不准确的情况，使基于数据的智能化分析和决策缺乏可靠的基础，影响财务管理智能化的效果。

（3）人才短缺。在中小企业中，既懂财务又懂信息技术的复合型人才相对稀缺，存在现有财务人员对传统财务管理模式较为熟悉，对智能化技术的应用和新的财务管理理念掌握不足的情况。

（4）管理理念相对滞后。一些中小企业的管理者对财务管理智能化的重要性认识不足，仍侧重于传统的手工记账和简单的财务分析，忽视了智能化技术在提升财务管理效率、优化决策等方面的巨大潜力。

面临上述挑战，中小企业采取的应对策略如下：

（1）制定合理的财务智能化规划。中小企业应结合自身的发展战略和实际业务需求，制定切实可行的财务智能化规划，明确短期和长期目标，分阶段推进财务管理的智能化进程。例如，首先，可以在短期内实现财务数据的信息化处理和基础的财务分析；其次，逐步引入更高级的智能化功能，如预测分析、风险评估等。

（2）选择适合的财务软件和工具。市场上有许多财务软件和工具可供选择，中小企业要根据自身的规模、业务特点和预算，选择功能实用、操作简便、性价比高的产品；同时，要关注软件的可扩展性和兼容性，以便能随着企业的发展进行升级和集成其他系统。

（3）加强财务数据管理。确保财务数据的准确性、完整性和及时性是实现财务管理智能化的基础，中小企业要建立规范的财务数据管理制度，提高数据质量，为智能化分析和决策提供可靠的数据支撑。

（4）加强数据安全与隐私保护。中小企业要建立健全数据安全管理制度，采用先进的加密技术保护数据安全，同时加强对员工的数据安全意识培训。加强数据安全与隐私保护在当前数字化时代至关重要，以下是一些关键措施。

①法律法规层面。

建立健全数据安全与隐私保护的法律法规，如《中华人民共和国数据安全法》《中华人民共和国个人信息保护法》等，明确数据保护的责任主体、监管机构和处罚措施；加强对跨境数据流动的监管，确保数据在跨境传输过程中的安全性和合法性；加大对违法行为的打击力度，对侵犯数据安全与隐私的行为进行严厉处罚；提高执法效率，确保法律法规得到有效执行。

②技术层面。

a. 数据加密技术。使用先进的加密技术保护数据的传输和存储过程，确保数据在传输过程中的安全性和完整性；定期对加密密钥进行更新和管理，防止密钥泄露或被破解。

b. 多重身份验证。实施多重身份验证机制，如指纹识别、面部识别、密码和动态验证码等，提高账户的安全性；定期对身份验证机制进行更新和升级，以应对新的安全威胁。

c. 防火墙与入侵检测系统。部署防火墙阻止未经授权的访问和数据泄露；使用入侵检测系统监控和识别潜在的安全威胁，并及时采取应对措施。

d. 定期备份与恢复。定期对数据进行备份，以防止数据丢失或损坏；建立数据恢复机制，确保数据丢失或损坏后能够迅速恢复。

③管理层面。

a. 制定安全策略与流程。制定明确的数据安全与隐私保护策略，包括数据的收集、存储、使用和销毁等环节；建立完善的安全管理流程，确保各项安全措施得到有效执行。

b. 员工培训与意识提升。定期对员工进行数据安全与隐私保护培训，提高员工的安全意识和技能水平；鼓励员工积极参与数据安全与隐私保护工作，共同维护企业的数据安全。

c. 第三方风险管理。对与企业合作的第三方进行严格的审查和管理，确保其符合数据安全与隐私保护要求；与第三方签订保密协议，明确双方的数据保护责任和义务。

④个人层面。

a. 保护个人信息。谨慎处理个人信息，避免在不必要的场合透露敏感信息；定期更换密码，避免使用过于简单的密码。

b. 防范网络攻击。不轻易点击未经证实的链接或下载未知来源的文件，使用可靠的安全软件防范病毒和恶意软件的攻击。

c. 加强设备安全。定期更新设备和软件的安全补丁，以修复已知的安全漏洞；使用强密码和双重认证保护设备与账户的安全。

加强数据安全与隐私保护需要从法律法规、技术、管理和个人等多个层面入手，形成全方位的安全防护体系。通过不断完善法律法规、提升技术水平、加强管理和提高个人安全意识，我们可以更有效地保护数据安全与隐私。

（5）关注技术更新与迭代速度。中小企业要紧跟技术发展趋势，及时更新和升级智能化账务处理系统，确保系统的先进性和稳定性。

（6）确保法规遵从与合规性。中小企业要加强对相关法律法规的学习和理解，确保智能化账务处理系统的应用符合法律法规要求，避免违法、违规风险。

综上所述，中小企业智能化账务处理是当前财务管理领域的一个重要趋势。通过引入人工智能、大数据等先进技术，实现账务处理的自动化、智能化，中小企业可以大大提高工作效率、降低运营成本、增强决策科学性并促进财务管理创新。然而，在实践过程中，中小企业仍需关注数据安全与隐私保护、技术更新与迭代速度以及法规遵从与合规性等挑战，并采取相应对策加以应对。

【任务清单】1 账务处理应用理论

| 项目名称 | 任务内容 |
| --- | --- |
| 任务情境 | 2025年3月，"娃娃店"经理要求会计小王学习中小企业财务共享服务平台的流程框架等相关知识，为后续公司发展做相应的准备。 |
| 任务目标 | （1）对新纳入财务共享服务中心的组织设置服务范围和服务内容。<br>（2）分析智能化账务处理的优势。 |

续表

| 项目名称 | 任务内容 |
|---|---|
| 任务实施 | (1) _____<br>(2) _____<br>(3) _____<br>(4) _____<br>(5) _____ |
| 任务点拨 | 智能化软件及云会计信息资料。 |
| 任务总结 | 通过完成上述任务，你学到了哪些知识或技能？ |

## 任务二　财务共享服务中心实践流程

**学习情境**

　　财务共享服务中心是近年来出现并流行起来的会计和报告业务管理方式，是将不同地点的会计业务集中到一个共享服务中心来记账和报告，既保证了会计记录和报告的规范性、统一性，又提高了整个集团会计核算的效率。在财务数字化平台上，如何对新纳入财务共享服务中心的组织设置服务范围和服务内容？在数字化转型的大潮中，中小企业正逐步探索智能化账务处理的新路径，以期提升财务管理效率与精准度。作为现代财务管理的革新方式，智能化账务处理不仅能帮助企业应对日益复杂的财务环境，还能有效减轻财务人员的工作负担，提高数据处理与分析能力。面对传统账务处理中存在的各种挑战，如人工错误率高、处理速度慢、信息透明度不足等问题，中小企业迫切需要通过智能化手段实现账务管理的升级与转型。

**学习目标**

　　通过训练，使学生在财务数字化平台上对新纳入财务共享服务中心的组织和服务内容进行设置。这一实践流程涵盖了从前期准备到实施步骤，再到持续优化的全过程，旨在为企业提供一套可操作性强、适应性广的智能化账务处理方案。

**知识储备**

**知识点1：中小企业账务处理的现状及其面临的挑战**

　　当前，许多中小企业仍采用传统的手工账务处理方式，这种方式不仅耗费大量的人力、物力和时间成本，而且容易因人为因素产生错误。同时，随着中小企业业务的发展和交易量的增长，财务数据的复杂性和多样性显著增加，账务处理难度增大，对处理效率和准确性的要求也越来越高。此外，中小企业往往缺乏专业的财务人员和先进的财务系统，导致账务处理效率低下，难以满足企业快速发展的需求。

中小企业账务处理流程是确保企业财务信息准确性和完整性的关键。这一流程包括多个环节，每个环节都需要严格遵循会计原则和法律法规要求。

记账流程是中小企业账务处理的基础。企业发生交易时，要及时记录交易内容、金额和相关信息，确保交易记录的准确性和完整性。编制凭证是记账流程的重要环节，企业需要根据交易记录编制相应的会计凭证，包括借记凭证和贷记凭证。凭证编制需要遵循会计原则和法律法规要求，确保凭证的合法性和准确性。登记账簿是将凭证信息转化为会计信息的环节，企业需要根据凭证内容，将交易记录登记到相应账簿中，包括现金日记账、银行日记账、总账等。在登记账簿时，企业需要确保登记信息的准确性和完整性，避免出现漏记、错记或重复登记的情况。核对账目是确保财务信息准确性和完整性的重要步骤，企业需要定期对账簿信息进行核对，包括内部核对和外部核对。通过核对，企业可以及时发现并纠正财务信息中的错误或遗漏，确保财务信息的准确性和完整性。

财务报表编制是中小企业财务状况和经营成果的重要反映。中小企业需要根据会计原则和法律法规要求，在记账基础上，编制各种财务报表，包括资产负债表、利润表、现金流量表等确保报表的合法性和准确性。这些报表可以反映企业的财务状况、经营成果和现金流量情况，为企业决策提供重要依据。中小企业还需要对报表进行定期审核和评估，及时发现并纠正报表中存在的问题，确保报表的准确性和完整性。

税务处理是中小企业不可忽视的重要环节。企业需要根据税务法规进行税务处理，包括税收计算、纳税申报、税收优惠申请等。这些税务处理环节可以帮助企业减轻税收负担，提高经济效益。在税务处理过程中，企业需要遵循税务法规的要求，确保税务处理的合法性和准确性。企业还需要加强对税务人员的培训和管理，提高税务处理的质量和效率。

中小企业在账务处理上面临多重挑战。从货币资金核算到利润分配，各项账务工作均需要精细管理。货币资金作为企业运营的血液，核算准确性直接关系到企业资金流的稳定。采购与销售业务的账务处理直接影响到企业成本控制与市场竞争力。固定资产与职工薪酬的核算更是企业长期稳健经营的基础。然而，中小企业往往受限于规模与资源，难以建立完善的账务体系，导致账务处理存在疏漏与风险。为应对这些挑战，建议中小企业积极引进现代化账务管理工具，提高账务处理的自动化与智能化水平；同时，加强内部培训，提高财务人员的专业素养与风险意识，确保账务处理的准确性与合规性。通过这些措施，中小企业可以更好地把握经营状况，为持续发展奠定坚实基础。

**知识点2：智能化账务处理的目标与预期效果**

智能化账务处理的目标是借助现代信息技术，实现账务处理的自动化、智能化和高效化。通过智能化账务处理系统，可以自动化处理大量的财务数据，减少人工干预，提高处理效率；通过智能化的算法和模型，可以对财务数据进行深入分析和挖掘，提供更准确、更全面的数据分析结果；通过优化处理流程和系统设计，可以缩短财务报表的生成周期，提高报表的及时性和准确性。智能化账务处理的预期效果包括：显著提升账务处理效率，降低人工干预和操作失误风险，从而缩短财务报表的生成周期；通过智能化的数据分析功能，能够及时发现和解决潜在问题；利用智能化账务处理系统提供的数据分析结果，可以帮助企业更好地了解自身的经营状况和市场趋势，为战略决策提供有力支持。智能化账务处理的目标与预期效果如图4-2-1所示。

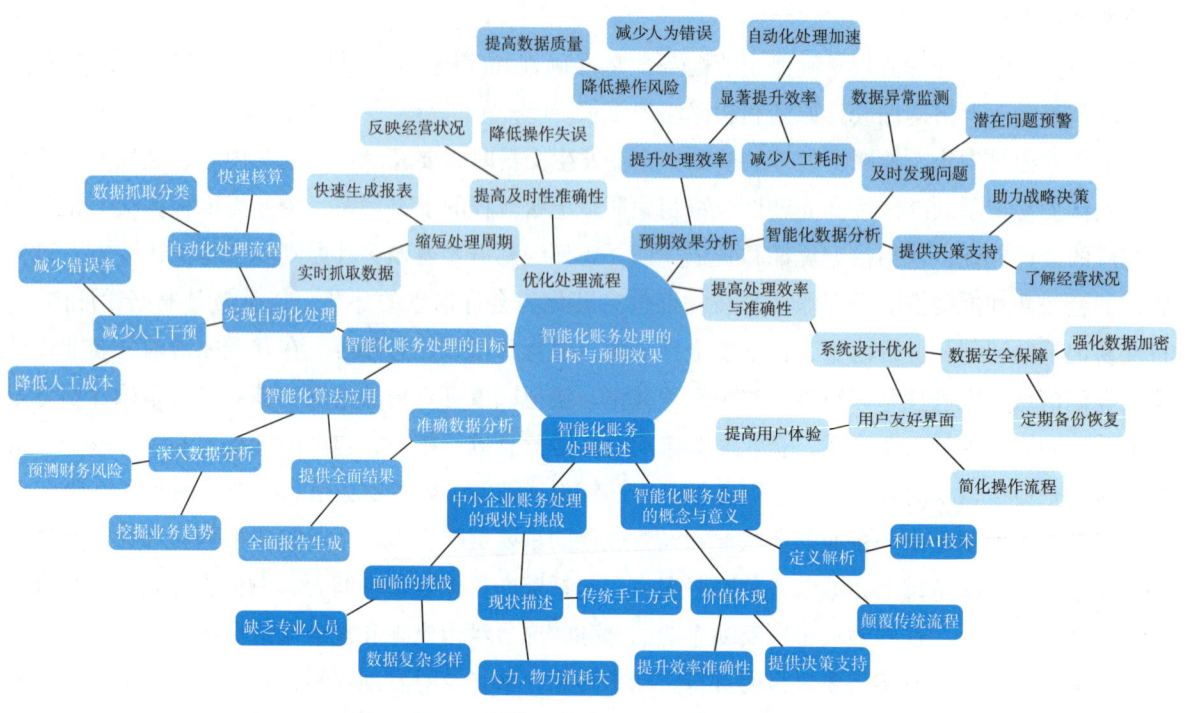

图4-2-1　智能化账务处理的目标与预期效果

**知识点3：智能化账务处理的前期准备**

（1）企业内部财务流程的梳理与优化。

在实施智能化账务处理之前，企业需要对现有的财务流程进行全面梳理和优化，以确保智能化账务处理的顺利推进和实施，包括明确各项财务活动的职责分工、优化审批流程、建立标准化的账务处理规范等。通过流程优化，可以提高财务工作的效率和准确性，为智能化账务处理的实施奠定坚实的基础。

（2）选择合适的智能化账务处理软件。

选择合适的智能化账务处理软件是实施智能化账务处理的关键。企业应根据自身的业务需求、数据规模和处理能力等因素，综合考虑软件的功能、易用性、安全性和性价比等进行选择。同时，软件应具备良好的扩展性和兼容性，以适应企业未来发展的需要。此外，企业还应考虑软件的售后服务和技术支持，以确保软件的稳定性和可靠性。

（3）培训财务人员使其掌握智能化工具。

智能化账务处理的实施离不开财务人员的积极参与和支持。因此，企业需要对财务人员进行专门的培训，使他们掌握智能化工具的使用方法和操作技巧。培训内容应包括软件的基本操作、数据处理和分析方法、常见问题的解决方案等。通过培训来提高财务人员的专业素质和技能水平，为智能化账务处理的顺利实施提供有力保障。同时，企业还应鼓励财务人员主动学习和掌握新技术和新方法，以适应智能化账务处理的需求（如表4-2-1、表4-2-2所示）。

表 4-2-1　智能化账务处理软件功能对比（示例1）

| 软件名称 | 自动化记账功能 | 财务报表生成 | 数据安全性 | 易用性 | 售后服务 | 性价比 |
|---|---|---|---|---|---|---|
| A | 支持多账户同步 | 自定义报表 | 高级加密 | ★★★★★ | 7×24小时支持 | 高 |
| B | 自动分类交易 | 标准报表模板 | 基本加密 | ★★★★ | 工作日支持 | 中 |
| C | 人工智能智能识别票据 | 实时财务报表 | 多重验证 | ★★★ | 邮件支持 | 低（高端版高） |
| D | 支持银行对账 | 定制化报表 | 云端备份 | ★★★★ | 电话支持 | 中上 |

表 4-2-2　智能化账务处理软件扩展功能对比（示例2）

| 软件名称 | 移动端应用 | 多语言支持 | 集成 ERP 系统 | 批量数据处理 | 自定义工作流 |
|---|---|---|---|---|---|
| A | 支持 | 支持多种语言 | 深度集成 | 支持 | 支持 |
| B | 支持 | 仅支持英文 | 有限集成 | 支持 | 不支持 |
| C | 不支持 | 支持多种语言 | 不支持 | 不支持 | 支持 |
| D | 支持 | 仅支持中文 | 深度集成 | 支持高级功能 | 支持高级定制 |

**知识点4：智能化账务处理的实施步骤**

（1）数据录入与初始化设置。

在实施智能化账务处理之前，首先要对企业的历史财务数据进行全面的录入工作。这涵盖了从早期的会计凭证、日记账到各类总账明细账的完整数据链，确保系统能基于真实可靠的数据进行初始化设置。在数据录入过程中，会计人员需严格按照会计准则和相关法律法规要求，保证数据的准确性和完整性，避免信息遗漏或误导；同时，根据企业的业务特点和核算需求，细致地设置会计科目结构、账簿类别以及各类辅助核算项目，如客户往来、供应商往来、项目核算等，为后续的自动化处理奠定坚实基础。期初余额的录入同样需要严谨对待，确保系统能够正确反映企业开始运营时的资产、负债状况，为后续的账务处理提供准确的起点。

（2）日常账务处理的自动化实现。

通过智能化账务处理软件，企业可以实现日常账务处理的自动化，包括自动记账、自动生成凭证、自动核对账目等功能。自动记账，是指软件能够根据原始凭证或银行流水等数据，自动完成记账工作，减少人工干预，提高记账效率和准确性。自动生成凭证，是指软件能够根据预设的规则和模板，自动将记账凭证转化为电子凭证或纸质凭证，提高凭证处理的效率和规范性。自动核对账目，是指软件能够自动核对总账、明细账以及各类辅助核算项目，确保账目数据的准确性和一致性。

（3）财务报表的自动生成与分析。

智能化账务处理软件可以根据预设的规则和模板，自动生成各类财务报表，包括资产负债表、利润表、现金流量表等。同时，智能账务处理软件可以对财务报表进行深度分析，帮助企业识别潜在的经营风险和发展机遇。财务报表的自动生成和分析功能能够大大减轻财务人员的工作负担，提高财务报表的生成效率和质量；深度分析功能则能帮助企业更好地了解自身的经营状况和发展趋势，为决策提供有力支持。

（4）风险预警与合规性检查。

智能化账务处理软件具备风险预警和合规性检查的功能。通过对财务数据的实时监测和分析，智能财务处理软件可以及时发现潜在的财务风险和合规问题，并提醒企业采取相应的措施进行防范和纠正。这有助于企业及时发现并解决潜在问题，避免风险和问题扩大化。同时，智能财务处理软件可以根据相关法律、法规和政策要求，对企业的账务处理进行合规性检查，确保企业的财务活动符合相关法律法规和政策要求。智能化账务处理实施流程如图4-2-2所示。

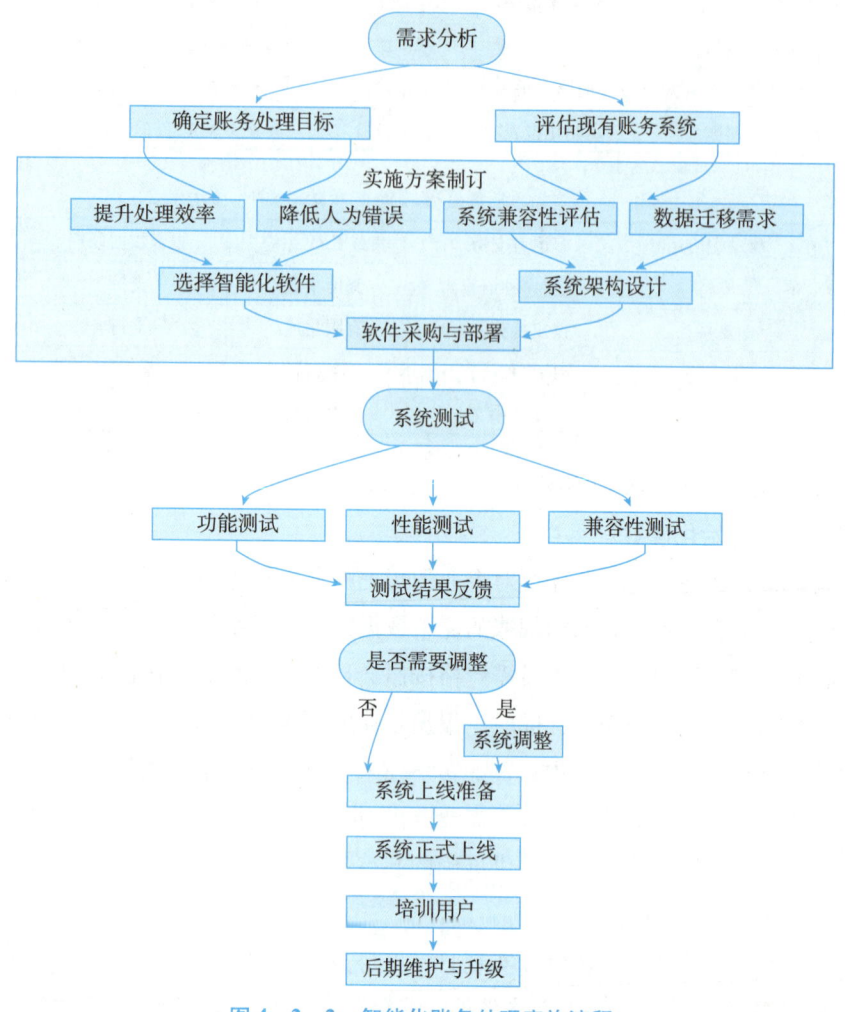

图4-2-2 智能化账务处理实施流程

**知识点5：智能化账务处理的持续优化**

（1）定期评估智能化处理效果。

在实施智能化账务处理后，企业需要定期对处理效果进行全方位、多角度的评估，包括但不限于评估账务处理的效率提升情况，如自动化处理流程缩短了多少时间、人力资源投入减少了多少比例等；数据准确性和可靠性的改善程度，如错误数据率降低了多少、数据完整性校验机制是否有效等；财务报表的准确性和及时性，如报表数据是否准确反映公司财务状况、报表生成速度是否满足决策需求等。通过这种评估机制，企业可以清晰地了解智能化账务处理的实施效果，以及哪些方面仍有改进空间，为后续的优化策略提供有力依据。

（2）根据业务需求调整系统设置。

随着企业业务的不断发展和市场环境的变化，智能化账务处理的系统设置也需要进行相应的调整。企业应根据最新的业务需求和政策法规，对软件的参数、模板、规则等进行细致入微的调整和优化。例如，在税务政策调整时，应及时更新税务处理模块；在业务流程优化时，应调整相应自动化处理流程等。这样既能确保智能化账务处理的准确性和高效性,也能更好地满足企业决策层和管理层的需求。

(3) 引入新技术与工具进行升级。

为了不断提升智能化账务处理水平,企业需要密切关注新技术和工具的发展动态,并适时引入这些新技术和工具进行升级。例如,引入更先进的人工智能算法,进行更高级的数据分析和预测,从而帮助财务人员更好地把握市场动态和公司业务趋势;引入区块链技术提高数据的安全性和可追溯性,确保账务数据的真实性和合法性;引入自动化测试工具和持续集成平台等技术手段,提高智能化账务处理系统的稳定性和可靠性。

(4) 建立智能化账务处理的持续改进机制。

为了确保智能化账务处理的持续优化和改进,企业需要建立一套完善的持续改进机制,包括定期收集和分析财务人员的反馈意见、跟踪新技术和工具的发展动态、制订并实施优化计划等。首先,企业应设立专门的反馈渠道和机制,定期收集财务人员在使用智能化账务处理系统过程中遇到的问题及其提出的建议。其次,企业应跟踪和分析新技术和工具的发展动态,及时引入适合本企业的技术和工具进行升级。最后,企业应制订具体的优化计划和时间表,确保每一项改进措施都能得到有效实施并达到预期效果。通过持续改进机制的有效运行,企业可以不断提升智能化账务处理水平,为企业的快速发展提供有力支持(如图4-2-3所示)。

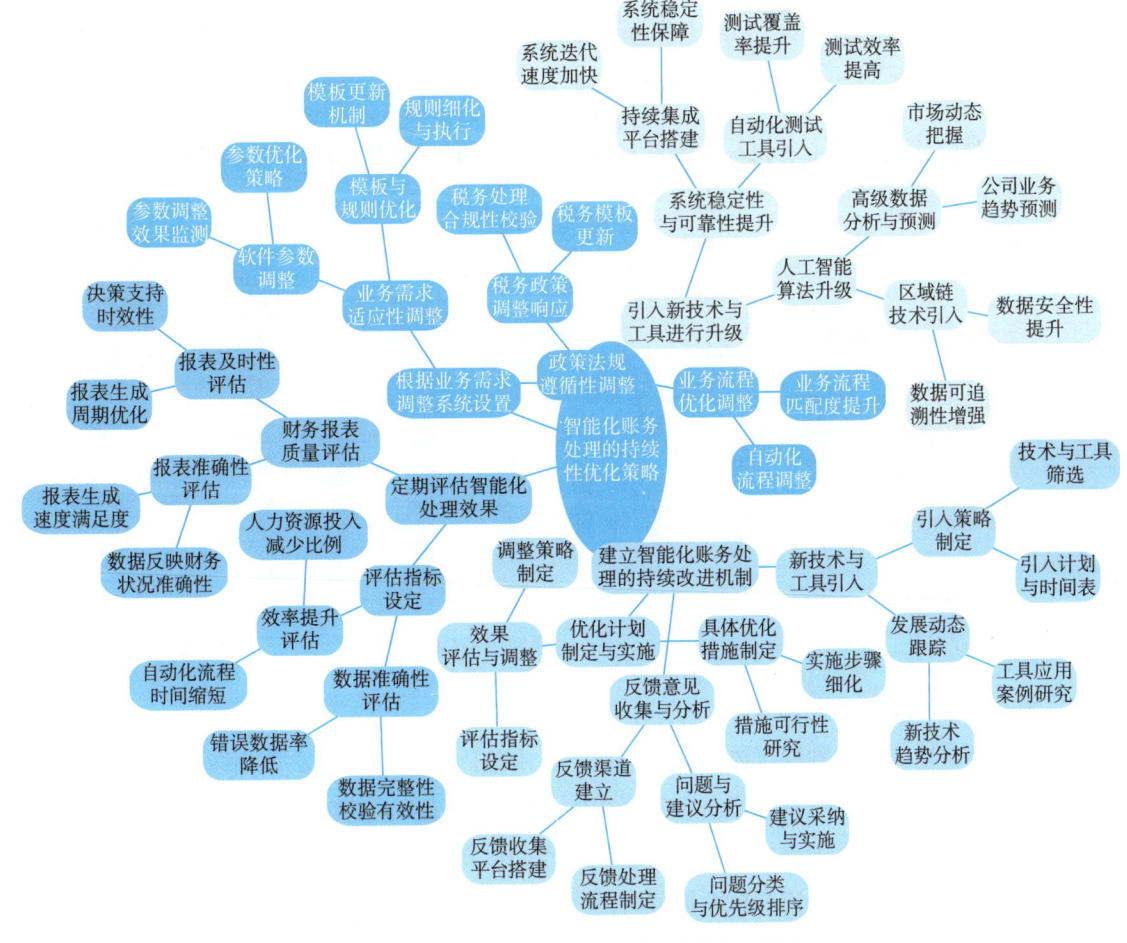

图4-2-3 智能化账务处理的持续优化策略

**知识点 6：中小企业财务共享服务中心案例分享**

财务共享服务中心适合将重复性强、业务量大、标准化程度较高的业务进行集中处理，而财务核算流程属于财务工作中最基础和最核心的业务，其标准、重复的特性正适应财务共享服务的业务需求。在对实施财务共享服务或准备实施财务共享服务的企业调查中，大多企业选择将财务核算业务纳入财务共享服务业务范围。

（1）财务共享服务流程范围及构建。

财务共享服务流程地图中属于核心流程层次的流程区域，正是专注于财务的核算业务。因此，财务共享服务中心的流程设计应针对核心流程区域，逐一展开优化和设计。归属于财务核心流程层次的流程区域一般包括：总账管理、应收管理、资产管理、成本管理、应付管理和资金管理等。

首先进行财务共享服务中心的基本流程构建（如图 4-2-4 所示）。

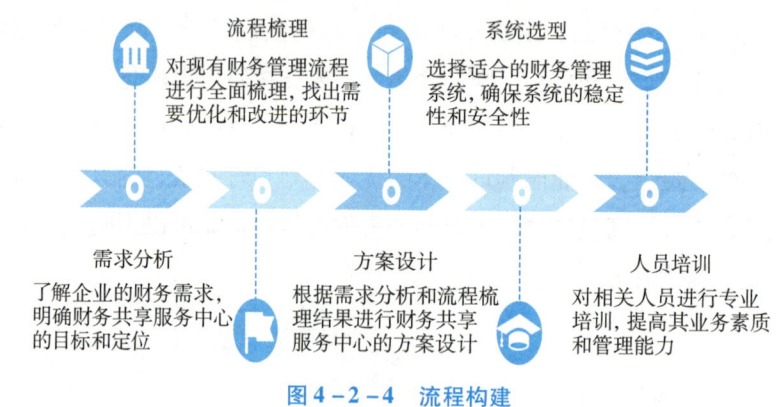

图 4-2-4　流程构建

其次进行财务共享服务中心内部组织结构设计（如图 4-2-5、图 4-2-6 所示）。

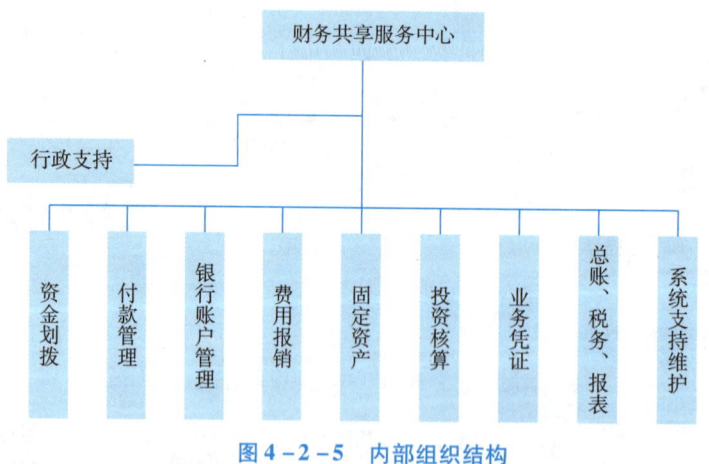

图 4-2-5　内部组织结构

（2）财务共享服务流程层级。

流程是有层次性的，这种层次体现在自上而下、由整体到部分、由宏观到微观、由抽象到具体的逻辑关系。一般来说，可以首先建立主要流程的总体运行过程；其次对其中的每项活动、每种业务情况进行细化，落实到各个部门、岗位的业务过程，建立相对独立的子流程以及为其服务的辅助流程。以财务共享服务中心的资产核算流程为例。资产核算流程属于一级流程，其包含的固定资产核算流程属于二级流程，而固定资产核算流程中更细化的固定资产新增流程、固定资产减少流程、

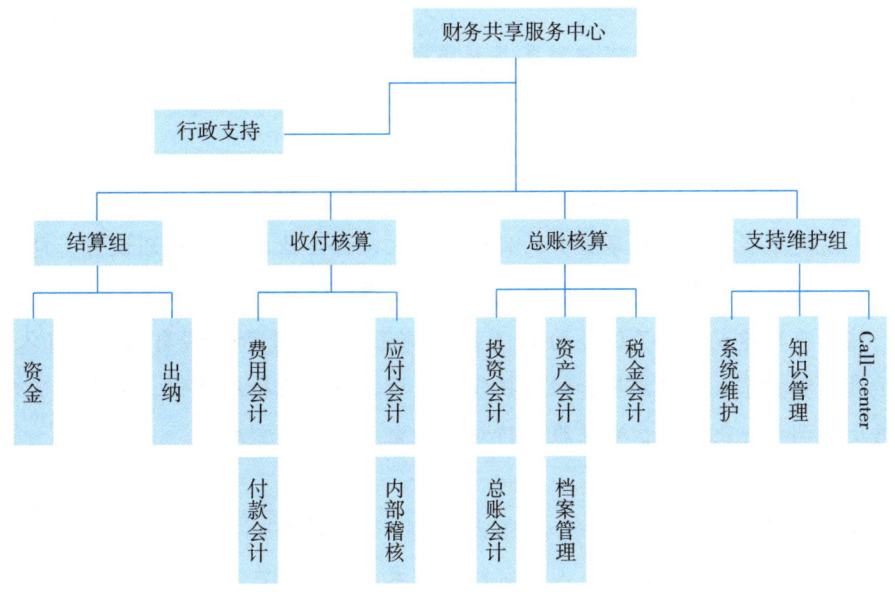

图 4-2-6 内部组织结构

固定资产调拨流程、固定资产折旧流程属于三级流程。

为保证财务共享服务中心未来流程的高效、稳定、规范运转，财务共享服务中心流程设计工作应尽可能地深入流程的最小单位，从全业务场景出发，为最低层级的子流程进行明细设计。财务共享服务中心流程设计的一级流程一般包括费用核算流程、资金核算流程、资产核算流程、收入核算流程等。

### 案例1分析

某科技公司通过建立财务共享服务中心，实现了财务流程的全面数字化。原先分散在各部门的会计、报销、审计等工作被整合至一个平台，不仅减少了错误率，还大幅缩短了账务处理时间，提升了整体财务管理水平。此外，该中心还引入了人工智能技术，自动识别发票信息，进一步提高了效率。

首先，财务流程的数字化整合显著降低了错误率。在传统的财务管理模式下，由于各部门间信息沟通不畅或操作规范不一，很容易产生数据错误或遗漏。而财务共享服务中心的建立，使所有财务流程都在一个标准化的平台上进行，从而有效减少了这类错误的发生。

其次，整合后的财务流程大幅缩短了账务处理时间。以往，各部门需要分别处理各自的财务数据，再汇总至财务部门进行统一分析，这一过程不仅耗时较长而且效率低下。现在，所有财务数据都在财务共享服务中心进行集中处理，大大加快了账务处理速度，提高了工作效率。此外，财务共享服务中心还引入了人工智能技术，进一步提升了财务管理效率。通过自动识别发票信息等智能化手段，该中心能够迅速准确地完成大量烦琐的财务数据处理工作，从而释放更多人力资源用于更高层次的财务分析和管理决策。

综上所述，某科技公司通过建立财务共享服务中心并引入人工智能技术，实现了财务流程的全面数字化和智能化升级。这一举措不仅提高了财务管理效率和质量，还为公司的长远发展奠定了坚实基础。未来，随着技术的不断进步和应用场景的拓展，该公司有望在财务管理领域取得更多创新和突破。

### 案例 2 分析

一家制造企业通过外包的形式实施财务共享服务,将非核心的财务事务交由专业服务商处理,自身则专注于核心业务的发展。这种方式不仅降低了企业内部的管理成本,还借助服务商的专业知识和技术,提高了财务合规性和风险管理能力。

在实施财务共享服务时,首先,该企业进行了需求分析,明确了企业当前财务流程中存在的问题和改进空间,设定了实施财务共享服务的目标。其次,该企业进行了规划设计,包括选择合适的实施模式(自建、外包或混合模式)、设计共享服务架构,以及制订详细的实施方案。再次,在系统建设阶段,该企业构建或选择了适合的 IT 系统,确保数据安全和流程自动化;在人员培训阶段,该企业提升了员工对新系统的接受度和操作技能。最后,该企业持续优化、定期评估财务共享服务的效果,根据反馈调整优化策略,确保服务持续满足企业发展的需求。

### 案例 3 分析

小微企业通过使用智能财务软件,如账信云会计、金蝶精斗云、用友畅捷通等,实现了账务处理的智能化。这些软件结合了云计算、人工智能等技术,让做账更加简单。

(1)**账信云会计**。这是一款面向小微企业的智能财务软件,软件使用成本低,操作简便,能自主免费试用、一键录入凭证、自动生成报表。其智能化体现在凭证自动生成等方面。

(2)**金蝶精斗云**。这款软件提供财务核算、费用报销等多项功能,自动化能力强,尤其在智能凭证、智能报表生成等方面,适合中小企业的日常做账。

(3)**用友畅捷通**。用友作为中国领先的企业管理软件厂家,推出的智能财务软件依托云平台,不仅提供传统的财务管理功能,还具备智能化的报表分析等功能。账信云会计、金蝶精斗云、用友畅捷通对比如表 4-2-3 所示。

表 4-2-3 账信云会计、金蝶精斗云、用友畅捷通对比

| 项目 | 账信云会计 | 金蝶精斗云 | 用友畅捷通 |
| --- | --- | --- | --- |
| 软件定位 | 专为小微企业打造的财务软件 | 专为中小企业设计的云端财务软件 | 提供全面的财务管理和进销存管理功能的软件 |
| 适用对象 | 小微企业、初创企业 | 中小企业 | 中小型企业,需要全面财务管理和供应链管理集成的企业 |
| 功能特点 | 具有自动生成报表、出纳管理、自动结账等功能 | 凭证、账簿、报表、出纳、工资、固定资产等模块齐全,支持发票管理 | 提供全面的财务管理功能,内置进销存管理模块 |
| 操作便捷性 | 界面简洁直观,操作逻辑清晰 | 界面设计简洁,操作流程流畅 | 界面设计专业,功能布局合理,便于快速定位所需功能 |
| 数据安全与备份 | 采用加密技术确保数据安全,具有云端多重备份 | 云端软件,数据随时随地访问,无须担心数据丢失 | 提供完善的数据备份和恢复功能,确保数据安全 |
| 成本 | 使用成本较低,支持自主免费试用 | 成本适中,适合中小企业需求 | 成本可能因功能全面而稍高,但提供高质量的软件服务和技术支持 |
| 智能化与自动化 | 支持自动生成报表和结账,简化操作流程 | 支持发票文件识别导入和自动归集发票 | 提供自动化操作流程,提高财务人员工作效率 |

续表

| 项目 | 账信云会计 | 金蝶精斗云 | 用友畅捷通 |
|---|---|---|---|
| 移动办公 | 未明确提及 | 支持多设备同步，方便随时随地进行操作 | 可能支持移动端操作（具体需查阅最新版本信息） |
| 供应链管理 | 未明确提及 | 主要侧重于财务管理，供应链管理功能可能有限 | 集成进销存模块，提供全面的供应链管理功能 |

注：在选择财务软件时，建议详细查阅各软件的官方网站、用户手册或联系软件供应商，以获取最准确和最新的信息。

智能财务软件的核心功能之一是智能凭证，能够自动生成记账凭证。在传统财务处理中，通常需要财务人员根据原始单据手动填写记账凭证，容易出现人工错误，并且费时费力；而智能财务软件通过与企业的业务系统（如采购、销售、库存等）对接，自动识别并提取相关单据，然后自动生成记账凭证。

另外，智能财务软件还具有自动报表生成功能。传统的财务报表往往需要手动整理数据、计算指标，过程烦琐且容易出错。而智能财务软件可以根据系统中的实时数据，自动生成各类财务报表，如资产负债表、利润表、现金流量表等。智能财务软件的应用，不仅满足了企业日常财务处理需求，还通过系统自动化处理，让会计账务处理变得更加简单，从而提高了工作效率，降低了运营成本。以上案例展示了中小企业在智能化账务方面的探索和实践。通过应用新技术和工具，这些中小企业实现了财务流程的优化和升级，提高了财务管理的效率和准确性。

【任务清单】2　财务共享服务中心实践流程

| 项目名称 | 任务内容 |
|---|---|
| 任务情境 | 截至2025年6月1日，"娃娃店"连锁店已实现智能化处理账务，主要提供费用核算共享服务，纳入共享服务中心费用组的服务范围及日常账务处理的自动化实现。 |
| 任务目标 | （1）对新纳入财务共享服务中心的组织设置服务范围和服务内容。<br>（2）日常账务处理的自动化实现内容。 |
| 任务实施 | （1）_____<br>（2）_____<br>（3）_____<br>（4）_____<br>（5）_____ |
| 任务点拨 | 参考智能化账务处理实施流程及知识点6。 |
| 任务总结 | 通过完成上述任务，你学到了哪些知识或技能？ |

## 任务三　账务风险管理策略

### 学习情境
中小企业会计智能风险管理是一个复杂而重要的过程，涉及利用先进的技术手段识别、评估、控制和应对与会计活动相关的风险。

### 学习目标
通过训练学习，学生能够帮助企业及时发现潜在的财务风险，避免损失扩大；同时，通过智能化的手段，企业可以更加高效地管理风险，提升竞争力。

### 知识储备

**知识点1：智能风险管理的定义与重要性**

在当今全球化、信息化交织的经济环境中，中小企业面临着前所未有的复杂性和不确定性，尤其体现在会计风险领域。从内部管理角度来看，可能存在财务舞弊、内控失效等问题，导致财务报表失真，影响企业的决策依据和信誉；从外部监管角度来看，税务政策变化、银行信贷政策调整等因素，增加了企业的合规成本和融资难度。此外，全球经济形势波动、市场利率风险、汇率风险以及流动性风险等，都可能对企业的生存和发展构成威胁。

实施会计智能风险管理，就是借助现代信息技术，如大数据分析、人工智能算法等先进工具，对企业会计活动进行实时监控、预警预测和决策支持。这种智能化系统能够深入挖掘海量数据中的隐藏信息，精准识别潜在的会计风险点，并结合企业实际情况进行风险量化评估，从而帮助企业提前发现并有效应对各类会计风险。智能风险管理，是指运用人工智能、大数据、云计算等现代信息技术手段，对企业的会计活动进行实时监测、预警和管控，以提高风险管理的效率和准确性。对于中小企业而言，智能风险管理十分重要，它可以帮助企业及时发现潜在的财务风险，避免损失扩大；同时，通过智能化的手段，企业可以更加高效地管理风险，提升竞争力。

具体来说，会计智能风险管理有助于企业建立健全内部控制体系，规范财务管理流程，防止舞弊行为发生；通过对财务数据的动态监测和对标行业先进水平，促使企业不断优化成本结构，提高经济效益；通过对市场趋势的精准预测和对宏观经济政策的深度解读，助力企业把握发展机遇，降低经营风险；通过科学的风险管理机制，能够在危机来临之际为企业提供有力的风险缓冲，保障企业的稳健运营和持续发展。

**知识点2：会计智能风险管理现状及其面临的挑战**

当前，我国中小企业在会计风险管理方面普遍存在一些亟待解决的问题。

首先，风险管理意识淡薄是阻碍中小企业会计风险管理水平提升的关键因素之一。许多企业管理层对会计风险的严重性认识不足，往往将财务报告的合规性和准确性作为首要任务，忽视了潜在的风险隐患。除此之外，员工对风险管理的重视程度也不够，缺乏主动参与和配合的积极性。

其次，风险管理机制不健全是制约中小企业会计风险管理水平提高的重要原因。一部分企业未设立专门的内部审计部门或岗位，缺乏有效的内部牵制和监督机制；风险管理流程混乱，没有建立一套完整的、贯穿整个会计流程的风险识别、评估和应对体系。同时，企业在制定和执行风险管理制度时，可能存在缺陷，未达到制度化、规范化和标准化。

最后，风险管理手段落后是当前中小企业会计风险管理现状的一个重要特点。许多企业仍依赖人工审查和分析财务报表、合同单据等资料进行风险管理，缺乏利用大数据、人工智能等先进技术进行实时监控和预警的能力。这种传统的风险管理方式不仅效率低下，而且容易遗漏重要信息，导致风险发生时无法及时发现并采取有效措施进行应对。

会计智能风险管理面临的挑战如下：

（1）数据安全与隐私保护。智能风险管理涉及大量会计数据的处理和分析，如何确保数据的安全性和隐私性成为一个重要问题。中小企业需要建立完善的数据安全机制，加强对数据的加密和访问控制，防止数据泄露和滥用。

（2）技术更新与迭代速度。人工智能技术发展迅速，更新换代速度较快。中小企业在引入智能风险管理技术时，需要关注技术的更新和迭代速度，确保使用的技术始终保持先进性和实用性。

（3）法规遵从与合规性。随着智能技术在会计管理中的广泛应用，相关法律法规遵从和合规性问题日益凸显。中小企业需要加强对相关法律法规的学习和了解，确保在使用智能技术时符合法律法规的要求。

（4）人才短缺与培训成本。智能技术的应用，需要具备一定的技术基础和专业知识。然而，当前，在中小企业中，具备智能技术背景的人才相对较少，且培训成本较高。这限制了智能技术在中小企业会计风险管理中的广泛应用。

**知识点3：会计智能风险识别与评估**

会计智能风险识别与评估是现代企业风险管理的重要组成部分。它利用先进的数据分析技术和人工智能算法，对企业的财务活动进行全面、系统、客观的风险筛查和量化评估，为企业管理层提供及时、准确的风险预警和决策支持。

（1）风险识别方法。

数据分析法是会计智能风险识别的核心手段之一，通过对企业财务报表（资产负债表、利润表和现金流量表等）进行深度挖掘，以及历史数据与行业标准的对比分析，发现潜在的风险点。例如，通过比率分析可以揭示企业偿债能力、盈利能力、运营效率等方面的潜在问题；趋势分析则能发现企业各项指标的动态变化及发展趋势，预警可能出现的风险状况。

专家咨询法在会计智能风险识别中起到关键作用，企业可以邀请行业内的专家、会计师事务所的注册会计师等专业人士，针对企业的具体业务情况和财务状况进行深度剖析，找出潜在风险。这种方式尤其适用于识别复杂交易、特殊行业或特定环境下的独特风险。

问卷调查法在会计智能风险识别中是一种有效的补充手段。通过设计针对性强的问卷，向企业内部员工、合作伙伴、客户等群体收集意见和建议，可以广泛收集到关于企业会计风险的第一手资料，从而更全面地识别和发现各类风险。

（2）风险评估指标与模型。

风险评估指标是构建会计智能风险识别体系的基础，这些指标通常包括但不限于风险发生概率，即某一风险实际发生的可能性大小；风险影响程度，即风险发生后对企业财务状况、经营业绩可能造成的损失程度；风险持续时间，即风险存在的时间长度及其持续影响的时间周期。

企业应根据自身的业务特点、经营环境、法律法规要求等因素，灵活运用并调整这些基础指标，同时结合大数据分析技术和机器学习算法，建立适合自身需求的风险评估模型。例如，可以采用定性与定量相结合的风险矩阵模型，将风险发生概率和影响程度划分为不同等级，并据此确定每种风险的优先级；也可以设计风险评分卡系统，通过对各项关键风险指标打分并加权汇总，得出整体风险水平得分，以便于管理层直观了解企业当前面临的主要风险状况。

（3）风险等级划分与优先级排序。

基于上述详尽的风险评估指标体系和模型分析结果，企业需要对识别出的各类风险进行等级划分和优先级排序。具体做法通常包括，设定不同的风险阈值（如高风险、中等风险和低风险等类别），并结合风险的潜在影响程度和发生概率判定优先级。对于高优先级的风险点，企业应制定针对性的应急预案和防控措施，确保及时有效地进行风险管理。会计智能风险识别与评估流程如图4-3-1所示。

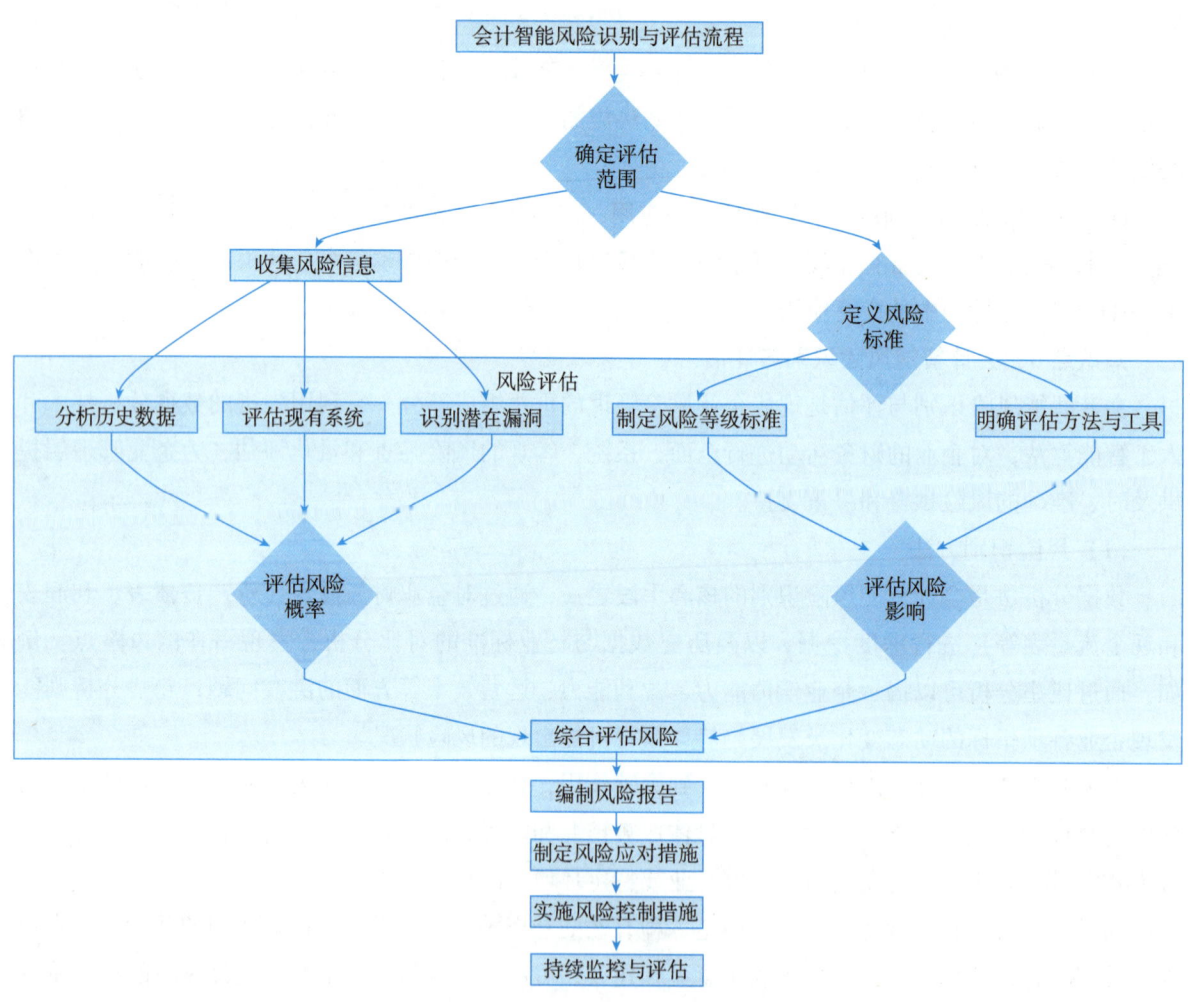

图4-3-1　会计智能风险识别与评估流程

**知识点4：会计智能风险管理的策略**

在人工智能技术的冲击下，传统的会计核算岗位面临挑战。因此，会计人员应适应市场的变化，进行职业结构的调整。具体来说，基础的会计核算人员应加强法律、计算机等领域知识的学习，促进自己向复合型管理会计岗位转型。管理会计人员可以基于大数据，根据相关会计知识，对企业经济活动产生的利益支出、成因和影响进行分析,对经济活动的成本、销售和预算进行控制,从而为企业提供更深入的财务洞察和决策支持。中小企业应建立完善的内部监督体系,包括独立的内部审计机构和专业的审计人员,定期对财务工作进行审计检查,及时发现和纠正财务管理中的问题;同时,加强对会计核算、财务报表编制等关键环节的监督,确保会计处理的准确性和一致性,提高会计信息的质量和可靠性。

(1) 加强数据安全与隐私保护。

中小企业应建立完善的数据安全机制,包括数据备份、加密、访问控制等,确保会计数据的安全性和隐私性;同时,定期对数据进行审计和检查,及时发现并处理潜在的安全风险。

(2) 关注技术更新与迭代。

中小企业应密切关注人工智能技术的最新发展动态,及时更新和升级自身的智能风险管理系统;同时,加强与科研机构、高校等合作,共同研发适合中小企业特点的智能风险管理技术。

(3) 提高法律法规遵从与合规性。

中小企业应加强对相关法律法规的学习和了解,确保在使用智能技术时符合法律法规的要求;同时,应建立完善的内部控制机制,加强对智能技术的监管和审计,确保技术的合规性。

(4) 加强人才培养与引进。

中小企业应加强对智能技术人才的培养和引进,提高员工的技术水平和应用能力。通过内部培训、外部招聘等方式,打造一支具备智能技术背景和专业知识的人才队伍。

综上所述,中小企业会计智能风险管理是一个复杂而重要的过程。通过加强数据安全与隐私保护、关注技术更新与迭代、提高法律法规遵从与合规性以及加强人才培养与引进等措施,中小企业可以不断提升自身的智能风险管理水平,为企业的稳健发展提供有力保障。

### 案例分析

#### 中小企业会计智能风险管理

**一、案例背景**

ABC 公司是一家专注于电子产品制造的中小企业,成立于 2010 年,经过多年发展,在行业内取得了一定的市场份额。随着业务规模的逐渐扩大,公司的财务数据量急剧增长,会计核算与财务管理工作变得日益复杂。传统的依靠人工进行财务数据处理和风险把控的模式,逐渐暴露出诸多问题,如效率低下、易出错、风险识别滞后等。为了提升财务管理水平,有效防控会计风险,ABC 公司决定引入会计智能风险管理系统。

**二、风险漏洞**

*数据准确性风险*:在引入智能系统之前,ABC 公司的财务数据主要依靠人工录入,由于业务量大且数据繁杂,人工录入过程中经常出现数据错误,如数字颠倒、小数点错位等。这些错误的数据进入财务报表后,会导致财务信息的失真,影响管理层对公司财务状况的准确判断,进而可能引发错误的决策。

*财务报表舞弊风险*:部分员工为了达成业绩目标或出于其他不当目的,可能会对财务报表进行粉饰或舞弊。例如,虚构销售收入、隐瞒成本费用等。而传统的人工审核方式,难以全面、深入地对大量财务数据进行分析,对于一些经过巧妙伪装的舞弊行为,很难及时发现。

*税务风险*:随着税收政策的不断变化和税务监管的日益严格,ABC 公司面临着较高的税务合规

风险。在税务申报过程中，由于人工计算和理解税收政策可能存在偏差，导致公司出现多缴税款或漏缴税款的情况。多缴税款会增加企业的成本负担，漏缴税款则可能面临税务机关的罚款和滞纳金，损害企业的信誉。

资金流动性风险：公司在运营过程中，需要合理安排资金，以确保企业的日常生产经营和债务偿还等需求。然而，人工对资金流的预测和分析往往不够精准，难以全面考虑市场波动、客户付款延迟等多种因素的影响。这就可能导致公司在某些时期出现资金短缺，影响正常生产；或者在资金闲置时，没有及时进行合理的投资，降低了资金的使用效率。

### 三、过程措施

引入智能财务软件：ABC 公司选用了一款功能强大的智能财务软件，该软件具备自动化数据采集和录入功能。通过与公司的业务系统、银行系统等进行对接，能够实时获取各类财务数据，大大减少了人工录入的工作量，降低了数据录入错误的概率。同时，软件内置了数据校验规则，对采集到的数据进行实时校验，一旦发现数据异常，立即发出警报，提示财务人员进行核实和修正。

运用人工智能算法进行风险识别：智能风险管理系统运用人工智能算法，对海量的财务数据进行深度学习和分析。通过建立财务风险模型，能够自动识别潜在的风险点，如异常的交易行为、不符合财务逻辑的报表数据等。例如，对于销售收入的真实性，系统会综合分析销售合同、发票、物流信息以及客户付款记录等多方面的数据，如果发现某笔销售收入对应的发票开具时间与物流发货时间相差过大，或者客户付款方式与以往存在明显异常，系统就会将其标记为高风险事项，提醒财务人员进一步核实。

税务智能管理模块的应用：在税务管理方面，公司启用了智能财税风控系统。该系统能够实时跟踪税收政策的变化，并根据公司的业务特点和财务数据，自动进行税务计算和申报。同时，系统还具备税务风险预警功能，通过对公司税务数据的分析，与同行业企业的税务指标进行对比，及时发现可能存在的税务风险点。如当公司的增值税税负率明显低于行业平均水平时，系统会发出预警，提示财务人员检查是否存在漏报收入或多抵扣进项税额等问题。

资金流预测与优化：利用智能系统的数据分析和预测功能，ABC 公司对资金流进行了精细化管理。系统通过收集和分析公司的历史财务数据、市场数据以及行业趋势等信息，运用时间序列分析、回归分析等多种预测模型，对公司未来的资金流入和流出进行准确预测。根据预测结果，公司制订了合理的资金预算计划，并结合实际情况，灵活调整资金的使用和投资策略。例如，当预测到未来一段时间内资金较为充裕时，公司会提前规划短期投资项目，提高资金的收益率；当预计可能出现资金短缺时，公司会提前与银行沟通，申请信贷额度，确保资金链的稳定。

建立风险监控与反馈机制：为了确保智能风险管理系统的有效运行，ABC 公司建立了完善的风险监控与反馈机制。设立了专门的风险管理岗位，负责对系统发出的风险预警进行及时处理和跟进。同时，定期对风险管理系统的运行效果进行评估和分析，收集财务人员和其他相关部门的反馈意见，根据实际情况对风险模型和管理策略进行优化和调整。例如，每季度组织一次风险管理专题会议，对本季度内系统识别出的重大风险事项进行总结和分析，探讨风险产生的原因和应对措施的有效性，以便不断完善风险管理体系。

【任务清单】3　账务风险管理策略

| 项目名称 | 任务内容 |
| --- | --- |
| 任务情境 | 2025年7月1日,"娃娃店"相关部门负责人根据上半年报告进行数据分析,要根据下半年市场环境变化,对经营业务进行提前风险管理及出具应对方法。 |
| 任务目标 | 根据企业经营要求,设计一份会计智能化风险管理方案。 |
| 任务实施 | (1) ＿＿＿＿＿＿＿＿＿＿＿＿＿＿＿＿＿＿＿＿＿＿＿<br>(2) ＿＿＿＿＿＿＿＿＿＿＿＿＿＿＿＿＿＿＿＿＿＿＿<br>(3) ＿＿＿＿＿＿＿＿＿＿＿＿＿＿＿＿＿＿＿＿＿＿＿<br>(4) ＿＿＿＿＿＿＿＿＿＿＿＿＿＿＿＿＿＿＿＿＿＿＿<br>(5) ＿＿＿＿＿＿＿＿＿＿＿＿＿＿＿＿＿＿＿＿＿＿＿ |
| 任务点拨 | 参照图4-3-1。 |
| 任务总结 | 通过完成上述任务,你学到了哪些知识或技能? |

# 拓展练习

## 一、单选题

1. 人工智能通过机器学习、自然语言处理等技术,实现对海量财务数据的快速、准确处理,包括数据的收集、清洗、分类和（　　）等环节。

　　A. 归档　　　　　　　　　　B. 扫描

　　C. 统计　　　　　　　　　　D. 计算

2. 智能化账务处理的目标是借助现代信息技术,实现账务处理的自动化、智能化和（　　）。

　　A. 辅助化　　　　　　　　　B. 规范化

　　C. 精确化　　　　　　　　　D. 高效化

3. 通过智能化账务处理软件,企业可以实现日常账务处理的自动化,包括自动记账、自动生成凭证、（　　）等功能。

　　A. 自动核对账目　　　　　　B. 手动核对账目

　　C. 核销　　　　　　　　　　D. 统计分类

4. 人工智能技术发展迅速,更新换代速度较快。中小企业在引入智能风险管理技术时,需要关注技术的更新和迭代速度,确保使用的技术始终保持（　　）。

　　A. 先进性和精准性　　　　　B. 先进性和实用性

　　C. 技术性和实用性　　　　　D. 先进性和安全性

5. 企业财务报表包括（　　）。

A. 资产负债表、利润表和现金流量表

B. 资产负债表、利润表

C. 资产负债表、现金流量表

D. 资产负债表、利润表和权益明细表

## 二、业务操作分析题

随着数字化时代的到来，中小企业面临着日益增长的财务数据处理需求。传统的财务处理方式低效且容易出错，已无法满足企业的快速发展。因此，中小企业开始寻求智能化账务处理方案，以提高财务处理的效率和准确性。

**案例 1**

某智能家电制造有限公司主要从事智能家电的生产和销售业务，财务处理涉及多个环节，包括采购、生产、销售和成本核算等。传统的财务处理方式需要人工进行大量的数据录入和计算，不仅耗时费力，而且容易出错。

请设计最佳解决方案。

**案例 2**

某中小型企业面临着财务数据处理烦琐、人工审核耗时费力的问题。为了提高财务处理的效率和准确性，该中小型企业决定引入机器人流程自动化（RPA）和人工智能技术。

请设计最佳解决方案。

请关注工业和信息化部政务服务平台全国中小企业数字化转型服务平台：https://zjtx.miit.gov.cn/szhzx/#/home。

项目4
拓展练习及答案

# 项目五

## 中小企业会计工作服务

### 知识目标

1. 掌握日常会计工作内容的知识和方法。
2. 掌握会计咨询处理的相关知识和方法。
3. 掌握税务管理和日常申报知识和方法。
4. 掌握会计服务对象需求。
5. 掌握会计基础工作规范性要求。

### 技能目标

1. 能够完成企业常规工作内容。
2. 能够完成解答会计咨询服务工作流程。
3. 能够满足相关内外部门的财务需求。
4. 能够完成且规范性进行会计基础工作操作。

### 素质目标

1. 培养学生根据会计岗位职责自觉进行处理、审核和管理的素质。
2. 培养学生具备基于职业规范建设性的能力。
3. 培养学生具备基于综合性全面业务管理的需求能力。
4. 培养学生具备基于月度工作服务对象的需求能力。

## 知识串联

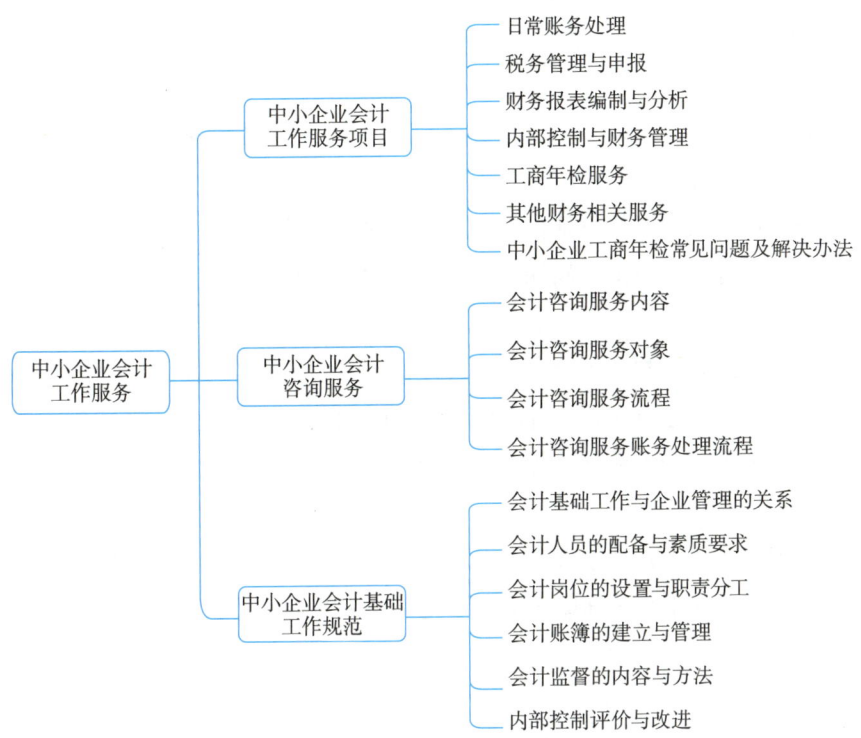

## 任务一　中小企业会计工作服务项目

**学习情境**

中小企业会计服务的内容和项目通常涵盖企业财务管理和税务处理的多个方面，以确保企业的财务运作合规、高效。

**学习目标**

通过训练，使学生掌握中小企业会计工作服务项目内容及工作流程，帮助学生更快地接受并适应会计实务工作。

**知识储备**

**知识点 1：日常账务处理**

中小企业日常账务处理是一个系统化的过程，涵盖了多个环节和步骤。以下是对中小企业日常账务处理的详细阐述。

（1）前期准备。

①选择适合的财务软件。

中小企业应选用适合的财务软件，以提高账务处理效率。例如，账信云会计、用友好会计、金蝶精斗云等都是适合中小企业的财务软件。

财务软件的选择应考虑成本效益、易用性、功能全面性等因素。

②进行财务软件备案。

中小企使用的财务软件应在当地电子税务局进行备案,选择适用的会计准则(如小企业会计准则),并登记将使用的财务软件。确保所选会计准则与财务软件的正确性,避免未来财务核算与税务申报出现问题。

(2)账务处理流程。

①收集与整理原始凭证。

收集与经济业务相关的原始凭证,如发票、收据、银行对账单等。

对原始凭证进行分类、整理,确保凭证的真实性和完整性。

②编制记账凭证。

根据原始凭证的内容,判断各个事项的会计科目。

选择合适的会计科目进行做账,并准确录入记账凭证。

财务软件通常提供自动生成记账凭证的功能,但需财务人员审核数据的准确性。

③生成账簿。

财务软件根据记账凭证自动生成各类账簿,如总账、明细账、科目余额表等。

总账是所有会计科目汇总的账簿,明细账记录每一个具体的会计凭证,科目余额表用于汇总各科目的期末余额。

④结账与对账。

每月账务处理完成后,进行结账操作,汇总当月的账务数据,确保账目的准确性。

对账工作包括账证相符、账账相符、账实相符,确保账务处理的正确性。

(3)税务申报与缴纳。

①计算应纳税额。

根据企业的经营情况,准确核算应纳税额。

涉及的税种包括增值税、企业所得税、个人所得税等。

②填写税务申报表格。

根据实际情况逐项填写税务申报表格,确保数据的准确性。

税务表格的填写要求可能较为复杂,企业应充分准备。

③提交税务申报表。

通过电子税务局等平台提交申报表,并查看申报状态。

确保按时、准确地进行税务申报。

(4)资料保存与档案管理。

①保存会计资料。

妥善保存原始凭证、记账凭证、财务报表以及申报表等会计资料。这些资料对于应对未来的会计检查或财务审核至关重要。

②档案管理。

建立完善的档案管理制度,确保会计资料的完整性、准确性和可追溯性。

定期对档案进行检查和整理,及时发现和解决问题。

会计档案按内容可分为四大类,具体包括:

a. 会计凭证类：原始凭证（如发票、收据、入库单）、记账凭证、汇总凭证等。

b. 会计账簿类：总账、明细账、日记账（如现金日记账、银行存款日记账）、固定资产卡片及其他辅助账簿。

c. 财务会计报告类：月度、季度、半年度、年度财务报告（包括资产负债表、利润表、现金流量表及附注等）。

d. 其他类：银行存款余额调节表、银行对账单、会计档案移交清册、会计档案保管清册、会计档案销毁清册，以及电子会计档案等。

**知识点2：税务管理与申报**

（1）税务申报。会计为企业进行各税种的申报，包括增值税、企业所得税、个人所得税等，确保企业按时履行纳税义务，避免因逾期申报或漏报产生罚款和滞纳金。

（2）税务筹划。会计针对企业的实际情况，提供税务筹划服务，帮助企业合理降低税负，提高企业的经济效益。

（3）税务咨询。会计为企业提供税务方面的专业咨询，解答企业在税务方面遇到的问题，如税务筹划、税务风险防控等。

（4）税务计算与缴纳。会计需要计算企业应缴纳的各种税费，如增值税、企业所得税、个人所得税等，并按时向税务机关申报和缴纳。

税务管理与申报的各环节具体说明如下：

第一步，税务登记流程。

新成立的公司或企业需要进行税务登记，包括领取税务登记表、填写相关信息并提交给税务机关。税务机关会对其提交的信息进行审核，审核通过后发放税务登记证。

第二步，税务变更登记流程。

当企业的税务信息发生变化时（如法人代表变更、经营范围变更等），需要进行税务变更登记。企业需要填写变更登记表，并提交相关证明文件给税务机关。税务机关审核通过后，更新企业的税务登记信息。

第三步，税务注销登记流程。

当企业停止经营或注销时，需要进行税务注销登记。企业需要提交注销申请表及相关证明文件给税务机关。税务机关审核通过后，注销企业的税务登记。

日常税务管理流程包括发票的领购、开具、保管和缴销等管理环节。企业需要按照税务机关的规定进行发票管理，确保发票的真实性和合法性。同时，企业需要定期进行增值税、所得税等各类税种的申报。

企业需要在规定的申报期限内，根据税务机关的要求进行税务申报。

税务申报流程通常包括填写申报表、提交相关证明文件和缴纳税款等环节。税务机关会对企业提交的申报信息进行审核，审核通过后完成税务申报流程。

企业需要按照税务机关的规定缴纳税款，确保税款的及时性和准确性。同时，税务机关会定期进行合规检查，监督和检查企业的税务管理情况。如果发现企业存在税务违规行为，则税务机关将依法进行处罚。

需要注意的是，以上架构仅为示例，实际的税务管理与申报流程可能因地区、行业和企业规模的不同而有所差异。因此，在具体实践中，企业需要根据自身的实际情况和税务机关的要求进行相应的调整与完善。

**知识点 3：财务报表编制与分析**

中小企业的财务报表编制与分析是企业财务管理的重要环节，有助于管理者、投资者和其他利益相关者全面了解企业的财务状况、经营成果和现金流量等情况。

（1）财务报表编制。

会计需要定期（如每月、每季、每年）为企业编制财务报表，包括资产负债表、利润表、现金流量表等，以反映企业的财务状况和经营成果。

资产负债表是反映企业在某一特定日期的财务状况的报表，包括资产、负债和所有者权益三大要素。资产负债表的编制要点为资产需按流动性和转化能力从高到低排序，负债需按短期和长期分开列示；关键项目包括货币资金、应收账款、存货、固定资产等，需准确计算并填列。利润表是反映企业在一定期间内经营成果的报表，包括收入和费用两大要素。利润表的编制要点为收入和费用需按性质和发生时间匹配，计算出税前利润和净利润；关键项目包括营业收入、营业成本、销售费用、管理费用、财务费用等，需准确核算并填列。

营业收入 = 主营业务收入 + 其他业务收入

营业成本 = 主营业务成本 + 其他业务支出

净利润 = 利润总额 – 所得税费用

现金流量表是反映企业在一定期间内现金流入和流出情况的报表，包括经营活动、投资活动和筹资活动三部分。现金流量表的编制要点为需将现金流量按经营活动、投资活动和筹资活动分类，并计算出期末现金余额；关键项目包括销售商品收到的现金、购买商品支付的现金、投资支付的现金、借款收到的现金等，需准确记录并分类。

（2）财务报表分析。

通过对财务报表进行分析，揭示企业的财务状况、经营效率和盈利能力等方面的信息，帮助企业及时发现运营过程中存在的问题，并提出改进建议，为企业的管理层提供决策依据，以优化企业的经营管理。

中小企业的财务报表编制与分析是企业管理者、投资者与其他利益相关者了解企业财务状况与经营成果的重要手段。通过编制准确、及时、完整的财务报表，并进行细致的财务分析，可以全面了解企业的财务状况和经营成果，为企业的持续发展提供有力支持。

**知识点 4：内部控制与财务管理**

（1）内部控制概述。

内部控制是企业为了确保业务运行的有效性和效率、可靠的财务报告、遵守适用的法律法规，以及资产的安全，采取的一系列组织、制度和措施。其重要性体现在提高企业的经营效率和效果、保障财务报告的真实性和完整性、防止欺诈和发现错误、促进企业遵守相关法律法规并避免法律风险，以及保护企业资产免受损失等方面。

（2）财务管理概述。

财务管理是在企业整体目标下，对资金的筹集、投放、运用和分配进行管理的过程。它涵盖了企业资金运动的全过程，并强调在资金运动过程中对资金进行预测、计划、控制、监督和考核，以确保资金的有效利用和企业的财务健康。财务管理对于企业的生存和发展至关重要，有助于企业提高资金运作效率、优化资本结构、控制财务风险，并通过合理的利润分配政策吸引和留住投资者，从而促进企业的长期发展。

（3）内部控制与财务管理的联系。

①合规性与财务管理。内部控制的目标之一是确保企业遵守外部的各种法律法规。对于财务工作来说，包括遵守《中华人民共和国会计法》《企业会计准则》以及税法等要求。合法性是内部控制和财务管理的基本要求。

②资产安全与财务管理。内部控制在维护企业内部资产安全方面发挥着重要作用，包括制定和执行各种控制措施，如门锁、安全系统、计算机密码以及对重要资产进行双重控制等。财务管理方面也与资产保护密切相关，如出纳与记账会计不能兼任，遵循了内部控制的"岗位不相容、相分离"原则。

③财务报告质量与财务管理。内部控制有助于确保财务报告的可靠性和及时性。可靠、及时的财务报告能够为企业和外部使用人提供准确、完整的信息。为了实现这一目标，内部控制可能包括预算编制的控制、内部绩效报告、交易记账的会计分类以及对会计账户余额的控制等。

④经营效率与财务管理。内部控制的目的，是提高企业资源利用的效率。通过建立健全内部控制制度，企业可以不断提高经营活动的盈利能力和管理效率。这与财务管理的目标是一致的，因为财务管理的目标也包括实现企业价值最大化或利益相关者财富最大化。

（4）内部控制制度对企业财务管理的重要性。

①保障企业资产及信息安全。内部控制制度通过对企业不同资产和资金进行管理，能够确保资产和资金的安全与完整。这有助于降低企业财务管理风险，并保障企业生产经营活动正常进行。

②提升企业财务管理水平。内部控制制度能够帮助企业规范财务管理流程，提高财务管理的效率和准确性。通过加强内部控制，企业可以及时发现和纠正财务管理中的问题，从而不断提升财务管理水平。

③促进企业稳定发展。健全的内部控制制度有助于企业遵守相关法律法规，避免法律风险；同时，能够提高企业的竞争力，促进企业的长期稳定发展，为企业财务管理持续优化提供了有力保障。

④资金管理。内部控制制度负责企业的资金管理，包括资金筹集、资金使用、资金调度等，确保企业有足够的资金支持日常运营和未来发展。

⑤成本控制。内部控制制度对企业的成本进行核算和分析，提出成本控制建议，协助企业降低成本，提高经济效益。

以内部控制与内部审计为例。

①内部控制制度建立与执行。帮助企业建立和完善内部控制制度，确保企业财务活动的合规性和有效性。其中，包括财务审批流程、资金管理制度、采购与销售管理制度等。

②内部审计与风险防控。对企业的财务状况进行内部审计，发现潜在的风险和问题，提出改进建议；同时，参与企业的风险防控工作，确保企业的财务安全。

综上所述，内部控制与财务管理在企业运营中相互依存、相互促进。通过加强内部控制制度建设和完善财务管理体系，企业可以不断提升自身的竞争力和抗风险能力，为企业的持续发展奠定坚实基础。

**知识点 5：工商年检服务**

工商年检服务是针对企业、商家等市场主体，在规定的年检期限内，对其工商注册信息进行年度审核和提交相关年度报告的服务。以下是对工商与年检服务的详细阐述。

（1）工商年检服务的内容。

工商年检服务主要包括协助企业整理年度经营数据、准备年检材料，以及完成网上申报等操作。具体来说，工商年检服务内容涵盖以下几个方面：

①检查企业的注册地址、经营范围等基本信息是否发生变化。

②核实企业的注册资本、股东信息、董事和高管等信息是否发生变动。

③审核企业的年度报告，包括财务报告、盈利状况、纳税情况等。

④检查企业是否存在违法违规行为，如偷税漏税、环境污染、侵犯知识产权等。

⑤评估企业的安全生产、产品质量等方面的管理情况。

（2）工商年检服务的重要性。

①工商年检是企业合法经营的重要环节。通过年检，企业可以确保自身的经营资质，避免信息不准确或不及时更新导致的不必要的法律风险。

②工商年检也是政府了解企业运营状况的重要途径。政府通过工商年检可以掌握企业的基本信息和经营状况，从而进行有效的市场监管和宏观调控。

（3）工商年检服务的流程与要求。

①工商年检服务的流程。

a. 网上申报。企业登录工商局网站或国家企业信用信息公示系统，选择所属地区，进入工商企业年报系统，填写企业基本信息、股东信息、资产状况信息等，并上传相关证明文件。提交后，等待工商局的审核。

b. 现场办理（如需要）。根据工商局的要求，一部分企业可能需要携带相关材料（如营业执照副本、企业公章、财务报表等）前往当地工商局指定的年检窗口进行现场办理。

②工商年检服务的要求。

a. 企业需要在规定的时间内进行年检，通常年检时间为每年的 3 月 1 日至 6 月 30 日。

b. 企业需要确保提交信息的真实性和准确性，任何虚假信息都可能导致年检不通过。

c. 企业需要按照工商局的要求准备年检材料，并缴纳年度检验费。

（4）未按时参加工商年检的后果。

未按时参加工商年检的企业可能会面临罚款、吊销营业执照甚至刑事责任的风险。因此，企业应高度重视工商年检工作，确保在规定的时间内完成工商年检。

综上所述，工商年检服务既是企业维护自身运营资质和合法性的必要环节，有助于保障企业的正常运营和长远发展，也是政府进行市场监管和宏观调控的重要手段之一。企业应积极配合工商年检工作，确保自身信息的准确性和合法性。

**知识点 6：其他财务相关服务**

（1）财务规划。财务规划是指根据企业的财务状况和业务需求，为企业提供财务规划建议，如资金筹措、投资决策等。

（2）财务审计配合。财务审计配合是指配合外部审计机构完成企业的年度审计工作，提供审计所需的财务资料。

（3）财务制度制定与完善。财务制度制定与完善是指根据公司发展需要，参与制定和完善财务管理制度，确保财务工作的规范化、标准化。中小企业在制定财务制度的过程中，首要目的是确保财务管理活动的合规性和有效性。财务制度需遵循国家财经法律法规的要求，包括《中华人民共和国会计法》《企业财务通则》以及其他相关法律法规，如税务、审计、金融等相关领域的具体规定。通过明确财务活动的指导思想和操作规范，财务制度为企业的财务管理提供了坚实的制度保障。同时，财务制度需要适应企业的经营特点和战略目标。企业的经营特点和战略目标决定了其财务管理需求和目标。例如，对于追求创新和快速发展的企业，财务制度应注重资金流动性管理和风险控制；对于稳健经营的企业，财务制度应强调成本控制和风险管理。通过制定符合企业特点和目标的财务制度，可以提高企业的财务管理效率和效益（如表5-1-1至表5-1-4所示）。

表5-1-1 财务制度基本原则

| 原则 | 描述 | 重要性 |
| --- | --- | --- |
| 合法 | 所有财务活动必须符合国家法律法规 | 确保财务管理活动的合规性，避免法律风险 |
| 真实 | 财务信息必须准确无误，反映企业真实财务状况 | 提高财务信息的可信度，支持管理层决策 |
| 完整 | 财务信息必须全面、详尽、无遗漏 | 确保财务信息的全面性和透明度 |
| 及时 | 财务信息能够及时编制、报送和分析 | 加快决策速度，提高企业经营效率 |
| 效益 | 注重成本效益分析，提高资金使用效率 | 优化资源配置，提升企业经济效益 |

表5-1-2 财务部门在公司中的职责

| 职责 | 描述 | 重要性 |
| --- | --- | --- |
| 资金筹措 | 管理和调配企业资金资源，建立良好的金融关系 | 确保企业运营所需资金，维持资金流动性 |
| 成本控制 | 分析和管理企业开支，降低成本 | 提高企业经济效益，增强企业竞争力 |
| 财务分析 | 提供准确的财务报表和分析报告 | 支持管理层决策，了解企业经营状况 |
| 税务筹划 | 负责企业税务筹划，确保合法合理缴税 | 降低税务风险，优化企业税务成本 |
| 制度制定与执行 | 主导财务制度制定和执行，确保制度落实 | 规范财务管理行为，提高企业财务管理水平 |
| 沟通协调 | 加强与其他部门沟通协调，推动财务管理水平提升 | 促进部门间合作，确保企业整体运营顺畅 |

表5-1-3 备用金与周转金管理

| 管理环节 | 备用金管理 | 周转金管理 |
| --- | --- | --- |
| 设立 | 明确资金来源与用途，设立专用账户 | 明确资金来源与用途，设立专用账户 |
| 使用范围 | 日常零星开支，如差旅费、维修费等 | 短期资金周转，如采购原材料、支付工资等 |
| 审批程序 | 申请人提交申请→部门负责人审核→财务部门审批→高层审批（大额） | 申请人提交申请→采购/人力资源部门审核→财务部门审批→高层审批（大额） |
| 使用规定 | 严格按照预算和审批程序使用 | 严格按照预算和审批程序使用，确保资金回笼 |
| 监督机制 | 内部审计定期审查使用情况 | 内部审计定期审查使用情况，第三方监督（可选） |
| 考核评估 | 纳入企业绩效考核体系，评估资金使用效率 | 纳入企业绩效考核体系，评估资金周转效率 |
| 风险管理 | 建立风险预警机制，防范资金滥用 | 建立风险预警机制，确保资金及时回笼 |

续表

| 管理环节 | 备用金管理 | 周转金管理 |
|---|---|---|
| 安全措施 | 加强内部控制，定期审计与检查 | 加强内部控制，定期审计与检查，确保资金安全 |

表 5-1-4　备用金与周转金审批流程

| 审批阶段 | 审批内容 | 审批人 | 备注 |
|---|---|---|---|
| 申请阶段 | 提交备用金/周转金使用申请 | 申请人 | 明确用途、金额、预期使用时间 |
| 初审阶段 | 审核申请内容合理性、必要性 | 部门负责人 | 评估申请是否符合部门预算与需求 |
| 复审阶段 | 复核申请内容，评估风险 | 财务部门 | 评估资金使用的财务风险与合规性 |
| 高层审批（如适用） | 大额资金使用的最终审批 | 高层管理人员 | 对大额资金使用进行最终决策 |
| 执行阶段 | 资金划拨与使用 | 财务部门 | 按照审批结果划拨资金，监督使用 |
| 反馈阶段 | 使用后反馈资金使用情况 | 申请人 | 提交资金使用报告，说明实际用途与效果 |
| 审计阶段 | 定期审计资金使用情况 | 内部审计部门 | 确保资金合规、高效使用，发现问题及时纠正 |

（4）资产管理。资产管理是指负责企业的资产管理，包括资产的登记、折旧、盘点和处置等工作。

（5）预算管理。预算管理是指参与企业的预算编制和执行工作，对企业的财务状况进行预测和规划。

（6）对外联络与沟通。对外联络与沟通是指与银行、税务、审计等外部机构进行联络与沟通，确保企业的财务活动符合相关法律法规的规定。

（7）财务信息系统维护。财务信息系统维护是指负责财务信息系统的管理和维护，确保系统正常运行和数据安全。

（8）财务监督与内部审计。

1）财务监督是企业财务管理体系中的关键组成部分，其有效性直接关系到企业的合规经营、资金安全及长远发展。在制定财务监督制度时，首要任务是设立专门的财务监督机构，如内部审计部门，并明确其职责范围，包括但不限于对企业的各项财务活动进行全程监控、对财务报表的真实性和完整性进行核实、对潜在的风险进行识别与防范等。同时，需要详细规定监督的方式和方法，如定期进行财务报表审计、专项审计以及内部控制评价等，并确保这些监督活动能够发现并纠正可能存在的问题。此外，对监督结果的处理也是至关重要的环节，应建立一套公正公平、严谨细致的处理机制，将发现的问题及时反馈给相关部门并督促整改，对违规行为按照相关规定进行责任追究，确保监督结果得到切实有效的执行。通过强化财务监督，有助于维护企业财经纪律，保障财务信息的真实准确，增强企业的风险抵御能力，为企业的健康发展提供有力保障。

2）内部审计作为企业内部控制体系的核心组成部分，对于发现和纠正企业内部管理问题、提高运营效率效果具有不可替代的作用。在财务制度构建过程中，应明确内部审计部门的组织架构和职能定位，确保其独立性和权威性；设立科学的审计计划制订流程，依据风险评估结果和企业发展战略制订年度或季度审计计划；严格按照审计方案执行审计程序，覆盖会计记录、业务操作、内部控制等各个方面，保证审计质量；精心编制审计报告，对审计期间发现的问题进行深入剖析，提出针对性的改进建议；建立完善的审计整改跟踪机制，确保审计报告提出的各项整改措施得到有效落实，并定期复查整改情况，促进企业财务管理状况持续优化提升。

（9）财务信息披露。

财务信息披露是企业对外传递经营状况、财务状况和未来发展前景的重要途径，对于维护投资者和债权人信心、提升企业市场竞争力至关重要。在财务制度设计过程中，应明确对外披露的财务信息内容，确保其全面、准确、及时地反映企业的财务状况和经营成果；规范信息披露的格式和标准，如按照会计准则、证券法规及证券交易所的要求编制财务报表和披露文件；确定对外信息披露的时间节点和程序，如定期报告的披露时限、临时报告的触发条件及披露流程等；选择恰当的披露方式，如通过官方网站、指定信息披露平台以及其他合法途径对外发布财务信息。严谨规范、真实完整地对外进行财务信息披露，有助于提高企业的透明度和公信力，降低融资成本，吸引更多投资者，推动企业在资本市场上稳健发展。

综上所述，会计的日常工作涉及账务处理、财务报表编制与分析、税务管理与申报、内部控制与审计、工资与福利处理以及其他多个方面，对企业的财务管理和合规经营至关重要。中小企业会计服务的内容和项目非常丰富，旨在为企业提供全方位的财务管理和税务处理支持。这些服务有助于企业降低运营成本、提高经济效益并规避税务风险。

**知识点7：中小企业工商年检常见问题及解决办法**

（1）资料准备类问题。

①材料缺失或不齐全。

问题表现：部分中小企业因对年检所需材料清单了解不全面，导致提交的资料存在缺失。例如，未准备完整的财务报表，遗漏了审计报告；或是未提供有效的相关资质证书复印件，如从事食品行业的企业，未提交食品经营许可证复印件。

解决办法：企业应提前通过工商行政管理部门官方网站、微信公众号等渠道，仔细查阅当年工商年检的公告及材料清单，明确所需提交的具体资料。同时，建立年检资料准备清单，按照清单逐一核对和准备材料，避免遗漏。若对某些材料存在疑问，可及时拨打工商部门咨询电话，或前往当地工商服务窗口进行询问。

②材料不符合规范。

问题表现：提交的材料格式、内容不符合要求。比如，财务报表未按照规定的格式填写，字迹模糊，难以辨认；营业执照复印件未加盖企业公章，导致材料无效。

解决办法：企业在准备材料时，需严格参照工商部门发布的材料规范要求。对于财务报表等专业性较强的材料，可由专业财务人员进行编制和审核；复印件类材料要确保清晰完整，并加盖企业公章。在提交材料前，再次检查材料的规范性，也可请专业人士协助把关。

（2）数据填报类问题。

①财务数据填报错误。

问题表现：由于财务人员疏忽或对数据统计口径不熟悉，导致营业收入、净利润、资产总额等财务数据填报错误。例如，将不同会计期间的数据混淆，或者在计算净利润时遗漏了部分费用支出。

解决办法：企业应加强对财务人员的培训，使其熟悉工商年检财务数据的填报要求和规范。在填报数据前，仔细核对财务账目和报表，确保数据的准确性。可利用财务软件的自动计算和校验功能，对数据进行初步审核。同时，建立数据复核机制，安排专人对填报的数据进行二次核对，避免出现错误。

②经营信息填报不准确。

问题表现：企业的经营地址、联系方式、经营范围等信息发生变更后，未及时在年检中更新，导致信息不准确；或者在填报经营情况时，对业务数据的描述与实际情况不符。

解决办法：企业应建立健全信息管理机制，及时记录和更新企业的各项经营信息。在进行工商年检前，全面梳理企业的经营信息，确保与实际情况一致。对于发生变更的信息，要按照规定及时办理工商变更登记手续，并在年检中准确填报。同时，在填报经营情况时，要如实反映企业的实际经营状况，避免夸大或虚假填报。

（3）政策理解类问题。

①对年检政策法规不熟悉。

问题表现：中小企业对工商年检相关的政策法规了解不足，不明白年检的具体要求和时间节点，或者不清楚哪些企业需要参加年检，哪些情况可以申请免检等。

解决办法：企业应积极关注工商行政管理部门发布的政策法规信息，定期浏览官方网站、参加政策宣讲会等，及时了解年检政策的变化和要求。同时，可组织企业管理人员和相关工作人员参加工商部门或专业机构举办的年检政策培训，深入学习年检政策法规，确保企业能够按照规定顺利完成年检。

②对政策解读存在偏差。

问题表现：企业对年检政策的理解存在偏差，导致在材料准备和数据填报过程中出现错误。例如，对某些优惠政策的适用条件理解错误，错误地享受了政策优惠；或者对禁止性规定认识不足，违反了相关政策要求。

解决办法：当企业对政策存在疑问时，应及时向工商行政管理部门或专业的法律、财务顾问进行咨询，确保对政策的准确理解。在解读政策时，要结合政策原文和实际案例进行分析，避免主观臆断。同时，企业内部可组织政策研讨会议，共同探讨政策的具体应用，确保政策执行的准确性。

（4）操作流程类问题。

①线上年检操作不熟练。

问题表现：随着工商年检逐步向线上化发展，部分中小企业对线上年检平台的操作流程不熟悉，无法顺利完成年检申报。例如，不知道如何登录平台，不会上传材料，或者在填写年检报告书时遇到系统故障等问题不知如何解决。

解决办法：工商部门通常会在官方网站或平台上发布详细的线上年检操作指南和视频教程，企业可提前学习和了解。在进行线上年检操作前，确保计算机或移动设备网络畅通，并安装好所需的插件和软件。如果在操作过程中遇到问题，可通过平台的在线客服、咨询电话等渠道寻求帮助。此外，企业也可以组织相关人员参加线上操作培训，提高操作技能。

②未按时完成年检申报。

问题表现：由于企业对年检时间安排不重视，或者在年检过程中遇到问题未能及时解决，导致错过年检申报的截止时间。

解决办法：企业应将工商年检的时间节点纳入重要的日程安排，设置提醒机制，确保在规定时间内完成年检申报。在年检过程中，合理安排时间，遇到问题及时寻求解决办法，避免因拖延导致申报逾期。如果确实因特殊原因无法按时完成申报，应及时向工商部门说明情况，并按照要求申请延期申报，避免因逾期申报而受到处罚。

### 案例分析

#### 案例一：未按时提交年检材料

企业背景：某小型科技企业 A，成立于 2018 年，主要从事软件开发业务，员工规模约 30 人。公司日常运营较为繁忙，管理层将主要精力集中在业务拓展和项目研发上。

年检问题描述：2024 年度工商年检规定的截止时间为 6 月 30 日，企业 A 由于内部管理疏忽，负责年检工作的行政人员在忙碌中忘记了年检事宜，直至 7 月中旬才突然想起。当企业 A 准备提交年检材料时，已超过规定时间。

后果：企业 A 被工商行政管理部门列入经营异常名录，其信用等级受到严重影响。在后续与合作方洽谈新项目时，合作方通过国家企业信用信息公示系统查询到企业 A 的经营异常状态，对其信任度大幅下降，原本有意向的两个重要合作项目因此被搁置，给企业造成直接经济损失约 50 万元。此外，企业 A 在申请银行贷款时也遭到拒绝，因为银行在审核贷款申请时，将企业的信用状况作为重要考量因素，经营异常名录中的记录使得银行认为该企业风险较高。

原因分析：

第一，企业内部缺乏完善的年检提醒机制，没有明确的责任制度和时间节点把控，导致负责年检的人员仅凭个人记忆，容易遗忘重要事项。

第二，管理层对工商年检的重视程度不足，未将年检工作提升到影响企业正常运营的战略高度，未对相关工作进行有效监督和指导。

#### 案例二：材料不完整或不符合要求

企业背景：一家从事服装批发的中小企业 B，成立于 2015 年，在当地服装市场有一定的业务份额，拥有员工约 50 人。

年检问题描述：企业 B 在准备 2024 年度工商年检材料时，按照要求准备了企业年度报告、资产负债表、利润表等基本材料。但在提交材料时，工商部门发现其提交的财务报表未按照规定格式编制，部分数据填写模糊不清，无法准确反映企业的财务状况。此外，企业 B 未能提供完整的社保缴纳证明材料，缺失了部分月份的社保缴费明细。

后果：企业 B 的年检申请被工商部门退回，要求其补充和修正材料后重新提交。由于重新准备和整理材料耗费了大量时间和人力，导致企业 B 的年检进程延迟了近一个月。在此期间，企业 B 在参与一些大型服装展销会的报名时，因无法及时提供有效的年检通过证明，失去了参展资格，错失了拓展业务和提升品牌知名度的机会。

原因分析：

第一，企业财务人员业务能力不足，对工商年检中财务报表的编制规范和要求理解不透彻，未能按照标准格式准确编制财务报表。

第二，企业在社保管理方面存在漏洞，内部各部门之间信息沟通不畅，负责社保缴纳的部门未能及时将完整的社保缴费明细提供给负责年检的部门，导致材料缺失。

### 案例三：企业信息不一致

企业背景：某餐饮企业 C，成立于 2016 年，以特色菜品在当地积累了一定的客户群体，拥有多家门店，员工总数约 100 人。

年检问题描述：在 2024 年度工商年检时，工商部门发现企业 C 的注册地址与实际经营地址不一致。企业 C 在 2023 年底因业务扩张，将总部办公地点搬迁至新的地址，但未及时到工商行政管理部门办理地址变更登记手续。同时，企业 C 的法定代表人在 2024 年初发生了变更，同样未进行相应的工商变更登记，导致年检系统中显示的法定代表人信息与实际不符。

后果：工商部门对企业 C 的异常情况展开调查，在调查期间，企业 C 的营业执照使用受到限制，无法正常办理一些涉及营业执照的业务，如门店的续租、新设备采购的合同签订等。企业 C 的客户在得知其工商信息存在异常后，对企业的稳定性和合法性产生怀疑，部分客户流失，对企业的经营业绩造成了负面影响。

原因分析：

第一，企业在经营过程中，对工商登记信息变更的重要性认识不足，未意识到注册地址和法定代表人等信息变更后需要及时办理工商变更登记手续，以确保企业信息的一致性和合法性。

第二，企业内部管理流程不完善，在发生地址搬迁和法定代表人变更等重大事项时，相关部门未及时将信息传递给负责工商事务的部门，导致工商变更登记工作滞后。

### 案例四：逾期年检

企业背景：一家从事文具生产的中小企业 D，成立于 2017 年，产品主要供应给周边地区的学校和办公用品经销商，员工人数约 80 人。

年检问题描述：企业 D 由于对工商年检时间的错误理解，误以为年检截止时间为当年的 9 月 30 日（实际为 6 月 30 日）。在 6 月 30 日之前，企业 D 虽知晓需要进行年检，但认为时间充裕，未及时开展相关工作。直至 8 月中旬开始准备年检材料时，才发现已逾期。

后果：企业 D 被工商行政管理部门列入经营异常名录，除了信用受损外，还面临着罚款。根据相关规定，逾期年检的企业将被处以一定金额的罚款，企业 D 为此支付了 5 000 元罚款。此外，企业 D 在与一些大型文具采购商合作时，采购商因企业的经营异常状态，对其供应能力和信誉产生担忧，取消了部分订单，给企业带来了直接经济损失约 30 万元。

原因分析：

第一，企业对工商年检政策的学习和了解不够深入，未准确掌握年检的时间要求，存在错误认知。

第二，企业内部缺乏有效的年检时间管理机制，没有提前规划年检工作，也未设置相应的时间节点进行提醒和督促。

### 案例五：存在违法行为影响年检结果

企业背景：某小型化工企业 E，成立于 2014 年，主要生产一些基础化工产品，员工约 60 人。

年检问题描述：在 2024 年度工商年检前夕，企业 E 因环保措施不达标，被环保部门处以罚款并责令限期整改。同时，税务部门在对企业 E 进行税务检查时，发现其存在部分税款逾期未缴纳的情况。由于企业 E 存在这些违法行为，在工商年检时，其年检结果受到严重影响。

后果：企业 E 的工商年检未能通过，需要先解决环保和税务方面的问题，完成整改并补缴税款及滞纳金后，才能重新申请年检。在整改期间，企业 E 的生产经营活动受到极大限制，部分生产线被迫停产，企业订单交付延迟，客户投诉不断，企业声誉严重受损。为了完成环保整改，企业 E 投入了大量资金，约 80 万元，这对企业的资金流造成了巨大压力，导致企业在后续的原材料采购和设备更新方面面临困难。

原因分析：

第一，企业在日常经营中，忽视了法律法规的遵守，环保意识淡薄，未对环保设施进行有效投入和维护，导致环保措施不达标。

第二，企业税务管理混乱，财务人员对税务申报和缴纳工作不重视，未能及时准确地完成税款缴纳，导致逾期未缴税款的情况发生。

【任务清单】1　中小企业会计工作服务项目

| 项目名称 | 任务内容 |
| --- | --- |
| 任务情境 | 2025 年 6 月，小王从学校毕业，应聘"娃娃"连锁店担任会计岗位；刚入职的他一头雾水，不知道具体工作范围和内容。 |
| 任务目标 | 了解会计工作服务内容及内外部门的对接。 |
| 任务实施 | (1) _____<br>(2) _____<br>(3) _____<br>(4) _____<br>(5) _____ |
| 任务点拨 | 参照知识点 2 和知识点 5。 |
| 任务总结 | 通过完成上述任务，你学到了哪些知识或技能？ |

## 任务二　中小企业会计咨询服务

**学习情境**

用户在财务数字化平台上建账并处理相关业务时，要将财务期初数据录入系统中。那么，在建账过程中，如何将应收账款期初余额录入财务数字化平台呢？

### 学习目标

通过训练，使学生掌握在财务数字化平台上录入应收账款期初余额的基本方法，能够在财务数字化平台上完成应收账款期初数据录入系统的工作。

### 知识储备

会计咨询服务，是指由专业的会计机构或会计师，基于丰富的专业知识和实践经验，向企业提供一系列与会计、财务、税务及经济管理相关的咨询服务。

**知识点1：会计咨询服务内容**

会计咨询服务的内容广泛，包括但不限于以下几个方面：

（1）会计记账与税务代理。为企业提供日常账务处理、财务报表编制、税务申报与筹划等服务，确保企业财务数据的准确性和合规性。

（2）财务咨询。针对企业的财务状况和需求，提供财务策略制定、风险管理、成本控制等方面的专业建议。

（3）审计服务。对企业的财务报表进行审计，发现潜在问题并提出改进建议，确保报表的真实性和可靠性。

（4）企业并购与重组咨询。为企业提供并购重组方案设计、财务尽职调查、财务评估等支持，确保并购或重组过程顺利进行。

（5）内部控制与风险管理。帮助企业建立和完善内部控制制度，识别、评估和管理潜在风险，确保企业财务安全。

（6）财务报表分析。对企业的财务报表进行深入分析，揭示企业的财务状况、经营成果和现金流量，为企业管理层提供决策支持。

（7）财务信息化咨询。协助企业建设和优化财务信息系统，提高企业财务管理的信息化水平，提升企业对财务数据的处理和分析能力。

此外，会计咨询服务还可能包括国际税收咨询、私募股权与风险投资咨询、破产清算、财务培训以及政府补贴申请咨询等其他服务。

**知识点2：会计咨询服务对象**

会计咨询服务的对象广泛，包括国家机关、企事业单位以及个人等。这些对象在财务管理、税务筹划、成本控制等方面可能存在不同需求，会计咨询服务机构可以根据其实际需求提供个性化的服务方案。

会计咨询服务对象架构如图5-2-1所示。

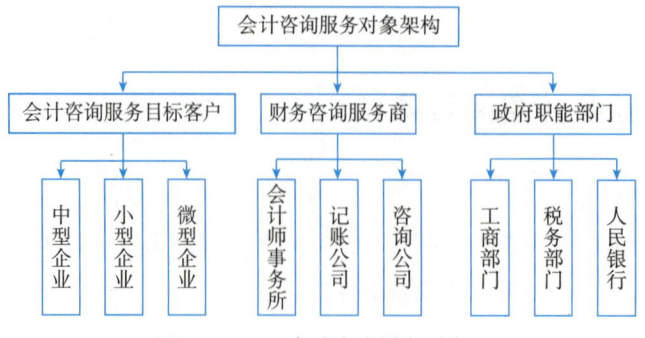

图5-2-1 会计咨询服务对象架构

(1) 中小微企业。会计咨询服务的主要目标客户，是对财务咨询服务有需求的企业和个人。这些企业可以包括中型企业、小型企业和微型企业（如表5-2-1所示），它们在不同的发展阶段和规模下，对会计和财务咨询的需求不同。个人客户则可能包括需要个人理财咨询、税务筹划等方面的服务。

表5-2-1 中小微企业的对比

| 项目 | 中型企业 | 小型企业 | 微型企业 |
| --- | --- | --- | --- |
| 定义 | 资产规模、人员规模及经营规模较大但不及大型企业的经济单位 | 资产规模、人员规模及经营规模较小的经济单位 | 资产规模、人员规模及经营规模微小的经济单位 |
| 规模指标 | 从业人员、营业收入、资产总额达到一定规模（具体依行业而定） | 从业人员、营业收入、资产总额低于中型企业但高于微型企业 | 从业人员极少、营业收入低、固定资产少 |
| 法律形态 | 法人，产权相对复杂 | 法人，产权结构可能相对简单 | 自然人，产权单一 |
| 社会形态 | 生产单位 | 生产单位 | 生产和生活单位合一 |
| 劳动力 | 以雇工为主 | 以雇工为主，但可能较中型企业少 | 以家庭成员为主 |
| 经营场所 | 相对固定 | 相对固定，但可能较中型企业灵活 | 灵活多变 |
| 抵押条件 | 具备一定抵押物与固定资产 | 抵押物与固定资产可能较少 | 缺少抵押物，固定资产极少 |
| 财务 | 较规范，账户交易较多 | 财务规范性可能较中型企业差 | 不规范，现金交易较多 |
| 需求和市场 | 需求弹性大，价格受宏观市场影响大 | 需求和市场特点介于中型企业与微型企业之间 | 需求刚性大，需求和价格受宏观市场影响小 |

(2) 财务咨询服务商。财务咨询服务商，是指提供会计咨询服务的机构或个人，包括会计师事务所、税务师事务所、会计记账公司、财务咨询公司以及财会专业人员。这些服务商通常具备相关的资质和专业知识，能够为客户提供全面的会计和财务咨询服务。

(3) 政府职能部门。在会计咨询服务过程中，可能涉及政府职能部门如工商部门、税务部门、人民银行和外汇管理部门等的参与和办理。这些政府部门在企业的注册、税务申报、资金结算等方面发挥着重要作用。同时，政府职能部门可能通过制定相关政策和法规，对会计咨询服务行业进行规范和引导。

**知识点3：会计咨询服务流程**

中小企业会计咨询服务工作流程涵盖需求沟通、资料收集、财务诊断、方案设计、实施指导、效果评估等环节（如表5-2-2所示），各环节紧密衔接、层层递进，形成完整的服务链条。以需求沟通为起点，精准定位企业痛点，进而通过资料收集与财务诊断剖析问题根源，再依此设计方案，确保后续工作方向正确、措施有效，体现出极强的系统性与逻辑性。

表5-2-2 会计咨询服务流程

| 流程阶段 | 工作内容 | 输出成果 | 关键要点 |
| --- | --- | --- | --- |
| 需求沟通与确认 | 1. 与企业负责人、财务人员进行面谈，了解企业在会计核算、税务处理、财务管理等方面的痛点与需求 | 需求分析报告 | - 沟通方式多样化，确保全面了解企业需求 |
| | 2. 通过问卷调查收集企业各部门对财务工作的意见和期望 | | - 准确界定咨询服务范围和目标 |
| | 3. 明确咨询服务目标，如规范账务处理、降低税务风险、优化成本管理等 | | |

续表

| 流程阶段 | 工作内容 | 输出成果 | 关键要点 |
|---|---|---|---|
| 资料收集与整理 | 1. 收集企业近 3～5 年的财务报表、会计凭证、税务申报表、财务制度等资料 | 整理后的企业财务资料集 | - 确保资料的完整性和准确性 |
| | 2. 对收集的资料进行分类整理，建立资料清单和索引，便于后续查阅 | | - 注意资料的保密性 |
| 财务状况诊断 | 1. 运用财务比率分析（偿债能力、盈利能力、营运能力等）、趋势分析等方法对企业财务状况进行评估 | 财务诊断报告 | - 结合行业特点进行分析 |
| | 2. 检查会计核算的规范性，分析税务处理的合规性，排查潜在风险 | | - 深入剖析问题产生的根源 |
| | 3. 诊断财务管理中存在的问题，如预算管理、资金管理、成本控制等方面的不足 | | |
| 方案设计与建议 | 1. 根据诊断结果，制订针对性的解决方案，包括会计核算优化方案、税务筹划方案、财务管理提升方案等 | 会计咨询服务方案 | - 方案具有可操作性和实用性 |
| | 2. 明确方案实施的步骤、时间节点和预期效果 | | - 充分考虑企业实际情况和资源 |
| 方案沟通与优化 | 1. 向企业相关人员汇报方案内容，解答疑问，听取意见和建议 | 修订后的咨询服务方案 | - 保持良好的沟通，达成共识 |
| | 2. 根据企业反馈，对方案进行调整和优化，确保方案符合企业需求 | | - 及时完善和优化方案 |
| 方案实施指导 | 1. 协助企业制订详细的实施方案，明确责任分工 | 实施进度报告 | - 加强培训效果评估 |
| | 2. 对企业财务人员进行培训，指导其掌握新的财务制度、流程和方法 | | - 定期跟进实施进度，确保按计划推进 |
| | 3. 在实施过程中提供现场或远程支持，及时解决遇到的问题 | | |
| 效果评估与跟进 | 1. 对比方案实施前后的财务数据和管理效果，评估方案的实施成效 | 效果评估报告 | - 建立科学的评估指标体系 |
| | 2. 收集企业反馈，了解方案实施过程中的问题和改进建议 | | - 持续关注企业需求变化 |
| | 3. 针对发现的问题，提出进一步的改进措施和建议 | | |
| 服务总结与反馈 | 1. 对整个咨询服务过程进行总结，分析经验和不足 | 服务总结报告 | - 注重经验积累和知识沉淀 |
| | 2. 向企业提交服务总结报告，为后续合作提供参考 | | - 不断提升服务质量和水平 |
| | 3. 根据企业反馈和总结结果，优化服务流程和内容 | | |

**知识点4：会计咨询服务账务处理流程**

会计咨询服务账务处理流程如下：

第一步，收集和整理原始凭证。会计咨询服务公司在提供服务的过程中，应及时收集和整理相关的原始凭证，如发票、合同、收据等。这些凭证是后续账务处理的依据，因此确保其真实性和完整性至关重要。

第二步，凭证审核和分类。会计咨询服务公司的财务人员需对收集到的原始凭证进行审核，核实其真实性和准确性，并根据凭证的性质和业务内容，将其按照不同的会计科目进行分类。

第三步，记账和录入。审核和分类完成后，财务人员需要将凭证上的相关信息录入会计系统，其中包括交易日期、金额、会计科目等关键信息。在记账和录入过程中，应确保数据的准确性和完整性。

第四步，会计核算和调整。会计咨询服务公司需定期进行会计核算，如编制资产负债表、利润表等财务报表。在此过程中，可能需要进行一些调整，如计提折旧、摊销费用等，以确保财务报表的准确性和公允性。

第五步，期末处理和报表编制。在每个会计期末，会计咨询服务公司需要进行期末处理，包括结转损益、计提税费等。随后，财务人员会编制财务报表，如资产负债表、利润表和现金流量表等，以反映公司在该会计期间的经营成果和财务状况。

第六步，审计和报税。会计咨询服务公司可能需要接受外部审计，以确保财务报表的准确性和合规性；同时，需要按照相关税法规定，履行纳税义务，如申报税款、缴纳税款等。

第七步，财务分析和决策支持。财务人员需要定期对公司财务数据进行深入分析，以评估公司的经营状况、盈利能力、偿债能力等。这些分析结果将为公司的经营决策提供有力支持。

**案例分析**

会计咨询服务账务处理流程

**一、案例背景**

某会计咨询服务公司（以下简称"公司"）为客户提供专业的咨询服务，并收取相应的咨询费用。为确保账务处理的准确性和合规性，公司制定了详细的账务处理流程。

**二、账务处理流程**

第一步，合同签订与信息收集。

公司与客户签订咨询服务合同，明确服务内容、费用标准、付款方式等条款。

公司收集与合同相关的经济信息，如客户名称、合同金额、服务期限等，并将这些信息记录到应收账款摘要表中。

第二步，开具发票与记录支出。

在提供咨询服务并收到客户支付的款项后，公司开具正规的咨询费发票。

公司将开具的发票信息记录到财务支出明细表中，以便跟踪和核对。

第三步，记录费用明细与应付账款。

在支付咨询服务相关的费用（如员工工资、差旅费等）时，公司记录费用明细表。

公司在应付账款摘要表中登记这些费用，以便后续付款和核对。

第四步，确认收付账款。

在确认咨询服务费用的收付情况时，公司在收付款日期上登记应收应付账款明细。

公司核对收付款金额，确保与合同和发票金额一致。

第五步，收款与记账。

公司在收到客户的咨询费用时，核对收款票据的真实性和准确性。

公司将收到的款项记账到应收账款明细表以及财务凭证中，确保账务处理的完整性和准确性。

第六步，付款与单据准备。

在支付咨询服务相关费用时，公司准备付款单据，如支票、电汇凭证等。

公司将应付账款明细记账登记到财务凭证中，以便后续审计和核对。

第七步，余额清算。

在每个会计期末或合同结束时，公司进行余额清算。

根据咨询服务的合同约定，公司将应收/付账款进行清算并记账，用以结算账款余额。

### 三、注意事项

（1）合规性。公司应确保所有账务处理流程符合相关法律法规和会计准则的要求。

（2）准确性和完整性。在账务处理过程中，公司应确保所有数据的准确性和完整性，避免出现错误或遗漏。

（3）及时性。公司应及时进行账务处理，确保财务信息的时效性和可靠性。

（4）保密性。在处理客户信息和财务数据时，公司应遵守保密原则，确保信息安全。

### 四、总结

本案例展示了咨询服务公司从合同签订到余额清算的完整账务处理流程。通过这一流程，公司能够确保账务处理的准确性和合规性，提高财务管理水平。同时，该流程体现了公司对于客户信息和数据安全的重视。

以上案例仅供参考，不同公司的账务处理流程可能因业务规模、行业特点等因素有所不同。在实际操作中，公司应根据自身情况制定适合的账务处理流程。

【任务清单】2　中小企业会计咨询服务

| 项目名称 | 任务内容 |
| --- | --- |
| 任务情境 | 2025年7月，会计小王成立了一家"娃娃"会计咨询服务公司，现准备面向社会服务，拟列出项目服务等相关工作内容。 |
| 任务目标 | 掌握服务内容及工作流程。 |
| 任务实施 | （1）_____<br>（2）_____<br>（3）_____<br>（4）_____<br>（5）_____ |

续表

| 项目名称 | 任务内容 |
| --- | --- |
| 任务点拨 | 参照知识点3及当地财政官网信息。 |
| 任务总结 | 通过完成上述任务,你学到了哪些知识或技能? |

## 任务三 中小企业会计基础工作规范

### 学习情境

会计基础工作规范是确保企业财务健康运行的基石。在日益复杂的商业环境中,会计信息的准确性和可靠性直接关系到企业的决策质量与市场竞争力。规范的会计基础工作不仅能提高财务透明度,增强投资者信心,还能为企业内部管理提供有力的数据支持。从会计信息的准确性对决策的影响,到会计基础工作与企业管理的紧密联系,无不凸显其重要性。此外,合理的会计机构设置、高素质的会计人员配备、严谨的会计核算流程以及完善的会计档案管理,共同构成了会计基础工作的核心要素。

### 学习目标

通过训练,使学生认识到工作规范的重要性,有助于更好地理解会计基础工作在企业管理中的关键作用。

### 知识储备

**知识点1:会计基础工作与企业管理的关系**

会计基础工作与企业管理密不可分。会计基础工作是企业管理的重要组成部分,通过收集、整理、记录和分析企业的各项经济活动,为企业提供准确、及时、有用的会计信息。这些信息不仅包括财务数据,如收入、支出、资产、负债等,还包括非财务数据,如市场趋势、竞争对手情况等。这些信息能够全面地反映企业的经营状况,有助于企业管理层做出正确的决策。会计基础工作涵盖财务管理、会计核算、会计监督等诸多方面,是企业管理的基础环节。它不仅能规范企业的经营管理行为,确保企业的经济活动合规、合法,还能提高企业的财务管理水平,为企业决策提供科学、准确的财务信息。对于企业的决策者来说,这些财务信息是制定战略、规划未来、评估业绩的重要依据,有助于企业提高市场竞争力,实现可持续发展。

一方面,会计基础工作为企业管理提供了基础数据支持。通过收集和整理企业的各项经济活动数据,如销售收入、成本支出、利润等财务数据以及市场趋势、竞争对手情况等非财务数据,为企业提供能反映经营状况的会计信息,有助于其做出正确的决策。

另一方面,企业管理的规范化、科学化离不开会计基础工作的支持。通过加强会计基础工作,企业可以更好地规范管理行为，提高管理效率。例如，通过建立完善的内部控制制度，企业可以防止舞弊和腐败的发生；通过加强风险管理，企业可以降低经营风险；通过优化资源配置，企业可以提高资源利用效率。这些都有助于提高企业的竞争力。

### 知识点2：会计人员的配备与素质要求

应根据企业的规模和业务需求合理配置会计人员。会计人员应具备扎实的会计专业知识、良好的职业道德和较高的综合素质。他们不仅要熟练掌握会计技能，而且要具备分析问题和解决问题的能力。此外，会计人员还应不断学习和更新知识，以适应不断变化的经济环境（如表5-3-1所示）。

表5-3-1 会计人员素质要求

| 素质要求 | 描述 | 重要程度 |
| --- | --- | --- |
| 会计专业知识 | 熟练掌握会计准则、账务处理、财务报表编制等 | 非常高 |
| 职业道德 | 遵守会计职业道德规范，保持诚信、公正、保密 | 非常高 |
| 综合素质 | 具备良好的沟通协调能力、团队合作精神及抗压能力 | 高 |
| 分析问题能力 | 能够准确分析财务数据，发现问题并提出解决方案 | 高 |
| 解决问题能力 | 能够有效解决财务工作中遇到的实际问题 | 高 |
| 持续学习能力 | 不断学习新知识，适应经济环境变化及会计准则更新 | 中 |
| 信息技术应用能力 | 熟练使用财务软件及办公软件，提高工作效率 | 中 |

### 知识点3：会计岗位的设置与职责分工

应根据会计工作的需要合理设置会计岗位。通过明确各岗位的职责分工，可以确保会计工作的有序进行和相互制约。同时，合理的岗位设置可以提高工作效率，降低会计风险。例如，可以设置财务经理岗位，负责全面统筹协调工作；可以设置总账会计岗位，负责总账登记、报表编制等；还可以设置成本会计岗位，负责成本核算、成本控制及成本分析等工作（如表5-3-2所示）。

表5-3-2 会计岗位设置与职责分工

| 岗位名称 | 职责描述 | 重要程度 |
| --- | --- | --- |
| 会计主管 | 全面统筹协调会计工作，确保会计制度执行与财务报表准确性 | 非常高 |
| 总账会计 | 负责总账登记、财务报表编制、财务分析等工作 | 高 |
| 成本会计 | 负责成本核算、成本控制及成本分析等工作 | 高 |
| 出纳会计 | 负责现金收付、银行存款管理、票据管理等工作 | 中 |
| 应收会计 | 负责应收账款管理、客户信用分析及催款等工作 | 中 |
| 应付会计 | 负责应付账款管理、供应商对账及付款等工作 | 中 |
| 税务会计 | 负责税务申报、税收筹划及税务风险管理等工作 | 中 |

（1）财务经理岗位职责。

1）组织制定、执行并完善公司各项财务制度，规范公司财务管理工作。

2）协助财务总监或总经理组织编制财务预算、成本计划和利润计划。

3）组织公司的会计核算、编制和审核财务报表，确保财务信息准确、及时。

4）组织对公司财务指标进行分析与评估，为公司的相关决策提供支持，并为规划、绩效考核等工作的进行提供事实依据。

5）进行税务规划，审核制定公司内部的税务安排，在合法合规的前提下，降低公司税负。

6）协助组织公司的对外担保和风险评估，组织调查互保单位的信贷明细。

7）制定和完善部门财务管理制度、业务流程，确保本部门工作有序、高效、协调、规范。

8）指导、监督公司内部财务管理制度、业务流程、财务预算等，确保公司财务工作有序、高效、协调、规范。

9）落实下属员工的考核、激励、培养计划，提升下级员工的整体素质。

10）定期上交公司所需的各项报表。

11）配合财务总监做好各项日常工作，配合审计部做好内部审计工作。

12）完成上级交办的其他任务。

(2) 总账会计岗位职责。

1）负责建立公司的会计核算体系，制定会计核算制度及财务管理制度，并监督执行。

2）负责精确计提税金，按时完成月、季、年度的纳税申报。

3）负责公司全部日常财务、会计、税务、审计、稽核、预算和决算管理工作。

4）负责管理并监督公司业务部门定期对存货、固定资产进行盘点，确保账实相符。

5）负责公司的日常会计账务处理工作。

6）负责定期对总账与各类明细账进行审核，并进行总账与明细账的对账，保证账账相符。

7）负责定期组织整理和装订凭证，确保各项会计档案资料完整。

8）负责协作完成定期专项审计工作，协助各项税务检查，处理涉税事项。

9）负责工商、财政、质监等行政管理部门的年度报告信息确认工作。

10）完成上级领导交办的其他事项。

(3) 成本会计岗位职责。

1）负责生产成本的核算，认真进行成本、开支的事前审核。

2）严格控制成本，促进增产节约，增收节支，提高企业的经济效益。

3）负责对生产成本进行监督和管理；督导成本控制及清点存货，审查原材料的采购。

4）认真核对各项原料、物料、成品、在制品收付事项。

5）随时抽查企业原材料供应情况。

6）根据成本报表预测成本，就产品的销售价格编制报告，向财务经理提供资料。

7）保管好各种凭证、账簿、报表及有关成本计算资料，防止丢失或损坏，按月装订并定期归档。

(4) 资金出纳岗位职责。

1）负责公司资金的收支、结算和监督。

2）负责公司资金的归集、支付和管理，确保资金的安全和有效利用。

3）负责公司的现金管理，包括现金的存储、支付、报账等。

4）负责银行业务的办理和管理，包括开户、存款、取款、结算等。

5）负责与供应商和客户的财务往来，跟进付款和收款的进展。

6）跟进公司的账户余额、日记账、总账、科目余额等财务数据。

**知识点 4：会计账簿的建立与管理**

会计账簿是记录企业经济活动的重要载体，详细记录了企业的各项经济业务，是会计核算的基础。会计账簿的建立应遵循科学、规范的原则，确保账簿的完整性和准确性。在建立账簿时，需要选择适当的账簿类型和格式，并按照规定进行填写和编号；同时，需要加强会计账簿的管理，确保账簿的安全和保密性。对于重要的账簿，要进行备份和妥善保管，以防止数据丢失或损坏。

(1) 会计账簿的建立。

①选择适合的会计账簿类型。根据企业的特点和需求，选择不同类型的会计账簿，如总账、明细账、日记账、现金账等。这些账簿承担着记录企业不同方面财务信息的任务。

②设计合理的会计科目。会计科目是会计账簿的基础，直接影响会计信息的准确性和统计分析的便利性。因此，在设计会计科目时，需要充分考虑企业的实际情况和需求。

③准备账页并填写启用表。根据所需的各种账簿格式，准备相应的账页，并在账簿的"启用表"上填写相关信息，如单位名称、账簿名称、启用日期等。这一步骤有助于明确账簿的使用责任和管理要求。

④建立账户并编定号码。按照会计科目表的顺序和名称，在总账账页上建立总账账户，并根据总账账户明细核算的要求，在各个所属明细账户上建立二、三级明细账户。在启用订本式账簿时，应按照第一页到最后一页的顺序编定号码，以确保账簿的完整性和可追溯性。

(2) 会计账簿的管理。

①账簿的登记与更正。设置账簿后，需要按照会计制度进行登记，并确保数据准确无误。对于错账，可以采取划线更正法、红字更正法和补充登记法等进行更正。

②结账与对账。结账，是指将一定时期的经济业务全部登记入账后，计算出每个账户的本期发生额和期末余额。对账，是指核对账目，以确保账簿记录的正确性。这一步骤有助于及时发现和纠正错误，保证财务信息的准确性。

③账簿的保管与更换。账簿需要妥善保管，不得任意丢失和销毁。根据企业的实际需求，选择合适的账簿种类，如总账、明细账、日记账等，并明确每种账簿的用途。更换的账簿需要按照规定进行归档和保管，以确保数据的完整性和安全性。同时，对于不再使用的账簿，需要按照规定进行妥善处理。

(3) 会计账簿的管理要点。

1) 日常管理。

①专人专管。明确指定专人如会计或出纳，负责管理会计账簿，其他人未经批准不得接触。例如奶茶店老板指定店长负责记账。

②限制翻阅。未经领导、会计负责人等批准，非经管人员不得随意翻阅会计账簿。如供应商查账需老板签字同意。

③谨慎携带。一般不得将会计账簿带出公司，若遇特殊情况，需两人同行携带，如去税务局报税，由老板和会计一同前往并妥善保管会计账簿。

2) 记账与核对。

①准确记账。以经过审核的会计凭证为依据，准确使用会计科目、正确登记金额等，严格遵守记账规则。

②定期核对。包括账证核对、账账核对、账实核对。定期检查账簿记录与会计凭证是否相符，总账与明细账、日记账等是否一致，以及账面上的资产负债等与实际情况是否相符。

3）归档保管。

①旧账整理。年度终了更换新账后，检查手续是否齐全，如改错盖章、注销空行空页、结转余额等，活页账去除空白页和金属夹后按账户分类装订。

②装订要求。按封面、启用表、账户目录、账页、封底顺序装订，用牛皮纸封面标注信息，厚度不超 2 厘米，用棉线或热熔胶装订，经手人、会计主管、装订人在封口处签字盖章。

③保管期限。根据规定，总账、明细账、辅助账等一般保存 30 年，现金和银行存款日记账保存 30 年（原规定 25 年，现调整为 30 年）。保管期满经鉴定、审批后按程序销毁。

表 5-3-3　会计账簿的管理要点

| 管理环节 | 具体内容 | 管理要点 |
| --- | --- | --- |
| 日常管理 | 专人专管 | 指定专人，明确责任 |
| | 限制翻阅 | 未经批准，非经管人员不得随意翻阅 |
| | 谨慎携带 | 外出需两人同行等 |
| 记账与核对 | 准确记账 | 依据审核凭证，遵守记账规则 |
| | 定期核对 | 账证、账账、账实核对 |
| 归档保管 | 旧账整理 | 检查手续，整理活页账 |
| | 装订要求 | 按序装订，标注信息，签字盖章 |
| | 保管期限 | 按规定年限保管，期满鉴定销毁 |

**知识点 5：会计监督的内容与方法**

会计监督是确保经济活动合法性、合理性和效益性的重要机制，其内容涵盖会计信息的真实性、准确性、合法性等。真实性要求会计信息准确无误地反映企业的经济活动，准确性要求会计信息在数量、分类、计算等方面准确无误，合法性要求会计信息符合国家法律法规和财经制度的规定。

为了确保会计信息的真实性、准确性和合法性，可以采用多种方法进行监督。首先，可以通过内部审计对会计信息进行核实和审查。内部审计可以对企业的各项经济活动进行全面、系统的审查，确保其符合企业规定和法律法规的要求。其次，可以借助外部审计对会计信息进行独立、客观的审查。外部审计由专业的会计师事务所进行，可以对企业的财务报表进行全面、客观的审查，确保其真实、准确地反映企业的财务状况和经营成果。此外，还可以通过定期或不定期的审计活动对会计信息进行检查和核实，能及时发现和纠正会计工作中的问题，防止财务舞弊和造假行为的发生。

会计监督方法，是指进行会计监督时采用的具体手段或技术。会计监督方法旨在确保会计信息的真实性、合法性和完整性，以及经济活动的合规性和效益性。以下是一些常见的会计监督方法：

（1）财务审计。通过审查财务报表和相关账目，确认其是否真实、准确和完整，包括对会计记录和财务报告的详细审查，以发现潜在的错误、遗漏或欺诈行为。

（2）内部控制评估。检查企业或组织的内部控制系统是否健全、有效，涉及对业务流程、风险管理、职责分离等方面的评估，以确保经济活动在规定的程序和规则下进行。

（3）实物盘点。通过对存货、固定资产等实物资产的实地盘点，核对账面记录与实际数量是否一致，有助于发现资产丢失、损坏或未经授权的使用等问题。

（4）分析性复核。通过对比、分析和计算财务数据，发现异常或不合理之处，如分析财务比率、趋势和预算执行情况，以识别潜在的问题或改进的机会。

（5）信息技术审计。利用信息技术手段对会计信息系统进行审计，确保其安全、可靠和合规，包括对会计软件、数据库和网络安全性的评估。

（6）外部审计。由独立的第三方（如会计师事务所）进行的审计，以验证企业财务报表的真实性和准确性。外部审计通常具有更高的权威性和公信力。

（7）内部审计。企业或组织内部设立的审计部门进行的审计，旨在发现和改进内部管理、财务和运营方面的问题。内部审计可以定期或不定期地进行，以确保企业或组织的合规性和效益性。

（8）合规性检查。检查企业或组织是否遵守相关法律法规和会计准则，包括税务合规、财务报告合规等方面。

（9）预算控制。通过制定和执行预算，对经济活动进行事前、事中和事后的监督和控制，有助于确保资金的有效使用和资源的合理分配。

（10）绩效评估。通过评估企业或组织、部门或个人的绩效，了解其经济活动的效果和效率，可以基于财务指标、非财务指标或综合指标进行。

这些方法既可以单独使用，也可以结合使用，以形成全面、有效的会计监督体系。在选择具体的监督方法时，应根据企业或组织的实际情况和需求进行灵活调整。

**知识点6：内部控制评价与改进**

内部控制评价的主要目的是帮助企业自我完善内控体系，通过评价、反馈、再评价的方式，查找并分析内部控制中的缺陷，有针对性地督促落实整改，从而堵塞管理漏洞，防范风险，并全方位健全优化管控制度。这一过程不仅有助于提升企业市场形象和公众认可度，还能实现与政府监管的协调互动。

在进行内部控制评价时，需要遵循全面性、重要性和独立性的原则，采用多种评价方法，如问卷调查法、个别访谈法、穿行测试法、实地查验法、抽样法和比较分析法等，以确保评价的准确性和有效性。

（1）内部控制的主要评价方法。

①内部审计法。内部审计部门独立地对各项业务和管理活动进行审查和评估，以发现潜在的风险和问题。

②日常监控法。通过业务流程中的关键控制点设置监控指标，如交易限额、客户信用额度等，对业务操作进行实时或定期的监测。

③风险评估法。定期对面临的各类风险进行识别、评估和量化，以便及时调整内部控制策略。

④流程评价法。评估企业的业务流程，包括流程的设计、执行和监控等方面，以分析流程中的风险点和控制点，评估内部控制的有效性。

⑤文件评价法。对企业的内部控制文件进行评估，包括制度、规范、流程图、操作手册等，以评估文件的完整性、准确性、及时性，以及是否与实际操作相符。

⑥独立性评价法。对内部控制的独立性进行评估，包括内部控制的设计是否独立于业务运作，

内部控制人员是否独立于被控制对象。

⑦抽样评价法。通过抽取一定数量的业务交易或操作，对其进行检查和评估，以确定内部控制的有效性；可以通过抽样检查、抽样测试等方式进行。

此外，内部控制还有以下几种具体的评价方法：

①个别访谈、调查问卷法。通过与被评价对象及相关人员进行交流，了解内部控制的过程及整体情况，收集反馈意见。

②专题讨论、穿行测试法。通过专题讨论，深入了解内部控制的特定方面，通过穿行测试验证内部控制流程的有效性。

③实地查验法。对被评价对象的实际运营情况进行现场查看，验证内部控制的执行情况。

④比较分析法。对比不同时间或不同部门的内部控制情况，分析差异和趋势。

⑤审阅法。查看各种制度规定、管理办法等资料，审查其内容的充分性、合规性、有效性和适宜性。

⑥交流沟通法。与被评价单位有关负责人及相关人员座谈交流，详细了解重要岗位、关键业务环节的控制过程及情况。

⑦调查法。通过发放问卷和报表，收集被评价对象内部控制状况及员工对本单位内部控制状况的看法。

⑧符合性测试法。获取被评价对象的凭证、账簿等资料，验证内部控制的合规性、有效性和适宜性。

⑨指标分析法。收集经有权部门核实的被评价对象内部控制结果的指标信息，通过对比分析和趋势分析，对内部控制目标实现情况做出评价。

⑩综合分析法。将影响被评价对象内部控制的各种因素有机地结合起来，全面分析、综合评估。

⑪测试抽样法。对评价的项目，结合风险和重要性进行一定数量的抽样，验证内部控制的成效。

这些方法既可以单独使用，也可以结合使用，以全面、客观地评价内部控制的有效性。

内部控制评价与改进是确保内部控制制度有效性的重要环节，企业应定期对内部控制制度进行评价和检查，以发现制度中存在的问题和不足，并及时进行改进和完善。同时，企业应建立内部控制的持续改进机制，确保内部控制制度适应不断变化的经济环境和企业需求，其中包括对内部控制制度的定期评估、对存在问题及时整改、对新的经济环境和企业需求及时调整等措施。通过不断优化和完善内部控制制度，可以提高企业的管理效率和竞争力，为企业的可持续发展提供有力保障。

（2）常见的内部控制缺陷类型。

①设计缺陷。企业缺少为实现控制目标的必需控制，或现存的控制不合理及未能实现控制目标。设计缺陷可能是系统造成的，也可能是手工造成的。

②运行缺陷。设计合理及有效的内部控制，在运作上没有被正确地执行。运行缺陷可能包括不恰当的人员执行，未按设计的方式运行，如频率不当等。

此外，按照严重程度，内部控制缺陷可以进一步分为以下三种：

①重大缺陷。内部控制中存在的、可能导致不能及时防止或发现并纠正财务报表出现重大错报

的一项或多项控制缺陷的组合。重大缺陷可能严重影响企业内部控制整体的有效性。

②重要缺陷。严重程度低于重大缺陷，但导致企业无法及时防范或发现严重偏离整体控制目标的严重程度依然重大，是需要管理层引起关注的缺陷。重要缺陷可能会影响财务报告。

③一般缺陷。除重大缺陷和重要缺陷之外的其他控制缺陷。一般缺陷通常不会对企业的控制目标产生重大影响，但仍然需要关注和改进。

（3）制定内部控制改进措施。

①明确内控目标。明确内部控制的目标，如保障资产安全、确保财务报表真实性、遵循法律法规及监管要求、提高经营效率等。

②评估现有内控体系。对现有的内部控制体系进行全面评估，识别存在的设计缺陷和运行缺陷，如风险管理不足、组织架构不清晰、授权审批流程不规范等。

③设计改进措施。根据评估结果，设计具体的改进措施，包括完善风险管理机制、优化组织架构、明确职责与权限、制定严格的授权审批流程、规范会计核算方法和流程、加强信息系统安全等；同时，要确保改进措施具有可操作性和针对性，能够切实解决现有问题。

④强化执行与监督。加大内部控制措施的执行力度，确保各项措施得到有效落实。建立有效的监督和审计机制，包括内部审计、外部审计和独立的监督机构，对内部控制的有效性进行定期评估和测试。

⑤持续改进与调整。内部控制是一个持续的过程，需要不断适应内外部环境的变化，因此，要定期对内部控制体系进行审查和更新，确保其始终符合企业的战略目标和业务需求。

此外，在制定内部控制改进措施时，企业要强化理论学习，提高内控意识，确保员工充分理解内部控制制度的要求和重要性；坚持目标导向，制定具体的内控措施，并明确责任人和完成时限；引入风险评估工具和方法，定期识别和评估潜在风险，并采取适当的控制措施以降低风险；加强员工培训和教育，提升全员内控意识和风险防范能力。

综上所述，制定内部控制改进措施需要综合考虑企业的实际情况和内外部环境，确保改进措施具有针对性、可操作性和持续性。

【任务清单】3 中小企业会计基础工作规范

| 项目名称 | 任务内容 |
| --- | --- |
| 任务情境 | 2025年7月，由于上半年企业的经营业务扩大，会计小王为了更好地促进及规范企业发展，准备制定一套会计工作规范系列标准。 |
| 任务目标 | 掌握规范系列标准的基本要素。 |
| 任务实施 | （1）_____<br>（2）_____<br>（3）_____<br>（4）_____<br>（5）_____ |

| 项目名称 | 任务内容 |
| --- | --- |
| 任务点拨 | 参照知识点 2~3。 |
| 任务总结 | 通过完成上述任务,你学到了哪些知识或技能? |

### 思政之窗

数字化是在经济新形态下,传统核算会计向现代管理会计转型过程中,企业财务管理与业务运营活动的有机融合。在数字化背景下,企业在同时整合、优化业务运营和财务流程的基础上,通过系统管理的方法将财务管理渗透到企业运营的全员、全方位、全过程,实现企业财务管理与业务流程之间的对接、融合和联动。在业财融合的管理模式下,企业的业务运营和财务管理将成为统一的整体,经营活动应体现系统化、一体化和协同化。在业财融合环境下,传统的核算会计要转型为现代的管理会计,这意味着企业会计人员仅仅做好会计核算工作已远远不能适应企业发展的需求。正如华为创始人任正非说的那样:"不懂业务的会计只能提供低价值的会计服务。"因此,未来,我们要做好会计服务工作,不仅要掌握过硬的专业知识和技能,还要融入企业具体的业务中,持续提升自身的管理能力。

### 故事启迪

#### 成功就在"嘀嗒"之间

一只新组装好的小钟放在了两只旧钟中间。两只旧钟"嘀嗒""嘀嗒"地走着。

其中一只旧钟对小钟说:"来吧,你也该工作了。可是,我有点担心,你走完3200万次以后,恐怕便吃不消了。"

"天哪!3200万次。"小钟吃惊不已,"要我做这么大的事?办不到,办不到。"

另一只旧钟说:"别听他胡说八道。不用害怕,你只要每秒嘀嗒摆一下就行了。"

"天下哪有这样简单的事情?"小钟将信将疑,"如果这样,我就试试吧。"

小钟很轻松地每秒钟"嘀嗒"摆一下,不知不觉间,一年过去了,它摆了3200万次。

每个人都希望梦想成真,成功却似乎远在天边遥不可及,倦怠和不自信让我们怀疑自己的能力,放弃努力。其实,我们不必想以后的事,一个月甚至一年之后的事,只要想着今天我要做些什么,明天我该做些什么,然后努力去完成,就像那只小钟一样,每秒"嘀嗒"摆一下,成功的喜悦就会慢慢浸润我们的生命。

## 拓展练习

### 一、单选题

1. 会计核算负责企业的日常收支记录,包括收入、支出、应收账款、应付账款等经济业务的核算,确保所有财务数据的(    )。

A. 准确性和及时性　　　　　　B. 规范性和及时性
C. 安全性和及时性　　　　　　D. 规范性和精准性

2. 日常税务管理流程包括发票的领购、开具、（　　）等管理环节。

A. 保管和归档　　　　　　　　B. 保管和缴销
C. 保管和立项　　　　　　　　D. 保管和送存上级单位

3. 资金管理包括资金筹集、资金使用、（　　）等，确保企业有足够的资金支持日常运营和未来发展。

A. 资金调度　　B. 资金上缴　　C. 资金划转　　D. 资金归还

4. 会计咨询服务的对象广泛，包括国家机关、企业、（　　）以及个人等。

A. 家庭作坊　　B. 民宿老板　　C. 国有企业　　D. 事业单位

5. 会计咨询服务机构按照服务方案的要求，为企业提供专业的会计咨询服务，不包括（　　）。

A. 账务处理　　B. 税务筹划　　C. 财务咨询　　D. 年终调账

二、业务操作题

会计咨询服务机构可以为企业管理层提供有力的数据支持和专业建议，助力企业做出明智的决策，请你简述咨询服务行业的账务处理流程。

请关注中华人民共和国财政部会计司官网（https：//kjs.mof.gov.cn/）。

# 项目六
## 中小企业财务管理技能

### 知识目标

1. 掌握中小企业财务管理的基本知识和方法。
2. 掌握合规性管理的重要性。
3. 掌握会计信息服务知识和方法。

### 技能目标

1. 能够完成现金流管理、预算管理、成本控制等多种基本工作。
2. 能够完成及重视合规性的工作。
3. 能够完成数字化会计信息日常服务工作。

### 素质目标

1. 培养学生根据企业会计岗位职责自觉进行处理、审核和管理的素质。
2. 培养学生具备基于财务数字化平台信息服务管理的能力。
3. 培养学生具备基于合规性的认知能力。

## 知识串联

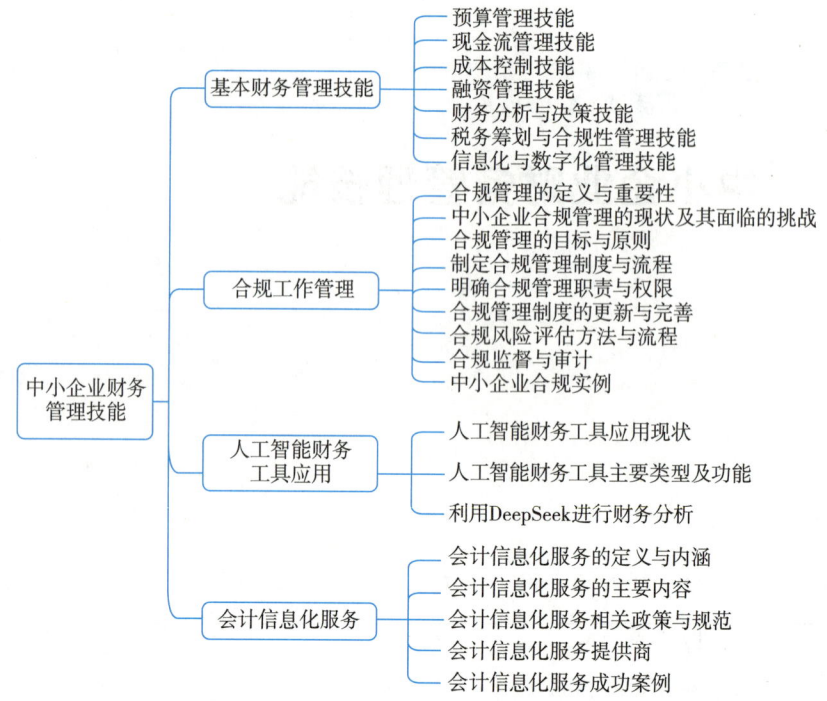

## 任务一 基本财务管理技能

**学习情境**

在业财融合数字化的当下，企业对财务人员的综合管理提出了更高的要求。因此，无论何种类型的企业，其日常财务管理工作，都必须由具备专业素养的人员担任。

**学习目标**

通过训练，使学生掌握财务预算管理、成本控制、融资等基本方法，能够从容应对财务转型下的各种工作。

**知识储备**

**知识点1：预算管理技能**

预算管理是中小企业财务管理的核心环节，涉及企业资源的配置和资金的使用。有效的预算管理技能包括：

（1）制订合理的预算计划。根据企业的历史数据、市场环境和未来发展目标，制定合理的财务预算、部门预算等，确保预算的准确性和可行性。

（2）监控预算执行情况。建立预算执行监控机制，定期对预算执行情况进行检查和分析，发现问题及时调整，以确保预算目标的实现。

（3）绩效评估与反馈。建立绩效评估机制，对预算执行结果进行评估，将评估结果与奖惩制度挂钩，激励员工积极参与预算管理。

#### 案例1分析

某企业计划在下一年度进行一系列的生产和销售活动,为了有效控制成本并确保经营目标的实现,该企业决定实施全面预算管理。

(1) 销售预算。假设该企业预计下一年度的产品销量为100 000件,每件产品售价为100元,则预计销售收入为10 000 000元。

(2) 生产预算。根据销售预算,该企业需要生产100 000件产品以满足销售需求。

假设每件产品的生产成本为80元(包括直接材料、直接人工和制造费用),则预计生产成本为8 000 000元。

①直接材料预算。假设每件产品需要直接材料成本为40元,则预计直接材料成本为4 000 000元。

②直接人工预算。假设每件产品需要直接人工成本为20元,则预计直接人工成本为2 000 000元。

③制造费用预算。假设每件产品的制造费用为20元(包括间接材料、间接人工和折旧等),则预计制造费用为2 000 000元。

④期间费用预算。假设企业的期间费用(包括管理费用、销售费用和财务费用)占销售收入的10%,则预计期间费用为1 000 000元。

⑤利润预算。预计利润 = 预计销售收入 − 预计生产成本 − 预计期间费用 = 10 000 000 − 8 000 000 − 1 000 000 = 1 000 000(元)。

**知识点2:现金流管理技能**

现金流是企业生存与发展的基础,中小企业应具备以下现金流管理技能:

(1) 现金流预测与分析。企业应制订长期和短期现金流预测计划,分析现金流的来源和运用情况,确保企业有足够的现金用于运营和投资;合理安排资金的进出,减少资金的占用和闲置,提高资金的使用效率;加强对账目的监督和核对,防止财务风险的发生;建立现金流预警机制,及时发现并应对现金流风险。

(2) 加强应收账款管理。企业应定期与客户对账,确保应收账款的及时回收,减少坏账损失;同时,通过制定合理的信用政策和加大催收力度,提高应收账款的周转率。

(3) 优化收入结构。企业应关注产品或服务的盈利能力,优化收入结构,提高利润空间;同时,通过提高产品或服务的质量和市场竞争力,增加现金流入。

(4) 合理安排支出。企业应制订详细的支出计划,合理安排各项支出,避免浪费和不必要的开支;同时通过优化采购策略、降低库存成本等方式,减少现金流出。

(5) 管理应付账款。企业应合理安排应付账款的支付时间,尽可能延长现金的持有期;同时,保持与供应商的良好关系。

(6) 建立现金流风险预警机制。企业应设置现金流风险预警指标,如现金流比率、应收账款周转率等,及时发现潜在的现金流风险。

(7) 制订应急资金计划。企业应设立应急资金,以应对突发事件导致的现金流短缺;同时,制订详细的应急资金计划,包括资金来源、使用范围和审批流程等。

(8) 多元化投资策略。企业根据自身的实际情况,将资金分散投资于不同的项目或资产,以降低投资风险，并提高整体投资回报率。

（9）短期融资策略。在必要时，企业可以利用短期融资解决资金短缺问题。企业应关注市场动态和融资机会，选择合适的融资方式和渠道。

### 案例 2 分析

教育机构的现金流危机与应对

案例背景：某教育机构在创业过程中面临现金流危机，创始人不得不卖掉个人房产并拿出家庭积蓄支撑公司运营。

管理问题：在大环境等影响下，该教育机构面临学员退费、场地退租等大量现金流支出，导致资金链紧张。

应对策略：

①严格控制成本，削减不必要的开支。

②积极寻求外部融资，以缓解现金流压力。

③与供应商和客户协商，争取更优惠的付款条件和更灵活的收款方式。

成效：尽管面临巨大挑战，但是该教育机构通过积极应对，最终度过了现金流危机，并实现了业务的逐步恢复。

### 案例 3 分析

制造型企业现金流危机管理

案例背景：某制造型企业由于市场环境变化，产品销售不畅，现金流出现紧张。

管理问题：该企业面临应收账款回收困难、库存积压、应付账款压力增大等现金流管理问题。

应对策略：

①优化应收账款管理，缩短回收周期，加大催收力度。

②控制库存水平，合理安排生产计划，减少资金占用。

③与供应商协商延长付款周期，同时争取更优惠的采购价格。

④加强现金流监控，建立现金流监控体系，实时掌握现金流状况。

成效：通过采取上述措施，该企业成功度过了现金流危机，恢复了正常运营。

这些案例展示了不同企业在面对现金流管理挑战时采取的不同策略和措施。这些策略和措施不仅有助于企业应对当前的现金流问题，还为企业未来的稳健发展提供了有力支持。

### 知识点 3：成本控制技能

成本控制是提高企业盈利能力和市场竞争力的关键。中小企业应具备以下成本控制技能：

（1）成本分析与分类。企业应对各项成本进行分析和分类，确定关键成本和可控成本，为成本控制提供依据。

（2）制定成本控制制度。企业应建立成本控制预算制度，制定成本控制措施，确保成本控制在合理范围内。

（3）成本效益监测与评估。企业应定期监测和评估成本控制的效益，及时调整成本控制策略，提高成本控制的效率。

### 案例 4 分析

#### 工程项目中的成本控制

**案例背景**：某工程项目由于前期进展缓慢，第一批工程采用了费率招标模式，由合同双方核对确认预算价。

**管理问题**：费率招标模式在实际应用中出现了诸多不利因素，如预算核对工作量大，施工单位发现预算中存在少算、漏算情况并要求据实调整，以及开工日期拖延导致的材料价格调整争议等。

**应对策略**：在一期二批工程招标中，招标方在招标文件中指明，中标价一次包死，只提供甲供材及外包工程的价格，其余材料要求施工单位自主调查市场价格并承担风险；同时，增列了单项金额小于一定金额的签证不予结算的条款。

**成效**：这些措施有力地促进了现场管理工作的顺利进行，有效避免了前期工程中出现的问题。

### 案例 5 分析

#### 招标采购中的成本控制

**案例背景**：某工程部对临街营业房地弹门及大玻璃窗制作安装工程进行招标。

**应对策略**：在招标前，该工程部进行了充分的市场综合调查，对地弹门主材的价格范围有了清晰的认识。为了确保各投标单位报价的可比性，招标方根据产品性能指定了合理的配置和价位。

**成效**：通过明确配置和价位，确保了招标工作的公平性和透明度，同时有助于控制采购成本。

### 知识点 4：融资管理技能

中小企业在发展过程中常常需要外部的资金支持。因此，融资管理技能是中小企业财务管理的重要组成部分。对于中小企业来说，有效的融资管理技能包括：

（1）了解融资方式及特点。企业应熟悉各种融资方式及其特点，如银行贷款、股权融资、债券融资等，选择适合自己的融资方式。

（2）制订融资计划。企业应根据资金需求和发展目标，制订详细的融资计划，包括融资金额、融资方式、融资期限等。

（3）与金融机构沟通协商。企业应积极与金融机构进行沟通和协商，争取更好的融资条件和利率，降低融资成本。

### 案例 6 分析

#### 创新型科技公司融资管理

**案例背景**：一家创新型科技公司致力于开发新型智能设备，拥有广阔的市场前景和强大的竞争力。然而，由于初期资金短缺，该公司面临研发进度受阻和市场拓展困难等问题。

**应对策略**：公司通过对市场、竞争对手以及自身情况的深入分析，制订了详细的融资计划和策略。

**投资者选择**：该公司开始寻找合适的投资者，包括机构投资者和个人投资者，并积极与投资者沟通，展示公司的技术优势和商业模式。

**融资方式选择**：该公司采用了股权融资和债权融资相结合的方式，以吸引长期稳定的资金流和提供短期资金支持。

**投资者关系管理**：该公司定期向投资者汇报研发进度、市场情况以及财务状况等关键信息，并通过举办投资者座谈会等活动，加强与投资者的互动和信任。

成效：经过多轮融资谈判，该公司最终成功获得了一笔可观的融资，解决了资金短缺的问题，实现了研发和市场拓展的目标，业务规模得到了快速扩大，市场份额也逐年增长。

**知识点 5：财务分析与决策技能**

财务分析与决策技能，是基于财务数据对企业经营状况进行深入分析，为企业管理层提供决策支持的能力。中小企业应具备以下财务分析与决策技能：

（1）数据收集与整理。企业应确保数据的准确性和完整性，为财务分析提供可靠的支撑。

（2）运用专业分析工具。企业应运用专业的财务分析工具和方法，如比率分析法、趋势分析法等，对数据进行深入分析。

（3）发现问题并提出解决方案。企业应根据分析结果，发现问题并提出相应的解决方案，为管理层提供决策参考。

**知识点 6：税务筹划与合规性管理技能**

税务筹划与合规性管理技能，是在合法合规的前提下，通过合理的税务安排降低企业税负，提高税后收益的能力。中小企业应具备以下税务筹划与合规性管理技能：

（1）了解税务政策。企业应熟悉国家的税收法律法规和税务政策，确保企业的税务筹划合法合规。

（2）制订税务筹划方案。企业应根据企业的实际情况和税务政策，制订合理的税务筹划方案，降低企业的税负。

（3）加强税务风险管理。企业应对潜在的税务风险进行识别与评估，并制定相应的应对措施，确保企业的税务合规性。

**案例 7 分析**

一家小型企业通过合理申报小规模纳税人身份，每月销售额控制在 5 000 元以下，有效享受了增值税优惠政策，显著降低了税负。

筹划策略：该企业利用国家提供的税收优惠政策，如小规模纳税人税收减免政策，降低税负。

**案例 8 分析**

某技术公司将一笔 10 万元的咨询费分拆为 5 笔 2 万元，巧妙降低了每笔收入的纳税额度。

筹划策略：该公司通过将大额收入分拆为小额，可以降低单笔收入的税率，实现税负的优化。

**案例 9 分析**

2022 年 7 月 21 日，国家互联网信息办公室对滴滴全球股份有限公司（以下简称"滴滴公司"）处以 80.26 亿元的罚款，并责令其全面整改。滴滴公司因存在多项违法事实而被处罚，凸显了合规性管理的重要性。

合规启示：企业必须严格遵守税收法律法规和政策，加强合规性管理，避免违法行为带来的严重后果。

**案例 10 分析**

近年来，我国企业合规管理体系建设取得了显著进展。例如，《中央企业合规管理办法》《中小企业合规管理体系有效性评价》等文件的发布，为企业合规管理提供了全面、细致的规范标准。

合规启示：企业应建立完善的合规管理体系，包括合规组织、合规制度、合规文化等方面的建设，以提高企业的合规水平。

**知识点 7：信息化与数字化管理技能**

随着信息技术的不断发展，信息化与数字化管理技能在中小企业财务管理中的应用越来越广泛。中小企业应具备以下信息化与数字化管理技能：

（1）选择适合的财务软件。企业应根据实际需求，选择一款适合的财务管理软件，实现财务数据的自动化处理与分析。

（2）利用云计算和大数据技术。企业应利用云计算技术为企业提供便捷的数据存储与共享服务，利用大数据技术深入挖掘财务数据背后的价值，为企业管理层提供更有针对性的决策支持。

（3）培养信息化人才。企业应加强信息化人才的培养与引进，提高企业员工对现代科技手段的掌握与应用能力，提升财务管理的效率与准确性。

综上所述，中小企业财务管理技能涉及预算管理、现金流管理、成本控制、融资管理、财务分析与决策、税务筹划与合规性管理以及信息化与数字化管理等多个方面。中小企业应根据自身的实际情况和发展需求，不断提升和完善这些财务管理技能，以确保企业的财务健康、稳定地发展。

【任务清单】1　基本财务管理技能

| 项目名称 | 任务内容 |
| --- | --- |
| 任务情境 | 2025 年 7 月 7 日，某服务型小企业由于市场环境变化，产品销售不畅，出现现金流紧张。该企业面临应收账款回收困难、库存积压、应付账款压力增大、工资发放不出等困境。 |
| 任务目标 | 根据任务情境相关信息，出具应对策略。 |
| 任务实施 | （1）_____<br>（2）_____<br>（3）_____<br>（4）_____<br>（5）_____ |
| 任务点拨 | 参照知识点 2。 |
| 任务总结 | 通过完成上述任务，你学到了哪些知识或技能？ |

## 任务二　合规工作管理

**学习情境**

在当今复杂多变的商业环境中，中小企业作为经济发展的重要力量，面临着前所未有的合规挑战。随着法律法规的不断完善和监管力度的加大，合规管理已成为中小企业稳健发展的基石。合规不仅关乎企业的法律风险防控，更是企业信誉和社会责任的体现。中小企业如何在资源有限的情况下，构建有效的合规管理体系，确保业务活动符合法律法规要求，成为亟须解决的问题。

### 学习目标

通过训练，使学生掌握中小企业合规管理的全面策略。从制度建设、风险识别、培训文化到监督审计等多个维度，为中小企业提供一套实用的合规管理指南。

### 知识储备

**知识点 1：合规管理的定义与重要性**

合规管理，又称为"合规风险管理"，是指企业在日常经营活动中，积极遵循并严格执行国内外法律法规、行业标准、内部规章制度以及国际通行惯例，通过构建完善的内部控制体系，确保企业所有行为均在合法合规的框架内进行的一种系统性、全面性的管理活动。其核心目标在于识别、防范和控制法律风险，维护企业的良好声誉和社会形象，保障企业持续稳健发展。

对于中小企业来说，合规管理不仅是法律义务，更是提升企业竞争力、赢得市场信任的重要手段。在全球化背景下，随着法律法规日益复杂多变，市场竞争日益激烈，中小企业只有通过建立并强化合规管理，才能有效避免违规行为导致的法律纠纷、经济损失以及声誉损害，从而确保企业在合法合规的基础上实现可持续发展。

**知识点 2：中小企业合规管理的现状及其面临的挑战**

当前，中小企业在合规管理方面普遍面临一些挑战。首先，由于中小企业规模较小、资金紧张，往往难以投入大量资源建立完善的合规管理体系，可能导致企业在应对合规风险时显得力不从心。其次，一部分中小企业管理者对合规管理的重要性认识不够，缺乏长远眼光，导致企业在经营过程中容易忽视合规风险。最后，有些企业员工合规意识淡薄，难以自觉遵守相关法律法规，加上制度缺失，很多中小企业在制度建设、流程优化、人员培训等方面存在诸多不足，可能导致企业无法有效应对日益复杂的合规要求。此外，企业内部可能缺乏有效的监督机制，无法及时发现和纠正违规行为。

因此，中小企业需要加大投入、提高认识、完善制度，以提升合规管理水平。同时，政府和社会各界应给予更多的支持和帮助，共同推动中小企业的健康发展。

**知识点 3：合规管理的目标与原则**

中小企业实施合规管理的目标，是构建一个全面、有效、持续的合规管理体系，以确保企业在所有经营活动中遵循法律法规和行业准则，提升企业的社会形象和公信力，增强市场竞争力。为实现这一目标，中小企业在实施合规管理时，应遵循以下原则：

（1）全面性原则。这意味着合规管理不应仅仅局限于某一特定领域或业务环节，而应覆盖企业所有经营活动和全体员工。从高层管理者到基层员工，从产品研发到市场营销，从财务结算到售后服务等各个环节，都应纳入合规管理的范畴。通过建立完善的内部控制机制，确保所有决策和行动都基于合法的考虑，并符合企业整体战略目标。

（2）有效性原则。有效性原则是指企业制定的合规管理制度应当具有可操作性，能够在实际工作中发挥预期的作用。这要求企业在制定规章制度时，充分考虑实际执行情况，避免过于笼统或难以落实的条款；同时，企业要定期对制度进行评估和修订，以保持其时效性和适应性。此外，企业还要建立有效的监督机制，对违规行为及时发现、迅速响应并采取纠正措施。

（3）持续性原则。合规管理并非一次性或阶段性的活动，而是一个需要不断优化、持续改进的过程。企业应将合规意识融入企业文化，形成全员参与、持续学习的良好氛围；同时，应根据内外部环境的变化及时调整和完善合规管理体系，以适应新的法律法规和行业要求。

**知识点 4：制定合规管理制度与流程**

中小企业应全面分析并准确评估自身业务运营过程中的合规风险，包括但不限于法律风险、监管风险、道德风险、声誉风险等。基于这样的评估，企业应当系统性地构建一套内容翔实、层次分明、可操作性强的合规管理制度。该制度应当明确规定合规管理的目标、原则、具体规则以及实施细则，确保覆盖从政策制定到日常运营的所有层面。此外，为了有效实现全程合规，中小企业还需要设立一套严谨的合规管理流程。这套流程应包含但不限于合规审查、合规审批、合规监测与评估等关键环节，从而保证合规要求能渗透到企业决策的前瞻性阶段、执行过程中的监控以及后期结果的审查等多个维度。

**知识点 5：明确合规管理职责与权限**

中小企业应当设立专门的合规管理部门或明确指定具有相关职能的岗位，并赋予其制定和执行合规管理制度、监督合规程序运行以及评估合规效果等必要的权限（如表6-2-1所示）。合规管理部门或相关职能岗位需要承担起构建和维护企业整体合规框架的重要职责，确保从源头上识别潜在的合规风险，对各项业务活动进行持续的合规性审查，并在发现违规行为时及时采取纠正行动。同时，合规管理部门或相关职能岗位还要密切关注内外部环境的变化，及时调整和完善合规政策，以适应新的法规要求和业务需求。

表6-2-1 会计内部控制制度

| 控制环节 | 具体控制措施 | 目标 |
| --- | --- | --- |
| 不相容职务分离 | 明确职责划分，避免同一人承担不相容职务 | 预防舞弊和错误 |
| 授权审批 | 设定审批权限和流程，确保经济业务的合法性和合规性 | 确保业务审批的规范性和有效性 |
| 财产清查 | 定期进行财产清查，核对账实是否相符 | 保证资产的安全和完整 |
| 会计核算 | 遵循会计准则，规范会计核算流程 | 提高会计信息的准确性和可比性 |
| 财务报告 | 编制真实、准确的财务报告，反映企业的财务状况和经营成果 | 提供可靠的财务信息支持决策 |

**知识点 6：合规管理制度的更新与完善**

中小企业应定期对现有的合规管理制度进行全面审查和适时更新（如表6-2-2、表6-2-3所示），旨在确保这些制度始终符合最新的法律法规要求，紧跟行业行为准则的发展趋势，并能在第一时间响应企业内部环境的变化需求。为了实现这一目标，企业需要建立一套动态的合规管理制度反馈机制。这套反馈机制鼓励全体员工主动参与到合规管理的优化过程中，通过定期收集、认真考虑来自一线的意见和建议，不断修正和完善企业的合规管理体系，使之始终保持最佳状态，服务企业的稳健运营和发展。

表6-2-2 合规管理制度更新记录表

更新编号：
更新日期：
更新内容概述：
更新依据（法规/政策/内部需求）：
负责人：
审核人：
备注：

表 6-2-3　合规管理制度审查与反馈记录表

记录编号：
审查日期：
审查内容：
发现问题：
改进措施：
反馈人：
处理状态：

**知识点 7：合规风险评估方法与流程**

中小企业应采用定量与定性相结合的方法，对合规风险进行全面评估。定量评估主要通过对历史数据的分析，找出企业面临的风险点和风险趋势；定性评估则通过专家判断、案例分析等方式，对风险进行深入剖析。合规风险的评估流程如下：

（1）风险识别。通过收集内外部信息、开展内部审计等方式，找出企业可能存在的合规风险点。

（2）风险分析。对识别出的风险点进行深入分析，了解其产生的原因、可能的影响和发生的概率。

（3）风险评价。根据分析结果，对风险进行等级划分，确定其重要性和紧迫性。

（4）风险应对。制定相应的应对策略和措施，对不同等级的风险进行针对性的管理和控制。

通过合规风险评估，企业可以更好地了解自身的风险状况，为制定风险管理策略提供依据；同时，可以发现潜在的运营漏洞和管理短板，及时采取应对措施。

中小企业应根据合规风险的大小和性质，将其划分为不同等级，并制定相应的应对策略。对于高合规风险，应采取严格的控制措施，如加强内部监督、完善制度流程、提高员工合规意识等；对于低合规风险，可以采取一般性的管理措施，如定期审查、加强培训等。此外，企业还应对每个风险点制定具体的应对措施和实施步骤，确保各项措施得到有效落实和执行。通过实施有效的风险管理策略，中小企业可以降低合规风险带来的影响和损失，保障企业的稳健发展。

**知识点 8：合规监督与审计**

中小企业应建立完善的合规监督机制，确保合规管理制度得到有效执行。这一机制应涵盖内部监督、外部监督和社会监督等多个维度，形成全方位、多层次的监督网络。内部监督主要通过内部审计、风险管理等方式进行，外部监督主要通过政府监管、行业协会监督等方式进行，社会监督主要通过媒体监督、公众监督等方式进行。

中小企业应定期开展合规审计活动，对合规管理制度的执行情况、合规风险的防控效果等进行全面检查。合规审计的内容应包括合规管理制度的完整性、合规流程的合理性、合规风险的识别与应对等方面。

在具体合规审计活动中，中小企业可以采用现场审计、远程审计、专项审计等多种方式，以确保审计结果的客观性和准确性。

中小企业应充分利用合规监督与审计结果，及时发现问题、整改问题、完善制度；对于发现的问题，应制定具体的整改措施和时间表，明确责任人和监督人；对于整改不到位或拒不整改的情况，应采取相应的惩罚措施。同时，中小企业应将合规监督与审计结果作为绩效考核、晋升选拔的重要依据之一，激励员工积极参与合规管理活动。此外，企业还可以通过定期培训、宣传教育等方式，提高员工的合规意识和风险意识，确保合规管理工作持续有效推进。合规监督与审计流程如

图 6-2-1 所示。

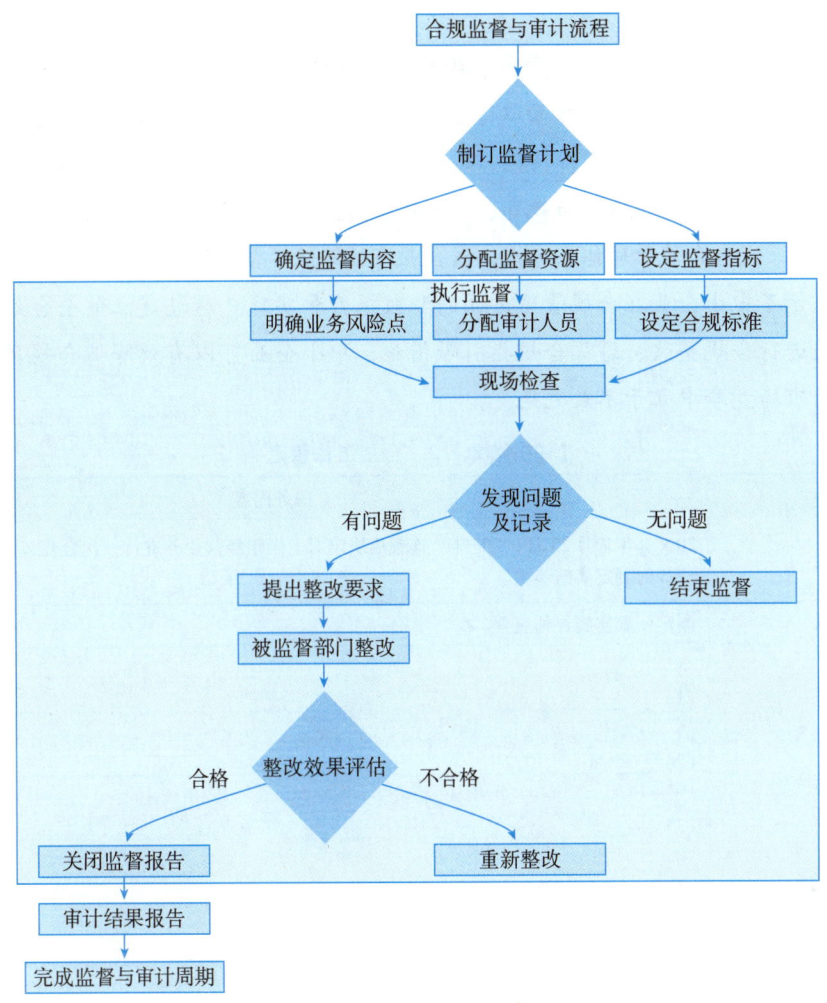

图 6-2-1 合规监督与审计流程

### 知识点 9：中小企业合规实例

**案例 1 分析**

#### 中小企业合规整改案例

上海 J 公司是一家中小型高新技术企业，因假冒注册商标罪被移送检察院审查起诉。在浦东新区检察院的指导下，J 公司开展了合规整改工作。通过认真审查、跨区域合规第三方机制、制订合规计划、动态衔接异地监管以及充分评估监督考察结果等措施，J 公司成功完成了合规整改。最终，检察机关对涉案企业及个人做出了不起诉决定。这一案例表明，中小企业在面对合规问题时，应积极采取措施进行整改，以提升企业的合规水平和竞争力。

**案例 2 分析**

#### 中小企业合规互认和刑行衔接案例

深圳市某中小企业在面临涉税走私犯罪指控时，积极配合检察机关进行合规整改。经过一段时间的整改，该企业成功通过了检察机关的合规审查，并获得了合规互认。这一举措不仅使企业避免了严厉的刑事处罚，还为企业赢得了宝贵的信誉和商机。同时，该案例彰显了深圳市检察院在推动

企业合规建设方面的决心和力度,为其他地区提供了有益的借鉴。

**案例 3 分析**

中小企业合规管理体系建设案例

某中小企业在合规管理体系建设方面取得了显著成效。该企业深刻认识到合规管理的重要性,积极借鉴国内外先进经验,结合自身实际情况,逐步建立起一套完善的合规管理体系。该体系包括合规政策制定、合规风险评估、合规培训与教育、合规审查与监督等多个环节,确保企业各项经营活动都符合法律法规要求。通过合规管理体系建设,该企业有效降低了合规风险,提升了企业竞争力。

这些案例展示了中小企业在合规管理方面的积极探索和实践。通过建立健全合规管理体系、积极配合检察机关进行合规整改、遵循合规指引等措施,中小企业可以有效降低合规风险、提升竞争力,并在激烈的市场竞争中立于不败之地。

【任务清单】2　合规工作管理

| 项目名称 | 任务内容 |
|---|---|
| 任务情境 | 20××年7月25日,"娃娃"连锁店决定对上半年经营业务进行一次合规风险评估,会计小王应如何制定实施步骤。 |
| 任务目标 | 制定一套实施评估流程。 |
| 任务实施 | (1)<br>(2)<br>(3)<br>(4)<br>(5) |
| 任务点拨 | 参照知识点7。 |
| 任务总结 | 通过完成上述任务,你学到了哪些知识或技能? |

## 任务三　人工智能财务工具应用

**学习情境**

人工智能财务工具不仅能提高财务工作的效率,还能提升数据分析的准确性和深度,为企业的决策提供有力支持。

**学习目标**

通过训练,使学生掌握更高效、更准确的财务数据处理方法,提升工作效率;同时,了解人工

## 项目六 中小企业财务管理技能

智能在财务领域的前沿应用,保持竞争力。通过学习,使学生发现新的财务洞察,为企业的决策提供有力支持等。

**知识储备**

**知识点1:人工智能财务工具应用现状**

随着企业对数字化转型的重视程度不断提升,人工智能财务工具的应用已成为财务管理领域的一大趋势。这些工具通过自动化处理、智能化分析,显著提高了财务工作的效率和准确性。企业纷纷引入人工智能技术,以优化财务管理流程、提升决策效率、降低运营成本。同时,财务从业者正在积极学习新技能,以适应这一变革。

**知识点2:人工智能财务工具主要类型及功能**

(1)人工智能财务工具主要类型。

1)YonSuite+DeepSeek。这一组合提供了全维度成本洞察、实时市场感知、智能盈利模拟和风险预警机制等功能,能够助力财务总监做出更加精准和及时的决策。

2)Flow by Nanonets和VIC.AI。这两款工具利用先进的自然语言处理(NLP)技术和人工智能技术,实现AP自动化、发票处理和支付自动化,能够大幅缩减处理时间。

3)Trullion。这款工具专注于租赁会计,使用人工智能简化收入确认、租赁会计和审计工作流程。

4)Docyt和Booke.ai。这两款工具提供自动化的总账数据输入、簿记和费用管理等功能,其中,Booke.ai还用于费用分类和标记错误。

5)Kick。这是以自动化工作流程和实时数据更新为亮点的人工智能平台,界面直观,操作简便。

6)Nanonets。这是用于自动化文档处理和数据提取的人工智能平台,特别适合处理应付账款和订单。

7)Zeni.ai。通过自动化任务和专家建议,使财务管理变得轻松,是初创企业的好选择。

8)Oversight.com。这款工具专注于企业支出风险管理,可以检测欺诈、浪费和滥用问题,为大型企业提供重要的合规性支持。

9)Digits。这款工具致力于通过自动化和机器学习简化财务管理,非常适合初创企业。

此外,还有GRIDLEX、AccountsIQ、AppZen、Glean.ai、Zapliance、UPDF AI、Agree.com、Accountable.de、Client Hub和AI Search by Mesha等多种AI财务工具,它们各自具有独特的功能和适用场景,能够满足不同企业的财务管理需求。

(2)应用现状分析。

目前,财务人工智能工具已经涵盖财务流程的各个环节,包括但不限于自动化数据处理、智能化财务报告生成、预测性分析、财务风险控制、票据审核以及审计等方面。通过光学字符识别(OCR)技术,人工智能能够自动识别和录入纸质文件中的文字信息,自动整理和分类账目,生成财务报表,如资产负债表和利润表等,大大提高了数据录入的效率和准确性。此外,人工智能还能进行数据分析和建模预测,为企业决策提供更具价值的见解。

1)智能财务报表分析。

功能:自动提取和分析财务报表数据,生成详细的财务分析报告和图表,包括趋势分析、比率分析、预算对比等。

优势：提高分析效率，减少人为错误，为决策者提供即时、准确的财务信息。

2）智能票据处理与自动化记账。

功能：利用 OCR 技术自动识别发票和单据的关键信息，如金额、税号、日期等，并自动录入财务系统。

优势：大幅减少手动录入时间，提高数据准确性，降低人力成本。

3）动态报表生成与可视化分析。

功能：根据用户需求，实时生成多维度报表，并通过图表、仪表盘等形式进行可视化展示。

优势：提供直观、易懂的财务信息，帮助决策者快速把握财务状况。

随着数字化、智能化的不断发展，全球人工智能财务软件市场正在以稳定的年复合增长率增长，其中，中小型企业市场成为新的增长点。财务人工智能工具不仅能帮助企业提升财务工作的效率，还能优化财务决策，提高财务卓越性。因此，越来越多的企业开始投资人工智能财务解决方案，以适应行业的变化和市场的需求。

**知识点 3：利用 DeepSeek 进行财务分析**

中小企业利用 DeepSeek 进行财务分析的具体阐述如下。

（1）自动生成图表。

1）选择数据。在 DeepSeek 中选中想要分析的财务数据，如收入、支出、利润等。

2）图表类型。根据需要，选择生成柱状图、折线图、饼图等不同类型的图表。柱状图适合展示数据的对比，折线图能清晰地反映数据趋势，饼图适用于展示数据的占比。

3）图表设置。调整图表的标题、坐标轴、颜色等设置，使图表更加直观和易于理解。

（2）财务预测与预算。

1）输入历史数据。将企业的历史财务数据导入 DeepSeek，作为预测的基础。

2）设定目标。根据企业的战略规划和市场情况，设定未来的财务目标。

3）智能预测。利用 DeepSeek 的智能预测功能，结合历史数据和目标，生成未来的财务趋势和预算报表。这有助于学生了解企业未来的财务状况，为决策提供依据。

（3）财务比率分析。

1）选择指标。在 DeepSeek 中选择需要分析的财务指标，如利润率、资产负债率、流动比率等。

2）自动计算。DeepSeek 会自动根据选定的指标计算并生成分析结果，包括指标的数值、趋势图等。

3）解读结果。根据 DeepSeek 生成的分析结果，进行解读，了解它们反映的企业财务状况和经营效率。

（4）多维度分析。

1）趋势分析。利用 DeepSeek 进行趋势分析，观察财务数据随时间的变化情况，识别数据中的增长、下降或波动趋势。

2）比率计算。除了上述财务比率分析外，还可以根据需要计算其他相关比率，以更全面地了解企业的财务状况。

3）预实对比。将企业的实际财务数据与预算或预测数据进行对比,分析差异原因,为企业的财务管理提供改进方向。

**案例 1 分析**

**DeepSeek 如何进行账务处理和费用报销?**

在日常账务处理过程中,财务人员最烦心的莫过于有的业务不知道该记入哪个科目。这时,我们可以求助 DeepSeek。

比如,公司购买了一台价值 2 000 元的计算机,记入"固定资产"科目还是"管理费用"科目? DeepSeek 解答结果如图 6-3-1 所示。

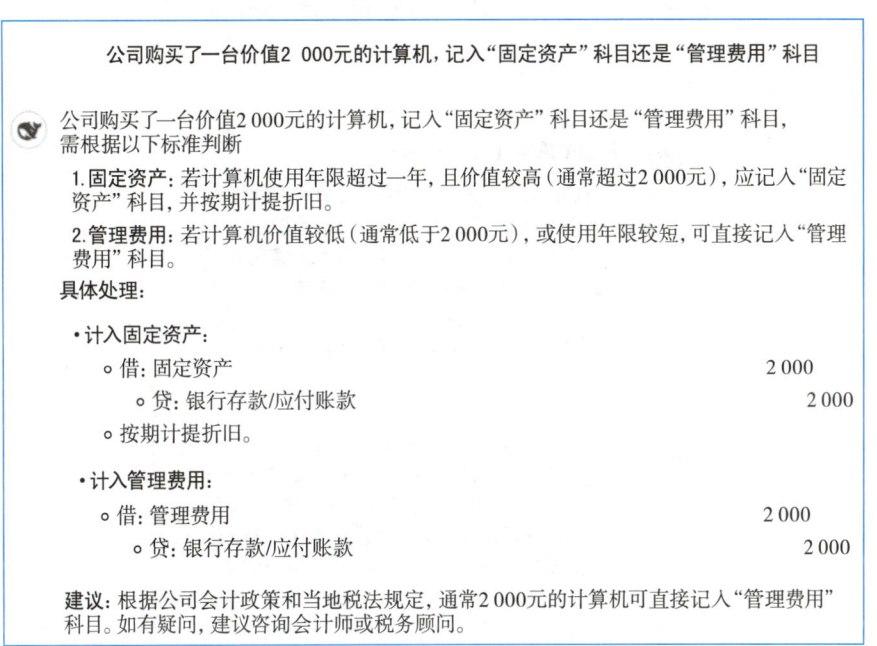

图 6-3-1　DeepSeek 对于购入计算机记入科目解答

又如,财务人员可以上传一张发票,让 DeepSeek 进行深度思考,分析上传发票能否进行费用报销,如上传一张火车票,如图 6-3-2 所示。

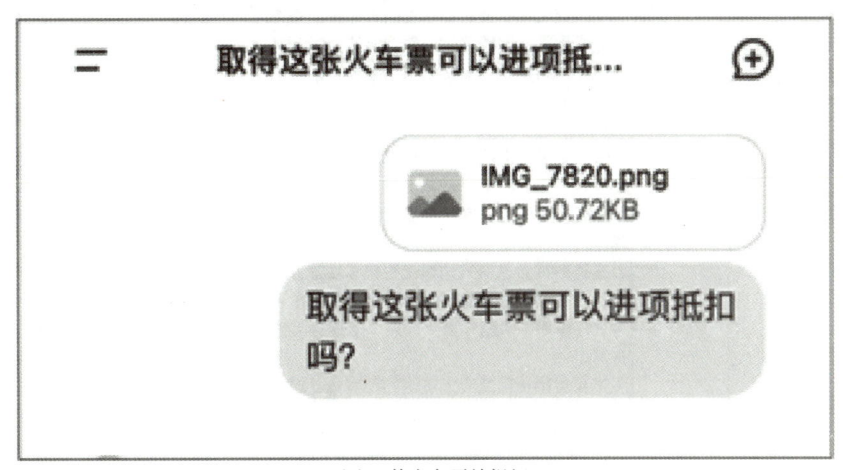

(a)上传火车票并提问

图 6-3-2　DeepSeek 深度思考火车票能否用于进项抵扣

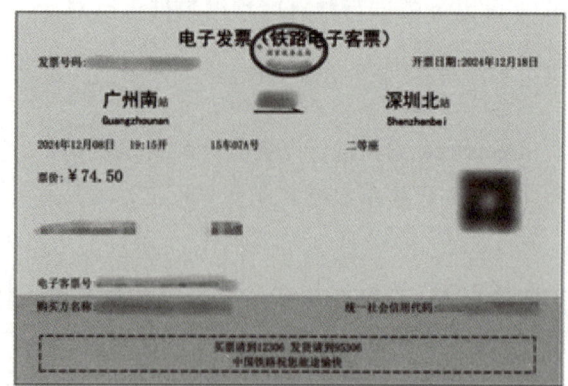

(b) 上传火车票

图 6-3-2　DeepSeek 深度思考火车票能否用于进项抵扣（续）

接下来，DeepSeek 将会给我们分析正确的解析，请同学们试试，结果如何？

### 案例 2 分析

**DeepSeek 如何帮助财务人员报税？**

财务人员每个月报税，都要核对账票数据，比如，发票销项税额和账务上销项税额科目的差异。很多财务人员不知道怎么处理这个数据，现在让我们试试 DeepSeek。首先，全量发票导出的销项税数据和账务导出的科目数据分别存在一个文件 Book1 的两个工作表 Sheet1 和 Sheet2 中。Sheet1 数据如表 6－3－1 所示；Sheet2 数据如表 6－3－2 所示。

表 6－3－1　Sheet1 数据　　　　　　　　　　　　　　　　单位：元

| 凭证号 | 科目名称 | 摘要 | 金额 |
| --- | --- | --- | --- |
| 记 0033 | 销项税额 | 应收 a | 3 549.41 |
| 记 0034 | 销项税额 | 应收 b | 314.67 |
| 记 0035 | 销项税额 | 应收 a | 1 132.51 |
| 记 0036 | 销项税额 | 应收 b | 103.54 |
| 记 0113 | 销项税额 | 应收 a | 2 462.85 |
| 记 0222 | 销项税额 | 应收 b | 799.73 |
| 记 0222 | 销项税额 | 应收 a | 246.40 |

表 6－3－2　Sheet2 数据　　　　　　　　　　　　　　　　单位：元

| 数电票 | 购买方 | 开票日期 | 税额 |
| --- | --- | --- | --- |
| 24512000000176066214 | a | 2024－08－27 09：01：59 | 3 549.41 |
| 24512000000176066133 | b | 2024－08－27 09：01：58 | 314.67 |
| 24512000000174951489 | a | 2024－08－26 09：16：56 | 1 132.51 |
| 24512000000174951820 | b | 2024－08－26 09：16：55 | 103.54 |
| 24512000000174951484 | a | 2024－08－26 09：16：55 | 2 462.85 |

其次，把这个表格发给 DeepSeek，看看它是怎么处理的，如图 6－3－3 所示。

DeepSeek 给出了两种方案，还对各方案进行了优劣对比，如图 6－3－4 所示。

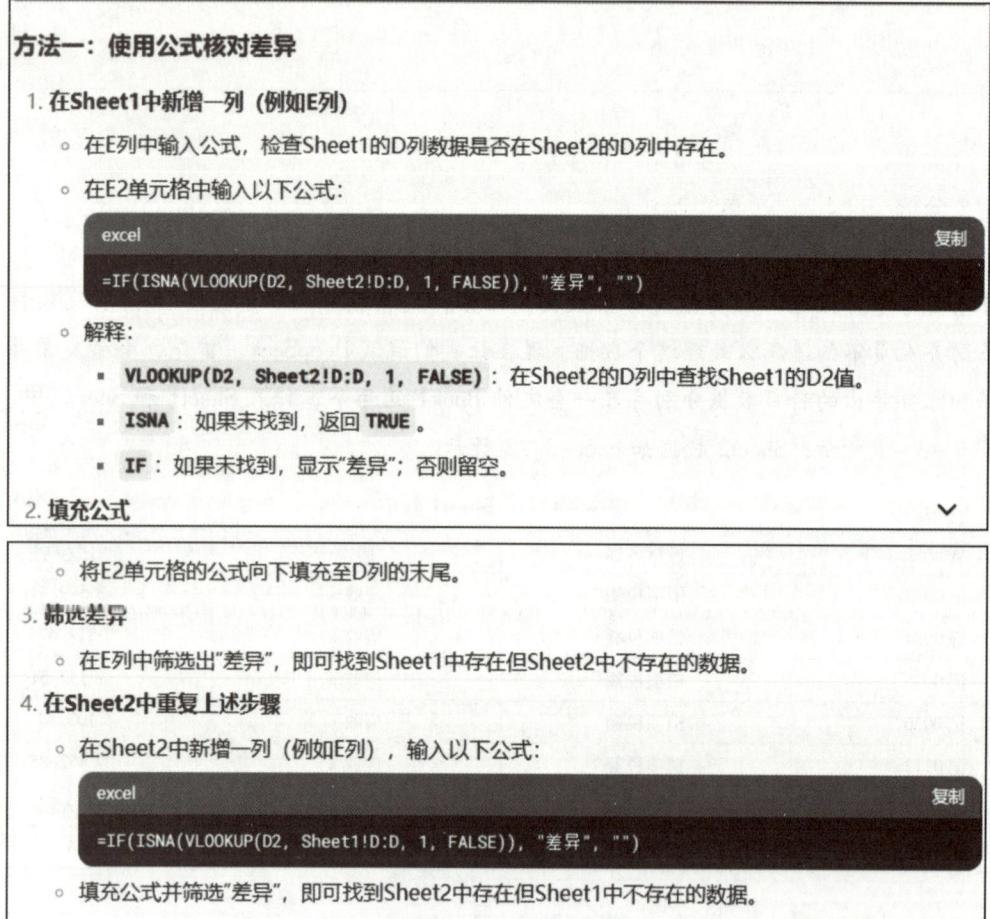

图 6–3–3　发给 DeepSeek 的表格

**方法一：使用公式核对差异**

1. **在Sheet1中新增一列（例如E列）**
   - 在E列中输入公式，检查Sheet1的D列数据是否在Sheet2的D列中存在。
   - 在E2单元格中输入以下公式：

   ```excel
   =IF(ISNA(VLOOKUP(D2, Sheet2!D:D, 1, FALSE)),"差异","")
   ```

   - 解释：
     - **VLOOKUP(D2, Sheet2!D:D, 1, FALSE)**：在Sheet2的D列中查找Sheet1的D2值。
     - **ISNA**：如果未找到，返回 TRUE。
     - **IF**：如果未找到，显示"差异"；否则留空。

2. **填充公式**
   - 将E2单元格的公式向下填充至D列的末尾。

3. **筛选差异**
   - 在E列中筛选出"差异"，即可找到Sheet1中存在但Sheet2中不存在的数据。

4. **在Sheet2中重复上述步骤**
   - 在Sheet2中新增一列（例如E列），输入以下公式：

   ```excel
   =IF(ISNA(VLOOKUP(D2, Sheet1!D:D, 1, FALSE)),"差异","")
   ```

   - 填充公式并筛选"差异"，即可找到Sheet2中存在但Sheet1中不存在的数据。

图 6–3–4　DeepSeek 给出的方法一

DeepSeek 给出的方法一是我们经常用到的，即用函数公式解决。DeepSeek 不仅给出了函数公式，还给出了操作步骤，并解释了不同公式的用处。然后，我们直接粘贴公式到相应的表格栏次进行填充，就找出差异了，如图 6–3–5 所示。

图 6-3-5　根据 DeepSeek 给出的方法一制作的工作表

DeepSeek 给出的方法二是直接用条件格式处理，如图 6-3-5 至图 6-3-7 所示。

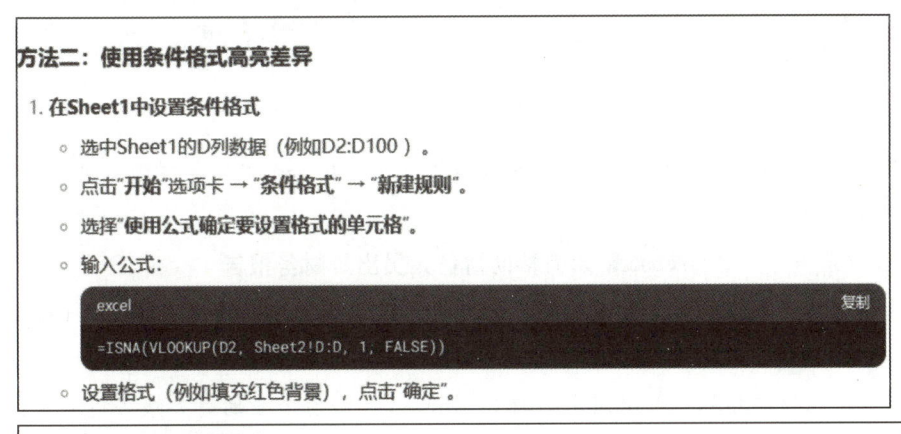

图 6-3-6　DeepSeek 给出的方法二

| 凭证号 | 科目名称 | 摘要 | 金额 |
|---|---|---|---|
| 记0033 | 销项税额 | 应收a | 3,549.41 |
| 记0034 | 销项税额 | 应收b | 314.67 |
| 记0035 | 销项税额 | 应收a | 1,132.51 |
| 记0036 | 销项税额 | 应收b | 103.54 |
| 记0113 | 销项税额 | 应收a | 2,462.85 |
| 记0222 | 销项税额 | 应收b | 799.73 |
| 记0222 | 销项税额 | 应收a | 246.40 |

图 6-3-7　在 Sheet1 中设置条件格式

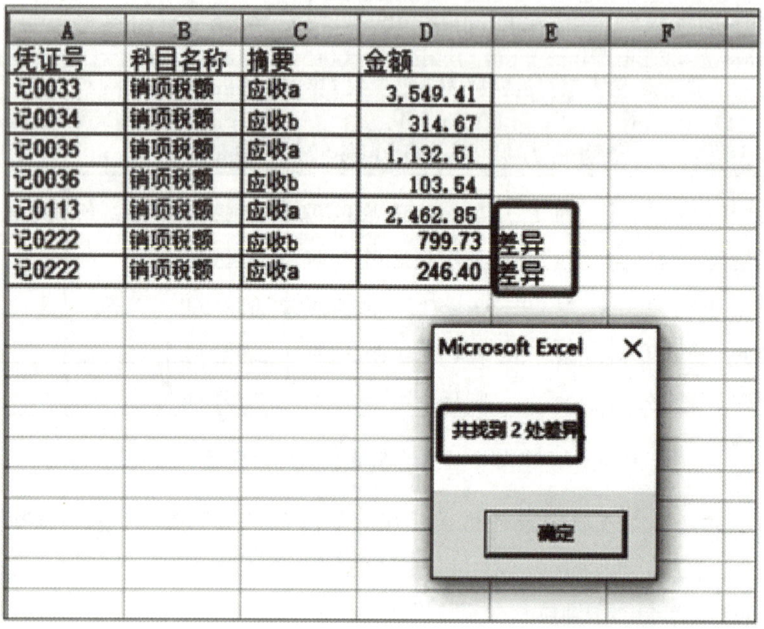

| A | B | C | D | E | F |
|---|---|---|---|---|---|
| 凭证号 | 科目名称 | 摘要 | 金额 | | |
| 记0033 | 销项税额 | 应收a | 3,549.41 | | |
| 记0034 | 销项税额 | 应收b | 314.67 | | |
| 记0035 | 销项税额 | 应收a | 1,132.51 | | |
| 记0036 | 销项税额 | 应收b | 103.54 | | |
| 记0113 | 销项税额 | 应收a | 2,462.85 | | |
| 记0222 | 销项税额 | 应收b | 799.73 | 差异 | |
| 记0222 | 销项税额 | 应收a | 246.40 | 差异 | |



图 6-3-8　在 Sheet2 中设置条件格式得出差异数据

最后，DeepSeek 得出的结论：方法一适合快速核对少量数据；方法二适合直观查看差异。

## 案例 3 分析

### Deepseek 如何帮助财务人员出具财务报告

财务人员在出具财务报告时，会涉及烦琐的分析，遇到不会分析的，不妨交给 DeepSeek。

比如，我们给 DeepSeek 下达指令："自动生成 2024 年度财务报告模板，包含利润表、资产负债表、现金流量表的核心指标，并附同比 / 环比增长率。"一份专业的财务报告模板就自动生成了。

# 项目六
## 中小企业财务管理技能

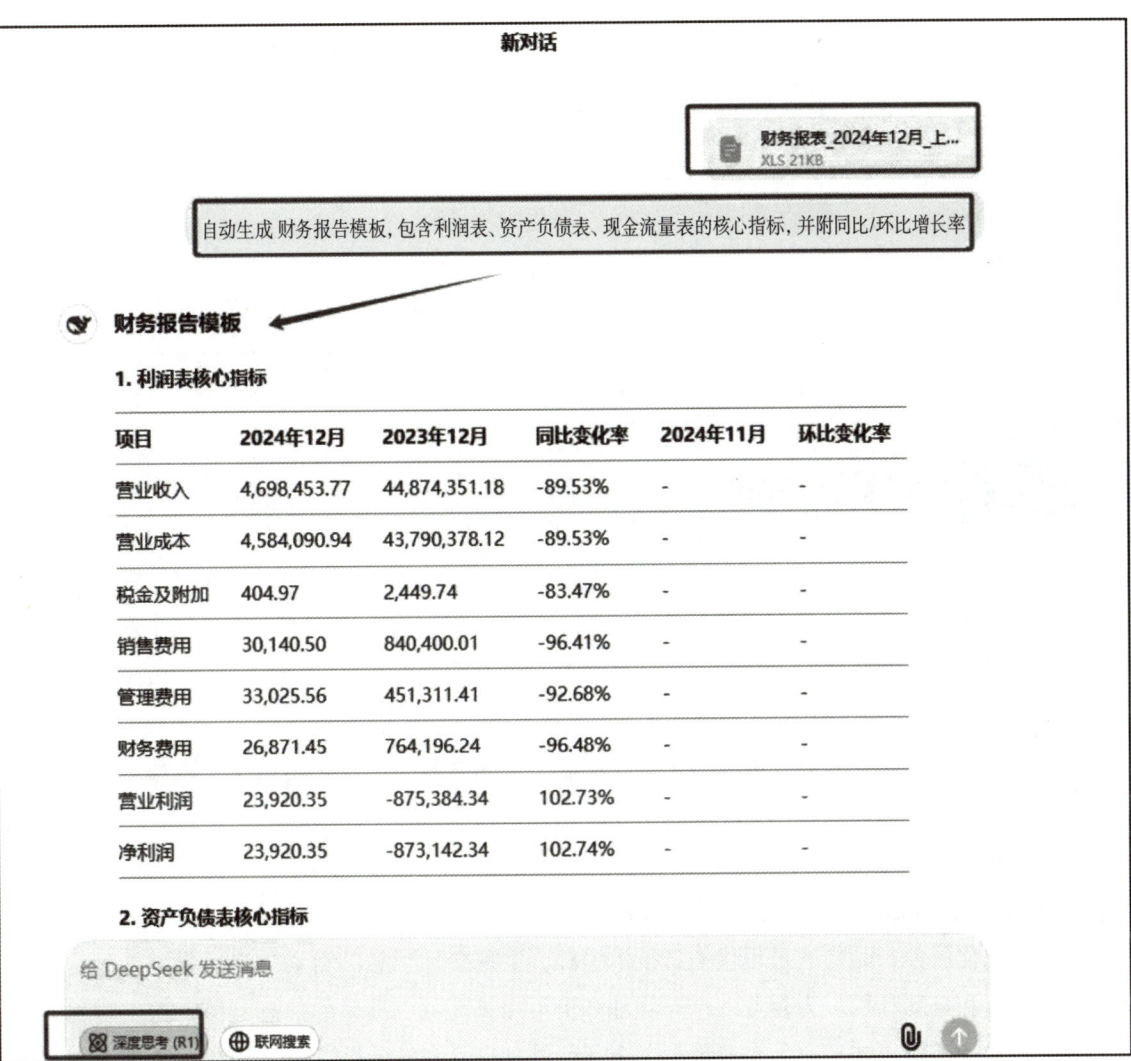

图 6－3－9　DeepSeek 自动生成财务报告模板

### 【任务清单】3　人工智能财务工具应用

| 项目名称 | 任务内容 |
| --- | --- |
| 任务情境 | 2025 年 1 月 8 日，"娃娃店"会计小王要进行年度财务报告述职，对 2024 年度财务报表进行分析说明。 |
| 任务目标 | 根据以上要求，如何利用 DeepSeek 进行快速分析。<br>（财报数据请同学们自拟或网络下载一份） |
| 任务实施 | （1）_____<br><br>（2）_____<br><br>（3）_____<br><br>（4）_____<br><br>（5）_____ |

续表

| 项目名称 | 任务内容 |
| --- | --- |
| 任务点拨 | 参照知识点3。 |
| 任务总结 | 通过完成上述任务，你学到了哪些知识或技能？ |

## 任务四　会计信息化服务

### 学习情境

会计信息化服务是一个综合性的概念，涵盖了单位利用现代信息技术手段和数字基础设施开展会计核算，以及将会计核算与其他经营管理活动有机结合的过程。

### 学习目标

通过训练，使学生掌握财务数字化平台上维护视同销售事项和增值税纳税申报的基本方法，能够在财务数字化平台上完成视同销售事项维护和增值税纳税申报等工作。

### 知识储备

**知识点 1：会计信息化服务的定义与内涵**

会计信息化服务，是指通过现代信息技术手段，实现会计信息的自动采集、自动处理、自动储存、自动整合和自动利用，为企业的财务管理和决策提供高效、准确的信息支持。这一过程不仅改变了传统的会计工作方式，也为企业带来了全新的管理理念和发展机遇。

**知识点 2：会计信息化服务的主要内容**

（1）账务系统设计。会计信息化服务的账务系统设计要遵循会计准则，具有利用计算机技术完成会计科目建立、账务科目设置、凭证录入及审核等功能，以及能独立进行完整核算的功能。

（2）财务会计系统搭建。会计信息化服务根据企业实际情况，在计算机软件上建立或定制财务会计系统，以支持企业财务会计管理，包括会计核算、财务报表、资产管理及财务决策等。

（3）财务会计分析。会计信息化服务根据会计信息系统的数据，运用财务分析手段深入分析企业的财务情况，财务管理人员可以据此调整企业的财务策略和财务政策。

此外，会计信息化服务还可以支持企业进行会计自动化、管理自动化、决策自动化等，实现企业财务活动的有效控制，从而提升企业管理水平，提高财务活动的效率。

**知识点 3：会计信息化服务相关政策与规范**

为了规范数字经济环境下的会计工作，推动会计信息化健康发展，财政部修订并印发了《会计信息化工作规范》和《会计软件基本功能和服务规范》。这两项规范自2025年1月1日起施行，为会计信息化服务提供了明确的指导和规范。

《会计信息化工作规范》主要规范了单位会计信息化建设的内容，包括明确建设目标和资源投入、制定整体规划和建设方向、构建管理机制和标准体系、建设信息系统和实现内外部系统互通等方面；同时，明确了会计数据处理要求和电子会计资料的法律效力，强化了会计信息化安全和监督。《会计软件基本功能和服务规范》主要明确了会计信息化相关术语的概念，强化了会计软件及服务在新环境下的适应性，加强了会计软件及服务对会计数据的多维度保障（如表6-4-1所示），并进一步强调了会计软件服务的重要性。

表6-4-1 会计信息管理控制

| 会计信息管理环节 | 具体管理措施 | 目标 |
| --- | --- | --- |
| 会计档案保管 | 建立档案保管制度，确保档案的完整和安全 | 维护历史记录，支持审计和查询 |
| 会计档案利用 | 提供便捷的档案查询和利用服务，支持决策和管理 | 提高档案信息的利用效率 |
| 会计信息系统建设 | 建立电子化、网络化和智能化的会计信息管理系统 | 提高信息处理效率和利用价值 |
| 会计信息安全保障 | 加强信息安全管理，防止信息泄露和非法访问 | 确保会计信息的安全性和保密性 |
| 会计信息备份与恢复 | 定期备份会计信息，确保在系统故障时能够迅速恢复 | 保障会计信息的连续性和可用性 |

### 知识点4：会计信息化服务提供商

在会计信息化服务领域，有许多专业的服务提供商，如用友公司、SAP、金蝶软件集团有限公司、浪潮软件集团有限公司等。这些公司提供具有自主知识产权的企业管理/ERP软件、服务与解决方案，帮助企业实现会计信息化，提升财务管理水平。

### 知识点5：会计信息化服务成功案例

**天津市住房公积金会计信息化成功案例**

事件概述：天津市住房公积金管理中心负责天津市住房公积金缴存、提取、贷款发放、贷款回收等业务受理、审核办理及会计核算工作。为了提高会计核算效率，减轻会计人员工作压力，该中心不断推进住房公积金会计信息化工作，研发全自动化、智能化会计系统。经过持续多年的更新换代，该中心于2022年上线的新一代住房公积金会计系统在稳定性、先进性、智能性等方面均取得显著成果。

合规性表现：该中心严格遵守国家法律法规和行业标准的要求，通过会计信息化手段实现了会计核算的高效、准确和智能化；同时，加强对会计信息的保护和管理，确保了数据的真实性和完整性。

启示：天津市住房公积金管理中心的成功经验表明，通过合规的会计信息化手段可以显著提升会计核算效率和管理水平。其他单位可以借鉴其经验，加强会计信息化建设和管理，提高合规性水平。

综上所述，会计信息化服务是一个涉及广泛、影响深远的变革过程。它不仅能改变传统的会计工作方式，还能为企业带来全新的管理理念和发展机遇。随着大数据、人工智能等新技术的发展，会计信息化服务正朝着数字化、智能化的方向发展，未来将有更多创新和应用等待我们去探索和发现。

【任务清单】4 会计信息化服务

| 项目名称 | 任务内容 |
| --- | --- |
| 任务情境 | 20××年8月8日，"娃娃店"会计小王想选择一套高效采集、自动处理、自动储存、自动整合数据信息的服务软件，为企业的财务管理和决策提供高效、准确的信息支持。 |
| 任务目标 | 根据以上要求，了解各会计软件的基本功能和服务性质。 |

续表

| 项目名称 | 任务内容 |
|---|---|
| 任务实施 | (1) _____<br>(2) _____<br>(3) _____<br>(4) _____<br>(5) _____ |
| 任务点拨 | 参照知识点2。 |
| 任务总结 | 通过完成上述任务,你学到了哪些知识或技能? |

### 思政之窗

合规性是会计信息化服务领域不可或缺的重要方面。通过加强合规性的实施和监督,可以有效维护市场秩序、保护各方利益、提升企业形象。学好基本财务技能和相关合规制度知识,可以降低企业风险和会计人员的职业风险。因此,作为会计初学者,我们应认真学习法律法规知识和基本财务技能,为将来成为一名懂法、守法的优秀会计人员做准备。

### 故事启迪

#### 给予

从前,有个老木匠准备退休,他告诉老板,说要离开建筑行业,回家享受天伦之乐。

老板舍不得自己的好工人走,问他是否能帮忙再建一座房子,老木匠答应了。但是,大家后来都看得出来,老木匠的心已不在工作上了,他用的是软料,出的是粗活。房子建好后,老板把大门的钥匙递给了他,说:"这是你的房子,我送给你的礼物。"

老木匠震惊得目瞪口呆,羞愧得无地自容。要是知道是在给自己建房子,他怎么会这样做呢?现在他得住在一座粗制滥造的房子里。

我们又何尝不是这样。我们漫不经心地"建造"自己的生活,不是积极行动,而是消极应付,凡事不肯精益求精,在关键时刻不能尽最大努力。等我们惊觉自己的处境时,早已深困在自己建造的"房子"里了。把你当成那个木匠吧,想想你的房子,每天你敲进去一颗钉子,加上去一块板,或者竖起一面墙,用你的智慧好好建造吧!你的生活是你一生唯一的创造,不能抹平重建,即使只有一天可活,也要活得优美、高贵,墙上的铭牌上写着:"生活是自己创造的。"

### 拓展练习

**一、单选题**

1. 中小企业要设立一套严谨的合规管理流程,这套流程应包含但不限于合规审查、合规审批、

(　　)等关键环节。

A. 合规监测与评估　B. 合规控制与评估　C. 合规监测与自测　D. 合规监测与自评

2. 通过收集内外部信息、开展内部审计等方式，找出企业可能存在的合规风险点，属于(　　)。

A. 风险评价　　　B. 风险识别　　　C. 风险应对　　　D. 风险检测

3. 根据企业的实际情况，将资金分散投资于不同的项目或资产，以降低投资风险并提高整体投资回报率，这种情况属于(　　)。

A. 短期融资策略　B. 多元化投资策略　C. 长期融资策略　D. 制订应急资金计划

4. 下列各项中，不属于审计方法的是(　　)。

A. 现场审计　　　B. 远程审计　　　C. 专项审计　　　D. 前期审计

5. 根据企业实际情况，在计算机软件上建立或定制财务会计系统，以支持企业财务会计管理，包括会计核算、财务报表、(　　)及财务决策等。

A. 资产管理　　　B. 负债管理　　　C. 资金管理　　　D. 收入分析

## 二、业务操作题

会计师事务所管理信息化失败案例。

事件概述：XYZH 小型会计师事务所是国内成立最早、存续时间最长的专业服务机构。为了提升管理效率，该会计师事务所自行组建开发团队开发了一套定制化的管理系统。然而，由于开发团队无法准确理解合伙人提出的管理需求，以及新功能上线后并未收获好评，系统最终失败。

合规问题：虽然此案例并未直接涉及会计信息化的合规性问题，但反映了信息化项目在开发和管理过程中可能遇到的挑战和风险。如果系统未能按照预期运行，就可能影响会计信息的处理效率和准确性。

启示：

项目6
拓展练习及答案

# 项目七

## 中小企业业财融合管理

### 知识目标

1. 掌握银行账户管理的知识和方法。
2. 掌握收付款业务结算的知识和方法。
3. 掌握资金对账的知识和方法。
4. 掌握出纳员对银行会计核算业务处理的基本方法。

### 技能目标

1. 能够完成银行账户新增、启用、变更和销户等工作。
2. 能够完成收付款业务结算等工作。
3. 能够完成企业日常现金对账等工作。
4. 能够完成增值税视同销售事项的处理。
5. 能够完成增值税纳税申报相关处理。

### 素质目标

1. 培养学生根据出纳岗位职责自觉进行账户新增、启用、变更和销户等业务的素质。
2. 培养学生具备基于财务数字化平台现金管理的能力。
3. 培养学生具备基于财务数字化平台出纳员对银行账户管理的工作职责的能力。

## 知识串联

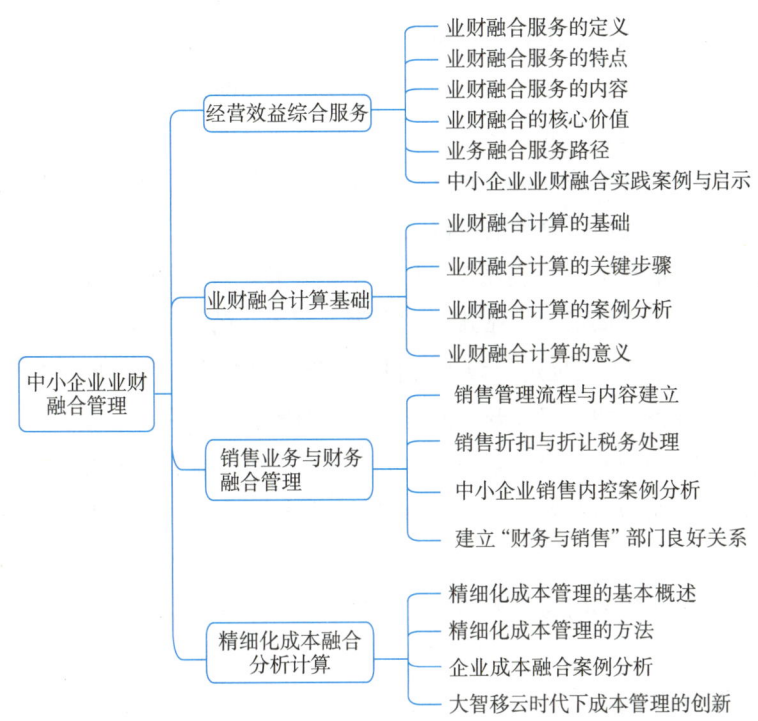

## 任务一　经营效益综合服务

**学习情境**

依据数字化转型业务需要，企业财务人员在业财融合服务过程中，应该如何进行管理？

**学习目标**

通过训练，使学生掌握业务与财务融合管理的基本方法和路径，能够完成财务人员转型等工作要求。

**知识储备**

**知识点1：业财融合服务的定义**

业财融合服务，是指运用创新的管理模式和信息化、数字化的手段，将财务管理思想与方法渗透到业务的各个环节，以促进企业的整体经营效益提升。对于中小企业而言，业财融合是提升其经营效益的一种综合服务，具有显著的价值和意义。业财融合是将企业的业务和财务进行有机结合与协同的服务过程。

为了更好地实现企业目标，企业应围绕价值链和供应链，通过信息化手段，将财务工作嵌入采购、生产、研发、销售、客户服务和综合管理等业务活动，为业务提供适用的预算、核算、成本、绩效、投融资、风险管理等财务支持。在价值维度与业务维度高质、高效融合的基础上，实现业务流、资金流、物资流、信息流和数据流的动态优化，从而提升企业运营和管理的效率，使企业灵活、迅速地应对市场变化，实现业务增长。业财融合服务的例子有华为建立全球财务共享服务中心、淘宝金融的"口袋钱包"。

华为通过建立全球财务共享服务中心，实现了财务作业的集中化处理。这一服务模式不仅提高了工作效率，还实现了资源的全球优化配置，使财务人员得以从烦琐的事务性工作中解脱出来，转向更高价值的财务管理活动。此外，财务共享服务中心通过建立标准化作业流程和服务质量监控体系，确保了服务的一致性和高质量。例如，通过设立客户服务满意度指标，定期收集客户反馈，持续改进服务流程，提升内外客户的体验。这一服务案例展示了业财融合在服务领域的实际应用，通过集中化、标准化的服务模式，提高了企业的运营效率和服务质量。

淘宝金融与支付宝结合，推出了"口袋钱包"这一创新服务。该服务不仅实现了社交电商与金融服务的商业融合，还为消费者提供了"一站式"财务消费服务，满足了消费者的多样化需求。通过"口袋钱包"，消费者可以更加便捷地进行线上支付、转账、理财等操作，同时享受淘宝平台提供的丰富商品和服务。这一服务案例不仅提升了消费者的购物体验，还为淘宝金融带来了更多业务增长机会。此外，"口袋钱包"还体现了淘宝金融在技术创新和用户体验方面的不断努力。通过整合支付宝等金融资源，淘宝金融为消费者提供了更加安全、便捷、高效的金融服务，进一步巩固了其在电商金融领域的领先地位。

业财融合服务打破了传统业务部门与财务部门之间的壁垒，实现了财务与业务的无缝衔接和高效协同。

**知识点2：业财融合服务的特点**

业财融合服务的特点主要体现在信息一体化、资源优化、决策协同以及全面的财务管理和业务管理结合等方面。

（1）信息一体化。

业财融合服务强调信息一体化，即实现业务数据和财务数据的无缝对接。通过建立统一的信息平台，整合业务管理系统和财务管理系统，实现数据的实时同步。这一特点使企业管理层迅速获取全面的业务信息和财务状况，有助于及时发现问题并做出决策，同时降低数据冗余和错误的可能性，提高数据的准确性。

（2）资源优化。

业财融合服务通过优化资源配置，实现业务和财务的紧密协作，达到整体资源的最优利用。这种优化不仅减少了资源的分散使用和重复配置，还提高了资源的使用效率，有助于企业降低成本、提高效益。

（3）决策协同。

业财融合服务强调决策协同，即财务和业务人员互为认同与理解，能力上互洽。通过业财融合，企业能够形成以业务为导向、以财务为支撑的管理体系，为经营决策提供更准确、更全面的数据支持。这种协同决策有助于企业更敏锐地洞察市场和客户需求变化，及时调整产品和服务策略，从而增强市场竞争力。

（4）全面的财务管理和业务管理结合。

业财融合服务将财务管理和业务管理紧密结合，提供全面的管理工具。这些管理工具不仅涵盖会计核算、财务报告、开票管理、成本控制等财务管理方面，还包括供应链管理、销售管理、生产管理等业务管理方面。这种结合使企业更好地管理业务流程和财务流程，优化流程、提高效率、降低成本。

（5）实时性与准确性。

业财融合服务强调实时数据处理能力，确保企业能够迅速获取运营数据，准确反映业务状态。这种实时性有助于企业及时发现问题、调整策略，并做出基于最新数据的决策。同时，财务数据的准确性是业财融合的重要基石，精准的数据分析为决策提供了可靠的支持。

（6）跨部门协作。

业财融合促进了财务部门与业务部门之间的紧密协作。财务部门不仅是事后审核者，还是业务的积极参与者。这种跨部门协作要求财务人员深入了解业务流程，与业务部门形成无缝对接，共同解决问题、优化资源配置。良好的跨部门协作能够加速决策进程，提高资源利用效率。

（7）流程优化与标准化。

业财融合推动了企业流程的优化与标准化。通过整合业务流程和财务流程，企业能实现流程的简化和自动化，降低人力成本。这种流程优化不仅加快了企业业务处理速度，还提高了企业的运营效率和竞争力。

（8）数据共享与透明化。

业财融合服务强调数据共享与透明化。通过建立统一的信息平台，企业能够实现业务数据和财务数据的无缝对接与实时同步。这种数据共享打破了"信息孤岛"，使企业管理层全面、准确地了解业务状况和财务状况，为决策提供了有力的数据支持。同时，数据透明化有助于增强企业内部的信任和沟通。

综上所述，业财融合服务的特点共同构成了业财融合服务的独特优势，有助于企业在信息化、高效化的环境中更好地应对挑战，提升整体竞争力。

**知识点3：业财融合服务的内容**

业财融合的服务内容主要包括制定战略规划与执行、资源配置、成本管理、风险管理、绩效评价、决策支持、流程优化以及信息化建设等。

在制定战略规划与执行方面，业财融合要求企业在制定战略规划时将财务目标和业务目标相结合，确保两者的一致性。在战略执行过程中，财务部门需要提供资金支持和财务分析，帮助业务部门实现战略目标。

在资源配置方面，企业需要根据业务需求和财务状况，合理分配资金、人力、物力等资源，以支持业务发展和战略实施。业财融合有助于企业更有效地利用有限资源，提高资源使用效率。

在成本管理方面，业财融合强调对成本的全面控制，包括直接成本和间接成本。通过成本分析和成本控制，企业可以减少不必要的支出，提高成本效益。

在风险管理方面，业财融合要求企业识别和评估业务运营中的财务风险，如市场风险、信用风险、流动性风险等，并通过风险管理措施降低企业面临的风险。

在绩效评价方面，业财融合要求企业建立科学的绩效评价体系，将业务绩效与财务绩效相结合，全面评价企业的经营成果。绩效评价结果可以为企业提供反馈，帮助企业调整战略和优化管理。

在决策支持方面，业财融合要求财务部门为业务部门提供财务数据、财务分析、财务建议等。通过财务信息的共享和交流，帮助业务部门做出更科学、更合理的决策。

在流程优化方面，业财融合要求企业优化业务流程和财务流程，减少冗余环节，提高工作效率。通过流程整合，实现业务活动与财务管理的无缝对接。

在信息化建设方面，业财融合要求企业建立完善的信息系统，实现业务数据与财务数据的集成和共享。信息化建设有助于提高数据的准确性和实时性，为业财融合提供技术支持。

**知识点 4：业财融合的核心价值**

业财融合通过实现财务和业务的跨部门信息资源整合，提高了企业内部管理的效率和质量。在财务共享模式下，企业的财务活动和业务活动可以更加紧密地配合，无论是研发、生产还是销售等财务数据，都能实时上传到统一的财务共享平台进行集中处理和共享，从而提升整体运营效率。

同时，业财融合有助于企业及时获取丰富的财务数据和报表，对企业的运营管理现状进行分析，对可能出现的风险进行评估和预判，从而采取相应的措施进行风险管理和内部管理控制，增强企业的风险防范和应对能力。

（1）信息融合性。业财融合以信息管理为核心，通过信息系统收集、整理和分析相关数据，实现全面、准确、及时的信息共享。这有助于管理层做出明智的决策，提升企业的战略执行力。

（2）组织融合性。业财融合要求业务部门和财务部门形成紧密的合作关系，打破部门之间的信息壁垒，实现信息的无缝衔接。这种组织融合性不仅促进了部门间的沟通和协作，还优化了业务流程，提高了工作效率。

（3）价值融合性。业财融合通过深度整合业务和财务的资源、信息和流程，实现企业价值的最大化。它使企业更高效地管理资源和成本，优化运营决策流程，从而提高盈利能力。

业财融合通过流程优化和信息系统整合，能减少不必要的环节和浪费，提高运营效率；精细化的管理和数据分析，能发现成本节约的机会，降低企业的运营成本；提升财务合规性和优化资源配置，能增强企业的市场竞争力；为管理层提供全面、准确、及时的信息支持，能帮助企业制定更加科学合理的战略决策。此外，业财融合是构建全面预算管理体系的关键，为企业绩效考核提供有力支持。通过强化全面预算管理，将企业战略目标细化，逐步实现业务与财务的衔接，从而优化绩效考核体系。这不仅能挖掘成本潜力，推动精益生产，还能制定有效的绩效政策，提升管理效率，完善内控管理制度。

**知识点 5：业务融合服务路径**

中小企业业务融合服务路径主要涉及如何将企业的不同业务部门或外部服务进行有效的整合与协同，以提升企业的整体运营效率和市场竞争力。以下是一些具体的业务融合服务路径。

（1）内部业务融合。

1）明确融合目标。确定业务融合的具体目标，如提高生产效率、降低成本、增强市场竞争力等。

2）梳理业务流程。对现有业务流程进行全面梳理，找出可能存在的瓶颈和问题。

3）整合业务资源。将不同业务部门的人力、物力、财力等资源进行有效整合，实现资源的优化配置。

4）建立协同机制。建立跨部门协同机制，加强部门间的沟通和协作，确保业务流程顺畅进行。

5）强化信息化建设。利用信息化手段，如 ERP 系统、CRM 系统等，实现业务数据的实时共享和交互，提高决策效率。

(2) 外部服务融合。

1) 选择合适的合作伙伴。根据企业的实际需求，选择合适的外部服务提供商，如供应链金融、物流服务、市场营销等。

2) 建立合作关系。与合作伙伴建立长期稳定的合作关系，明确双方的权利和义务。

3) 共享资源与信息。与合作伙伴共享资源与信息，实现互利共赢，如共享客户信息、物流信息等，提高供应链的透明度和效率。

4) 协同创新与研发。与合作伙伴共同进行创新与研发，推动产品和服务的升级换代，提升企业的市场竞争力。

(3) 综合融合策略。

1) 打造生态圈。构建以企业为核心的生态圈，将上下游企业、合作伙伴等纳入其中，形成紧密的合作关系。通过生态圈内的资源共享、协同创新等方式，提升整个生态圈的竞争力。

2) 推动数字化转型。加快企业的数字化转型步伐，利用大数据、云计算、人工智能等先进技术，实现业务流程的自动化、智能化和数字化。数字化转型有助于企业更好地应对市场变化，提高运营效率和客户满意度。

3) 优化人才结构。加强人才培养和引进，打造一支具备跨领域知识和技能的复合型人才队伍。这些人才能够在不同业务部门之间进行有效的沟通和协作，推动业务融合实现。

4) 强化风险管理。在业务融合过程中，要注重风险管理和防范，通过建立健全风险管理制度和内部控制机制，确保业务融合的顺利进行和企业的稳健发展。

综上所述，中小企业业务融合服务路径需要从内部业务融合和外部服务融合两方面入手，同时结合综合融合策略推动企业的转型升级和持续发展。在业财融合服务实施过程中，要注重目标明确、流程梳理、资源整合、协同机制建立以及信息化建设等关键环节，确保业务融合的有效性和高效性。

**知识点 6：中小企业业财融合实践案例与启示**

为了成功实施业财融合服务，企业需要关注以下几个方面：

(1) 明确目标。在实施业财融合服务之前，企业需要明确自身的目标和需求，确保服务的针对性和有效性。

(2) 加强沟通。业务部门和财务部门之间需要加强沟通和协作，共同推动业财融合服务的实施。

(3) 持续优化。业财融合是一个持续优化的过程，企业需要不断总结经验教训，对服务进行持续改进和完善。

(4) 注重人才培养。加强财务和业务人员的培训和教育，提升其综合素质和业财融合能力。

中小企业实现业财融合的具体案例可能因企业规模、行业特点、市场环境等因素有所不同。以下是一家中小企业实现业财融合的案例概述。

**案例分析**

某中小企业是一家快速发展的互联网企业，业务涉及在线教育、电商等领域。随着业务规模的不断扩大，该企业面临着市场竞争加剧、内部管理需求提升等挑战。为了应对这些挑战，该企业决定加强内部控制建设，并推动业务和财务的融合。

(1) 实践过程。

①组织架构调整与跨部门协作。

该企业首先对组织架构进行了调整，建立了跨部门协作机制，明确了各部门的职责和权限。通过组织架构的调整，该企业打破了业务部门和财务部门之间的壁垒，促进了资源的优化配置和协同效应。

②信息共享平台建设。

该企业建立了信息共享平台，实现了业务和财务数据的实时共享和交互。信息共享平台的建设使财务人员及时获取业务数据，进行准确的财务核算和分析；同时，业务人员能通过系统了解财务指标，更好地把控业务方向。

③跨部门培训与教育。

该企业对员工进行了跨部门培训和教育，提高了员工的综合素质和跨部门沟通能力。通过培训和教育，员工能够更好地理解业务流程和财务数据，促进了业财融合的实施。

④流程优化与数据治理。

在实践过程中，该企业不断优化流程和数据治理机制，确保数据的准确性和完整性。

通过流程优化和数据治理，该企业提高了工作效率和数据质量，为业财融合提供了有力保障。

(2) 成果展示。

①提高企业内部管理和协作效率。

通过业财融合，该企业实现了内部管理和协作效率的提升，各部门之间的沟通和协作更加顺畅，资源得到了更加有效的利用。

②降低运营成本。

业财融合使该企业更准确地核算成本，并找出成本控制的关键点。通过成本控制和优化，该企业降低了运营成本，提高了盈利能力。

③培养复合型人才。

在业财融合过程中，该企业培养了一批具有跨部门背景的复合型管理人才。这些人才既懂业务又懂财务，能够为企业的发展提供更加全面的支持。

(3) 案例启示。

①树立正确的业财融合观念。

中小企业要实现业财融合，首先要树立正确的观念。管理层要认识到财务不仅是事后的核算和监督，更是能为业务决策提供有力支持的重要环节。

②加强沟通与协作。

中小企业的业务部门和财务部门之间需要建立定期沟通机制，共同探讨业务进展、财务状况以及可能存在的问题。

③推进信息化建设。

中小企业选择适合自身需求的业财一体化软件是实现业财融合的重要手段。通过信息化建设，企业可以实现业务数据和财务数据的实时传递和共享。

④优化流程与人才培养。

中小企业要对现有业务流程和财务流程进行梳理和优化，提高工作效率和数据准确性；同时，培养和引进既懂业务又懂财务的复合型人才。

综上所述，中小企业实现业财融合需要树立正确的业财融合观念、加强沟通与协作、推进信息化建设、优化流程与人才培养等。通过实施这些措施，中小企业可以逐步提升管理水平，增强市场竞争力。业财融合服务是一种综合性的财务管理服务，旨在通过信息化、数字化的手段将财务管理与业务活动紧密结合，提升中小企业的整体经营效益。中小企业需要明确目标、加强沟通、持续优化并注重人才培养，以确保业财融合服务的顺利实施并达到预期效果。

【任务清单】1　经营效益综合服务

| 项目名称 | 任务内容 |
| --- | --- |
| 任务情境 | 20××年8月1日，"娃娃"店连锁企业新聘一名高级管理人员，对旗下所有连锁店进行内部业务与外部服务融合管理和重组，需要财务部王会计参与并执行相关措施。 |
| 任务目标 | 根据上述信息，王会计需要起草一份框架方案措施。 |
| 任务实施 | (1)<br>(2)<br>(3)<br>(4)<br>(5) |
| 任务点拨 | 参照知识点5及案例分析。 |
| 任务总结 | 通过完成上述任务，你学到了哪些知识或技能？ |

## 任务二　业财融合计算基础

### 学习情境

依据业务需要，企业业财融合计算主要涉及企业在实施业财融合过程中对业务收入、成本、利润等关键财务指标的核算与分析。那么，如何有效快速计算出结果？

### 学习目标

通过训练，使学生掌握业财融合计算的关键步骤和基本方法，能够完成各项成本、利润等计算管理工作。

### 知识储备

**知识点1：业财融合计算的基础**

业财融合计算的基础主要包括信息化基础和数据分析能力。

首先，信息化基础是业财融合计算的重要支撑。企业需要通过信息技术手段实现对各类数据的整合与分析，这是业财融合得以实现的技术前提。在会计信息化时代，ERP 系统等工具的应用使业务单据成为会计信息综合加工的依据，从而实现了业务与财务数据的有机结合。

其次，数据分析能力是业财融合计算的基础。企业需要具备一定的数据分析能力，以便更好地处理和利用数据。数据仓库、数据挖掘等技术手段可以有效提高数据的利用率，为企业决策提供全面支持。这种数据分析能力不仅能帮助企业实时掌握运营状况，还能提高预测的准确性，为企业的战略调整提供有力依据。

（1）确定业务收入。明确企业的主营业务收入和其他业务收入，确保数据准确无误。

主营业务收入，是指企业为完成经营目标而从事的日常主要活动产生的收入。这些活动通常与企业的核心业务紧密相关，且收入金额相对较大，能对企业的经营效益产生显著影响。例如，工业企业销售产品、商业企业销售商品、咨询公司提供咨询服务等实现的收入，均属于主营业务收入。

其他业务收入，是指企业除主营业务活动以外的其他日常活动产生的收入。这些活动通常与企业的主营业务关系较小，且收入金额相对较小。如工业企业对外销售材料、对外出租包装物、对外出租固定资产、对外出租无形资产等实现的收入，均属于其他业务收入。

为确保业务收入准确无误，企业需要根据自身经营范围、财务会计制度以及税务法规等因素进行综合考虑，并严格按照相关会计准则进行确认和计量。同时，企业需要加强内部控制，确保业务收入数据的真实性和可靠性。

（2）核算业务成本。详细计算业务的各项成本，包括直接成本和间接成本。直接成本包括原材料、人工等，间接成本包括管理费用、销售费用等。

原材料，是指生产产品必需的基本物质。其成本通常根据采购价格、运输费用以及存储费用等因素确定。

人工，是指直接参与产品生产的人员的薪酬，包括基本工资、奖金、津贴以及相关的社会保险费用等。

管理费用，是指企业为组织和管理生产经营活动发生的费用，如办公费、差旅费、管理人员薪酬等。

销售费用，是指企业在销售商品和材料、提供劳务过程中发生的各项费用，如广告费、展览费、销售人员薪酬等。

在核算业务成本时，企业通常会遵循一定的流程和步骤。

1）确定成本核算对象，是指明确要核算的是哪种产品或服务的成本。

2）划分成本项目，是指将成本按照不同的类别进行划分，如直接材料、直接人工、制造费用等。

3）收集成本数据，是指从各个部门收集与成本核算相关的数据，确保数据的准确性和完整性。

4）计算成本，是指根据收集到的数据，按照成本核算的方法和流程进行计算，得出各项成本的具体数值。

5）分析成本，是指对计算出的成本进行分析，找出成本控制的重点和难点，为企业的成本管理提供决策依据。

**知识点 2：业财融合计算的关键步骤**

业财融合计算的关键步骤如下：

(1) 梳理商业模式与业务全景。

梳理商业模式与业务全景，需要对企业的商业模式进行深入分析，全面了解企业业务运营的全过程。这一步骤为后续工作打下基础，确保业财融合的方向和目标与企业整体战略一致。

(2) 构建核心数据指标库。

构建核心数据指标库，是指基于业务特点，建立一套核心数据指标体系。这些指标能够准确反映企业的运营状况，为决策提供有力支持。数据的准确性和时效性对于业财融合计算至关重要。

(3) 明确结算项目与信息。

明确结算项目与信息，是指明确业务与财务的结算项目，如产品或服务、数量、单价、金额等。双方核对结算信息，确保数据准确无误。这一步骤是进行业财融合计算的基础，也是确保资金流动准确性的关键。

(4) 选择并执行结算方式。

选择并执行结算方式，是指依据合同约定，选择适合的结算方式，并执行结算操作，同时记录结算凭证。这一步骤确保了业务与财务在资金流动上的无缝对接。

(5) 定期对账与数据一致性检查。

定期对账与数据一致性检查，是指定期进行业务与财务的对账工作，确保双方数据的一致性；及时处理对账过程中发现的差异，避免长期积累导致的问题。这一步骤有助于发现并纠正潜在的错误，提高业财融合计算的准确性。

(6) 计算利润。

计算利润，是指根据业务收入和成本，计算出企业的总利润。计算公式为

$$利润 = 业务收入 - 业务成本$$

1) 分析资金成本影响。分析资金成本影响，是指评估资金成本对利润的影响，确保利润分配的合理性。资金成本包括借款利息、股权融资成本等。

2) 调整资金结构并分配利润。调整资金结构并分配利润，是指在充分考虑资金成本的基础上，优化资金结构，并按照企业章程和相关规定进行利润分配。

除了上述关键步骤，业财融合还包括以下关键点：

(1) 建立高效可靠的信息系统。

为了实现业务与财务数据的实时共享，企业需要建立高效的信息系统。通过集成企业资源规划、商业智能和 CRM 等功能，确保数据的可靠性和功能的全面性。这样的信息系统有助于业务和财务部门更好地沟通与合作，提高业财融合的效率。

(2) 实施流程再造。

重新设计业务流程，确保财务和业务在流程中的交互更加紧密；优化财务核算流程，建立标准化流程，提高财务管理效率和准确性；改进管理流程，实现财务和业务的协同运作，进一步提升业财融合的效率。

(3) 加强交叉培训与教育。

建立综合素质培养体系，包括业务和财务培训、跨部门交流等环节。通过交叉培训，提高员工

的综合素质和能力，使他们更好地理解和适应业财融合的需求。这有助于打破部门壁垒，促进业务和财务之间的深度融合。

（4）建立并完善业财融合的激励机制。

完善绩效考核办法，让业务部门和财会部门共担 KPI 与目标责任；建立奖励机制，对跨部门协作和创新的员工进行奖励，这样的激励机制能激发员工的积极性和创造力，推动业财融合的深入发展。

（5）注重财务视角下的信息共享。

在财务共享管理模式下，业务信息和财务信息能够实时、安全地进行交互，为企业提供精确的数字化信息，加快业财融合的进程。

（6）注重财务视角下的人员协作。

业务人员和财务人员需要紧密合作，共同推动企业的发展。这种合作不仅能提高工作效率，还能增强企业的竞争力。

（7）注重财务视角下的可持续发展。

业财融合有助于降低管理策略改革带来的经济损失和负面影响，为企业注入新的发展动力，使企业实现可持续发展。

上述关键点的落实有助于推动业财融合的深入发展，提升企业的整体竞争力。

在业财融合的过程中，基于业务特点，企业需要建立一套核心数据指标体系。这些指标能够全面、准确地反映企业的运营状况，包括但不限于销售数据、成本数据、利润数据等关键财务指标，以及与客户满意度、市场占有率等相关的业务指标。通过构建这样的核心数据指标体系，企业可以实现对业务运营情况的实时监控和深入分析，为管理层提供有力的决策支持。

同时，构建核心数据指标体系有助于提升企业的运营效率。通过数据的集中管理和分析，企业可以及时发现运营中的问题，并采取相应的措施进行调整和优化。此外，这些数据还可以作为制订未来财务计划和业务策略的重要依据，帮助企业更好地预测未来的业务发展，制订合理的财务计划。

在实际操作中，构建核心数据指标体系需要企业结合自身实际情况，充分考虑业务需求和财务要求，确保建立的核心数据指标体系既能全面反映企业的运营状况，又符合企业的管理需求。同时，企业需要加强对先进信息技术的应用，利用数字化手段提升数据处理的效率和准确性，为业财融合的落实提供有力支持。

综上所述，业财融合计算的关键步骤共同构成了业财融合计算的基础框架，确保了企业业务与财务的高效协同和准确计算。

**知识点 3：业财融合计算的案例分析**

**案例 1**

假设某企业在实施业财融合前，业务收入为 1 000 万元，业务成本为 800 万元，利润为 200 万元；在实施业财融合后，通过优化业务流程和成本控制，业务收入保持不变，但业务成本降低至 750 万元。

（1）计算融合后的利润。

利润 = 业务收入 − 业务成本 = 1 000 − 750 = 250（万元）

（2）分析利润提升。

利润提升额 = 融合后利润 - 融合前利润 = 250 - 200 = 50（万元）

（3）资金成本分析（假设）。

假设企业借款 100 万元，年利率为 5%，则资金成本为 5 万元。

考虑资金成本后的净利润 = 融合后利润 - 资金成本 = 250 - 5 = 245（万元）

（4）利润分配（假设）。

假设企业按照净利润的 50% 进行利润分配，则股东可获得的利润为 122.5（245×50%）万元。

**案例 2**

某制造企业面临市场竞争加剧、成本上升的挑战，为了提升竞争力，该企业决定实施业财融合策略，通过深入分析业务数据与财务数据，找出成本控制的关键点，并优化销售策略以提升销售额。

（1）实施步骤。

1）数据收集与整合。收集企业过去几年的销售数据、成本数据、财务数据等，将其整合到一个统一的数据平台上，方便后续分析。

2）深入分析业务与财务数据。利用数据分析工具，对销售数据、成本数据进行深入分析，找出销售增长点和成本控制的关键环节；分析财务数据，了解企业的盈利能力、资金流动情况等，为制定优化策略提供依据。

3）制定优化策略。根据数据分析结果，制定针对性的销售策略，如加大市场推广力度、优化产品结构等；制定成本控制策略，如优化生产流程、降低采购成本等。

4）实施与监控。将优化策略付诸实施，并持续监控策略的执行效果；定期评估策略的执行情况，及时调整策略以适应市场变化。

（2）计算过程与结果。

1）销售增长计算。

假设实施业财融合前，企业的年销售额为 1 亿元。

通过深入分析销售数据，发现某类产品在市场上的需求持续增长，于是加大了该类产品的市场推广力度。实施业财融合一年后，该类产品的销售额增长了 30%，带动整体销售额增长至 1.3 亿元。

2）成本控制计算。

通过优化生产流程，企业降低了生产成本，假设每单位产品的成本降低了 10%；同时，通过谈判，企业降低了采购成本，假设采购成本降低了 5%。

综合计算，实施业财融合后，企业的总成本降低了约 8%。

3）利润增长计算。

根据销售额增长和成本控制的结果，计算企业的利润增长。

假设实施业财融合前的利润率为 10%，则实施业财融合前的利润为 1 000 万元。实施业财融合后，由于销售额增长了 30% 且总成本降低了 8%，利润率提升至约 14%。因此，实施业财融合后的利润为 1.3×14% = 1 820（万元），增长了 820 万元。

**知识点 4：业财融合计算的意义**

业财融合计算的意义体现在以下方面：

首先，业财融合能够优化资源配置。通过业财融合，财务部门能够实时了解业务部门的需求和业务活动的进展情况，从而更准确地进行资源分配，提高资源利用效率。

其次，业财融合能够提升决策质量。在传统的企业管理模式中，业务部门和财务部门往往各自为政，导致决策信息不完整。而业财融合能够使决策者在制定决策时，充分考虑业务和财务两方面的因素，从而做出更加科学、合理的决策。

再次，业财融合有助于加强风险管理。企业面临的风险多种多样，如市场风险、信用风险、财务风险等。业财融合有助于企业更好地识别、评估和应对这些风险。财务部门可以通过对业务数据的分析，及时发现潜在的风险因素，并与业务部门共同制定风险应对策略，降低企业的风险水平。

最后，业财融合能够促进财务职能转型。业财融合的实施使企业财务工作的重心转移到更深层次的分析和规划上，推动财务工作从核算向管理方向转型。这样一来，财务人员能够参与企业业务端的管理，通过掌握企业财务状况，结合业务信息，提高风险辨识与防范能力，为决策提供有力支撑。

综上所述，业财融合计算是一个系统性的过程，涉及业务收入、成本、利润等多个方面的核算与分析。通过实施业财融合，企业能够提高数据准确性、优化成本控制、提升盈利能力和提高决策质量。业财融合在企业管理中具有重要意义，它不仅能优化资源配置、提升决策质量、加强风险管理，还能促进财务职能转型，为企业的发展提供有力保障。

【任务清单】2　业财融合计算基础

| 项目名称 | 任务内容 |
| --- | --- |
| 任务情境 | 20××年8月7日，某"娃娃"连锁店面临市场竞争加剧、成本上升的挑战。为了提升竞争力，该企业决定实施业财融合策略，通过深入分析业务数据与财务数据，找出成本控制的关键点，并优化销售策略以提升销售额。 |
| 任务目标 | 请根据以上信息制定具体的实施流程。 |
| 任务实施 | (1) _____<br>(2) _____<br>(3) _____<br>(4) _____<br>(5) _____ |
| 任务点拨 | 参照案例2。 |
| 任务总结 | 通过完成上述任务，你学到了哪些知识或技能？ |

# 任务三　销售业务与财务融合管理

**学习情境**

依据业务需要，企业财务人员以业务与财务融合为切入点，结合销售业务各岗位管控的特点，熟练地找出企业销售管理流程中的关键控制点。

**学习目标**

通过训练，使学生掌握销售业务管理的内容和控制流程；理解并掌握销售业务和财务管理的关键点；明确销售管理内部控制制度建设目标和要求；能够根据企业销售业务管理的特点和要求，提出相应的制度设计方案。

**知识储备**

**知识点 1：销售管理流程与内容建立**

销售人员应积极主动地寻找潜在的客户资源，利用各种途径和渠道获取客户信息，并制订拜访计划，与潜在客户进行洽谈和沟通，争取与其建立稳定的业务关系。销售人员在与客户进行面对面洽谈时，要了解客户需求，并协商价格、交货条件和付款方式，努力达成合作意向。在确认客户的购买意向后，销售人员应与客户签订销售合同。合同内容应包括产品或服务的详细描述、价格、数量、交付日期、付款方式等条款。销售人员应仔细审查合同，确保其合法、合规，并及时报告上级领导审核。

根据合同约定，销售人员应确保按时交付产品或提供服务，并定期与客户沟通，了解客户满意度，及时解决客户的问题和需求，监督并确保合同履行过程中的质量和服务标准。

（1）总体要求。

①全面梳理销售业务流程。企业应当结合实际情况，全面梳理销售业务流程。

②完善相关管理制度。企业应当完善销售业务，包括销售、发货、收款等方面的相关管理制度，有效防范经营风险。

（2）查清薄弱环节。

在全面梳理相关业务流程的基础上，定期检查分析销售过程中的薄弱环节，采取有效控制措施，确保实现销售目标。

企业对销售业务的控制，应该做到以下几点：

①保证销售收入的真实性和合理性。

②保证产品的安全和完整。

③保证货款及时足额收回。

④保证销售折让和销售退回的合理性与正确性。

（3）销售业务的基本流程。

销售业务的基本流程包括销售计划管理、客户信用管理、确定定价机制和信用方式、销售业务谈判、订立销售合同、开具销售通知、发货、收款、客户服务等，如图 7-3-1 所示。

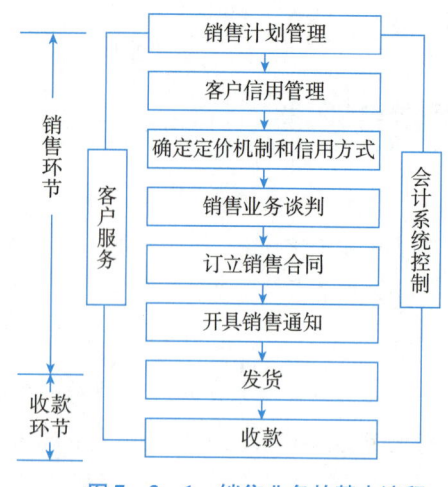

图7-3-1 销售业务的基本流程

(4) 销售业务的特点与管控中常见的问题。

①销售业务的特点。

a. 销售业务过程较为复杂：接受订单、签订合同、发货、结算、退货、折让等。

b. 销售业务存在较大的风险：发生纠纷、对方经营困难、被骗。

c. 销售业务会计处理工作复杂。

②收入的确认。

a. 企业已将商品所有权上的主要风险和报酬转移给购货方。

b. 企业既没有保留通常与所有权相联系的继续管理权，也没有对已售出的商品实施有效的控制。

c. 收入的金额能够可靠地计量。

d. 相关经济利益很可能流入企业。

e. 相关已发生或将发生的成本能够可靠地计量。

③销售管理中常见的问题。

a. 虚计销售收入，调节利润。

b. 销售成本结转不实，调节利润。

c. 收款方式选用不当，造成坏账。

d. 销售费用支出失控，导致成本增加。

e. 销售凭证保管不严，造成资产流失。

f. 销售合同签订随意。

g. 对客户授信随意。

h. 凭证保管不严。

i. 销售退回审批制度不严。

j. 随意制定折扣额。

(5) 销售业务内部控制的内容。

①销售预算控制。预算控制是企业根据预算规定的收入与支出标准检查和监督各个部门生产经营活动的控制。其作用是保证各种活动或各个部门在充分达成既定目标，实现利润的过程中，对经

营资源的利用，使费用支出受到严格有效的约束。其预算内容包括收入预算、支出预算、现金预算、资金支出预算和生产负债预算等。

a. 销售预测。

b. 销售预算的编制。

c. 销售预算的审批。

②接受订单控制。

a. 收取订单。

b. 信用额度的评定。

c. 信用额度的审核登记。

请思考：信用额度的大小将对销售过程中哪项业务和哪项资产的管理产生重大影响？

③开单发货控制。

a. 销售通知单的编制。

b. 销售通知单的证实。

c. 发货。

④收款控制。

销售的收款方式分现销和赊销两种，不同的销售方式对商品和资金的控制有一定的差异。

(6) 销售业务流程与风险控制。

①销售业务审批。

a. 客户谈判。

b. 拟定销售合同方案。

c. 签订销售合同。

d. 编制销售计划。

e. 向发货部门下达通知单，发货。

销售业务审批流程如图 7-3-2 所示。

②销售定价业务流程与风险控制。

a. 拟定目标价格。

b. 确定目标价格。

c. 调整目标价格。

d. 研究同行业价格。

e. 审核，形成最终价。

销售定价业务流程与风险控制如图 7-3-3 所示。

③销售发货业务流程与风险控制。

a. 签订销售合同。

b. 审批审核。

c. 签发发货单。

d. 准备发货，财务审核。

e. 准备发货。

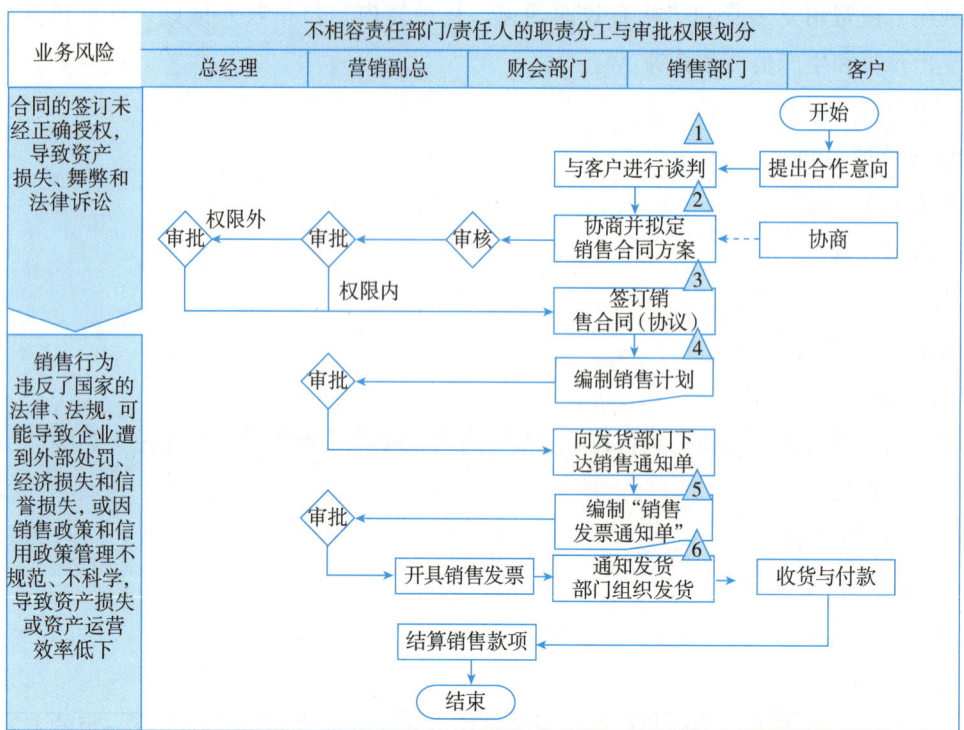

图7-3-2　销售业务审批流程

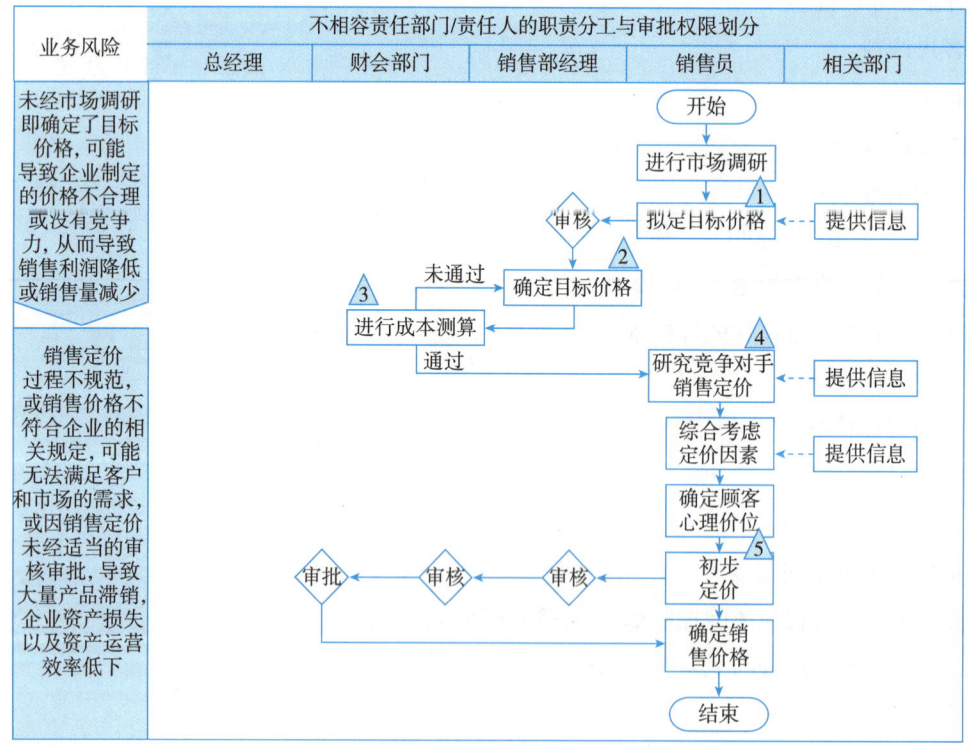

图7-3-3　销售定价业务流程与风险控制

销售发货业务流程与风险控制如图7-3-4所示。

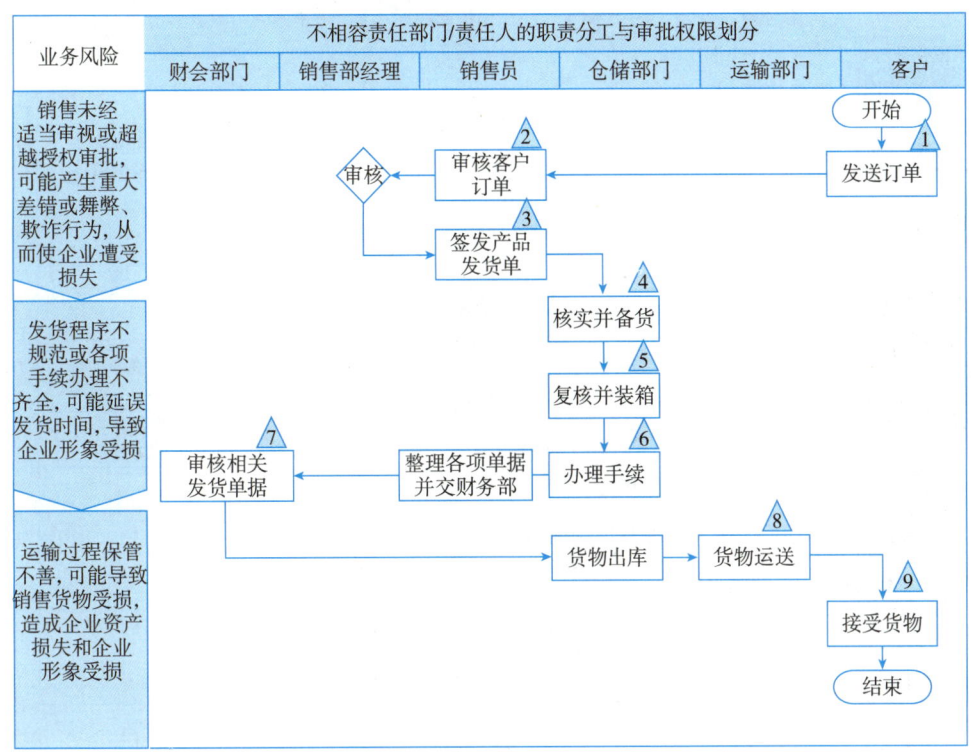

图7-3-4 销售发货业务流程与风险控制

④赊销业务管控流程与风险控制。

a. 调查客户情况。

b. 情况审核。

c. 视情况审批。

d. 严格发货。

e. 监控账款收回。

赊销业务管理流程与风险控制如图7-3-5所示。

(7) 销售管理关键点。

①明确销售目标。

销售目标是整个销售管理的基石，明确且合理的目标能有效调动销售团队的积极性，提高工作效率。在设定目标时，要遵循SMART原则。

具体（Specific）：目标应当明确，是增加收入、市场份额还是提高客户满意度等，每个目标应有具体的衡量标准和时间节点。

可测量（Measurable）：目标能够通过量化的数据进行衡量，如"在下季度内将销售额提高20%"。

可实现（Achievable）：目标需要在现实范围内，既具有挑战性，又不可过于遥不可及。

相关性（Relevant）：目标应与公司的整体战略目标紧密相关，确保所有努力都是为了达成公司更大的目标。

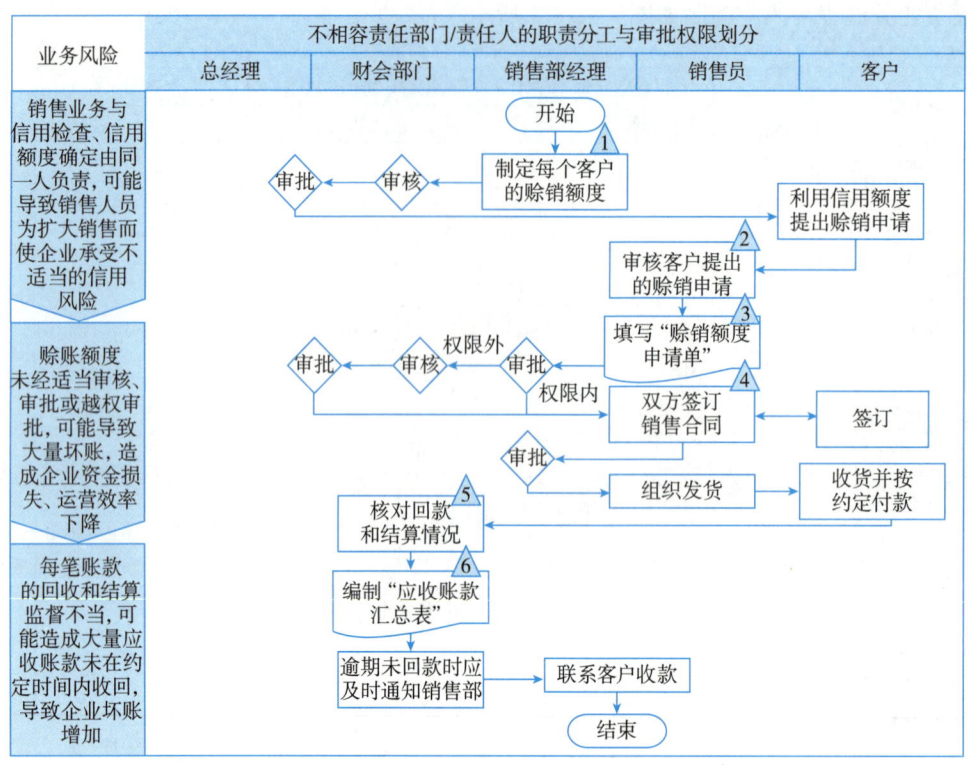

图7-3-5 赊销业务管理流程与风险控制

时限性（Time-bound）：设定明确的时间框架，确保目标在特定的时间段内完成。

②优化销售流程。

优化销售流程是提高销售效率和客户满意度的重要手段。一个合理的销售流程通常包括：

a. 潜在客户识别。通过市场分析和客户细分，识别出具有潜力的客户群体。

b. 客户需求分析。深入了解客户的具体需求，以便提供针对性的解决方案。

c. 解决方案制订。根据客户需求，制订合适的产品或服务方案。

d. 合同签订。与客户就产品或服务方案达成一致后，签订销售合同。

e. 售后服务。提供必要的售后服务，提高客户满意度和忠诚度。

③建立高效的销售团队。

高效的销售团队是销售管理的核心。要建立一个高效的销售团队，需要注意以下几个方面：

a. 招聘与选拔。招聘与选拔具备优秀沟通能力、团队合作精神和强烈目标导向的人才。

b. 系统培训。系统培训包括产品知识培训、销售技能培训以及市场分析培训等，确保销售团队能够更好地了解公司产品的特点和优势，掌握有效的销售技巧和策略。

c. 团队协作。通过定期会议、分享成功案例、团队建设活动等方式加强团队协作。

d. 激励机制。激励包括奖金、晋升机会、荣誉称号等多种形式，激发销售团队的工作积极性。

④客户关系管理（CRM）。

CRM是销售管理的重要组成部分。通过有效的CRM，企业能够提高客户满意度和忠诚度，从而实现长期的销售增长。具体措施如下：

a. 客户信息管理。利用CRM系统（如纷享销客和Zoho CRM）全面掌握客户的基本信息、需求和购买记录。

b. 客户维护策略。包括定期回访、售后服务、客户关怀等方面，不断提升客户满意度和忠诚度。

⑤数据分析与反馈。

数据分析与反馈是销售管理中不可或缺的一环。通过对销售数据的分析和反馈，企业能够及时发现问题并采取相应的措施，提高销售效率和业绩。具体措施如下：

a. 收集销售数据。利用 CRM 系统收集包括销售额、客户数量、市场占有率等方面的数据。

b. 数据分析。对收集到的数据进行深入分析，发现销售过程中存在的问题和机会。

c. 优化销售策略。根据数据分析结果，调整销售策略和流程，提高销售业绩。

⑥具体控制措施。

销售活动中销售、发货及收款的职务分离的控制，授权批准的控制，客户订单的控制，客户信用分析的控制，销售合同的控制，销售发票的控制，销售执行控制，应收账款控制，退货理赔控制。

⑦持续改进与创新。

销售管理是一个动态的过程，需要持续改进和优化。通过不断总结和反思，发现问题和不足，制定改进措施，提升销售管理的整体水平。具体措施如下：

a. 定期评估。定期进行绩效评估和销售流程评估，发现问题并及时解决。

b. 鼓励创新。鼓励团队成员提出创新想法，不断优化销售策略和流程。

c. 变革管理。根据市场变化和公司战略调整，及时调整销售策略和流程。

综上所述，销售管理的这些关键点的有效实施，能够提升销售团队的绩效和企业的市场竞争力。

**知识点 2：销售折扣与折让税务处理**

销售折扣包括商业折扣和现金折扣。

商业折扣，是指企业在商品标价上给予的价格扣除，目的是促进商品销售。税法规定，涉及商业折扣的，应当按照商业折扣后的金额确定销售收入金额。这意味着商业折扣的税务处理与会计处理相同，折扣后的净额应作为销售收入进行税务申报。

现金折扣，是指销货方为鼓励购买方及早偿还货款提供的折扣优惠。现金折扣额不得从销售额中减除，应计入"财务费用"。

（1）销售折让的税务处理。

销售折让，是指企业因售出商品质量不符合要求等原因在售价上给予的减让。

若销售折让发生在确认销售收入之前，则应在确认销售收入时直接按扣除销售折让后的金额确认；若已确认销售收入的售出商品发生销售折让，且不属于资产负债表日后事项的，则应在发生时冲减当期销售商品收入。此外，按照规定允许扣减增值税税额的，还应冲减已确认的应交增值税销项税额。

**案例 1 分析**

假设甲公司销售 42-LED 电视机给乙公司，共计 500 台，单价 2 600.00 元/台，款项未收到，商品于当日发出。

| 借：应收账款——乙公司 | 1 469 000.00 |
| 贷：主营业务收入——42 – LED 电视机 | 1 300 000.00 |
| 　　应交税费——应交增值税（销项税额） | 169 000.00 |
| 借：主营业务成本——42 – LED 电视机 | 1 020 135.00 |
| 贷：库存商品——42 – LED 电视机 | 1 020 135.00 |

假设货到乙公司后，因部分商品质量不合格，乙公司要求给予10%的折让，双方经协商达成按销售额给予5%折让的协议，乙公司按折扣后的金额付款。

①发生销售折让。

| 借：应收账款——乙公司 | -73 450.00 |
| 贷：主营业务收入——42 – LED 电视机 | -65 000.00 |
| 　　应交税费——应交增值税（销项税额） | -8 450.00 |

②收到乙公司货款。

| 借：银行存款——×银行 | 1 395 550.00 |
| 贷：应收账款——乙公司 | 1 395 550.00 |

（2）增值税和所得税的处理。

纳税人采取折扣销售（商业折扣）时，如果销售额和折扣额在同一张发票的"金额"栏分别注明，则可按折扣后的销售额征收增值税；如果仅在备注栏注明，则不得从销售额中减除折扣额。

①征收对象。

a. 增值税。增值税是以商品（含应税劳务）在流转过程中产生的增值额作为计税依据而征收的一种流转税。企业在生产经营过程中，对商品或劳务增加的价值部分需要缴纳增值税。

b. 所得税。所得税是对企业的生产经营所得和其他所得征收的一种税。企业的生产经营所得是指在一个纳税年度内的收入总额减除不征税收入、免税收入、各项扣除以及允许弥补的以前年度亏损后的余额。

②计算方法。

增值税的计算一般采用一般计税方法和简易计税方法。在一般计税方法下，增值税应纳税额 = 当期销项税额 – 当期进项税额；在简易计税方法下，增值税应纳税额 = 销售额 × 征收率。

企业所得税的计算方法为：应纳税额 = 应纳税所得额 × 税率。应纳税所得额是企业在一个纳税年度内的收入总额减除不征税收入、免税收入、各项扣除以及允许弥补的以前年度亏损后的余额。

③税率。

增值税的税率根据不同的行业和业务类型有所不同，如制造业的税率通常为13%或9%，服务业的税率通常为6%。

企业所得税的税率为25%，对于符合条件的小型微利企业，税率为20%；对于国家需要重点扶持的高新技术企业，税率为15%。

④会计处理流程。

进项税额的处理：企业在国内采购货物时，按照增值税发票上注明的增值税额，借记"应交税金——应交增值税（进项税额）"科目。

已交税金的处理：企业上缴增值税时，借记"应交税金——应交增值税（已交税金）"科目，贷记"银行存款"等科目。

销项税额的处理：企业销售货物或提供应税劳务时，按照实现的销售收入和按规定收取的增值税额，借记相关科目，贷记"应交税金——应交增值税（销项税额）"科目。

月末结转时，计算当月应交未交增值税。

借记"应交税金——应交增值税（转出未交增值税）"科目，贷记"应交税金——未交增值税"科目。

下月缴纳时，借记"应交税金——未交增值税"科目，贷记"银行存款"科目。

（3）企业所得税。

企业所得税，是指对中华人民共和国境内的企业（居民企业及非居民企业）和其他取得收入的组织以其生产经营所得为课税对象所征收的一种所得税。作为企业所得税纳税人，应依照企业所得税法缴纳企业所得税。但个人独资企业及合伙企业除外。

企业所得税纳税人范围比公司所得税大。企业所得税纳税人包括以下6类：

①国有企业。

②集体企业。

③私营企业。

④联营企业。

⑤股份制企业。

⑥有生产经营所得和其他所得的其他组织。

企业所得税会计分录，是指企业根据税法规定和会计准则，对其应缴纳的企业所得税进行会计记录的过程。以下是关于企业所得税会计分录的详细阐述。

第一步，计提企业所得税。

当企业根据会计准则和税法规定，需要计提当期应负担的企业所得税时，会计分录为：

借：所得税费用

　　贷：应交税费——应交企业所得税

第二步，缴纳企业所得税。

①季度预缴。

当企业按月或按季度计算应预缴的所得税额并缴纳时，会计分录为：

借：应交税费——应交企业所得税

　　贷：银行存款

②年度汇算清缴。

全年终了后，企业需要进行汇算清缴，计算全年应纳所得税额，减去已预缴税额，若为正数则为应补税额。此时，会计分录为：

借：应交税费——应交企业所得税（若涉及以前年度，则为以前年度损益调整）

　　贷：银行存款

第三步，特殊情况下的会计分录。

①应补上一年所得税税额。

若企业计算的全年应纳所得税额多于已预缴的税额,则需要在下一年度补缴少缴的税款。此时,会计分录与季度预缴的会计分录类似,只是金额与可能涉及的调整科目有所不同。

②退税处理。

若企业实际缴纳的企业所得税额超过了应缴税额,则经税务机关审核批准后退还多缴税款,会计分录为:

借:银行存款

  贷:应交税费——应交企业所得税(若涉及以前年度,则为以前年度损益调整)

③重新分配利润。

在进行年度汇算清缴后,若全年应纳所得税额少于已预缴税额,或者企业需要调整未分配利润,则会计分录可能涉及"利润分配——未分配利润"和"以前年度损益调整"等科目。

④结转所得税费用。

在每个会计期末,企业需要将所得税费用结转到本年利润,会计分录为:

借:本年利润

  贷:所得税费用

企业所得税的税前扣除项目主要涵盖企业"实际发生"的与取得收入"有关的、合理的"支出,通常包括成本、费用、税金、损失和其他支出。具体的税前扣除项目及标准可能因税法规定和企业的实际情况而有所不同。

在进行企业所得税会计分录时,企业应确保遵循税法规定和会计准则,确保会计处理的准确性和合规性。企业应定期进行所得税费用的计提和缴纳,以避免因逾期缴纳而产生的滞纳金和罚款。在进行年度汇算清缴时,企业应认真核对和调整以前年度的税务事项,确保企业所得税年度汇算清缴的完整性和合规性。

**案例 2 分析**

**企业所得税特殊案例处理**

在预期发生的某重组业务中,收购方 A 公司拟收购 B 公司持有的 C 公司和 D 公司的股权。该项收购业务具有合理的商业目的,且不以减少、免除或者推迟缴纳税款为主要目的。其中,B 公司持有的 C 公司和 D 公司的股权比例均超过 50%。本次重组交易对价均为 100% A 公司自身股权,不涉及现金支付,最终实现收购企业对被收购企业的控制。企业承诺重组业务当事各方采取一致税务处理,且重组后的连续 12 个月内不改变重组资产原来的实质性经营活动,以及 B 公司在重组后连续 12 个月内不转让所取得的股权。B 公司认为,该重组业务可适用企业所得税特殊性税务处理。因涉及金额较大,故提请税收事先裁定。

裁定意见:根据 B 公司提供的资料和陈述,税务机关认为,上述重组业务符合企业所得税特殊性税务处理条件,可以选择适用特殊性税务处理。同时,要求 B 公司在具体实施过程中,需遵照特殊性税务处理的相关政策规定和征管要求,在该重组业务完成当年企业所得税年度申报时,向主管税务机关补充完善相关资料。重组实施过程中或完成后的规定时间内,相关企业生产经营业务、公司性质、资产或股权结构等情况变化,致使重组业务不再符合特殊性税务处理条件的,需按规定及时报告主管税务机关。

## 案例 3 分析

### 总分机构企业所得税处理

A 公司是位于厦门的总机构企业，2024 年第二季度应纳税所得额为 1 000 万元。其在海南自由贸易港和在广东横琴新区分别设立了一家分公司（均符合鼓励类产业企业条件，税率为 15%），海南分公司和广东分公司的分配比例分别为 20% 和 80%，那么 A 公司 2024 年第二季度应纳所得税额该如何计算？

首先，计算不同税率地区机构的应纳税所得额。

总机构应纳所得税额 = 1 000 × 50% = 500（万元）

海南分公司应纳所得税额 = 1 000 × 50% × 20% = 100（万元）

广东分公司应纳所得税额 = 1 000 × 50% × 80% = 400（万元）

其次，计算应纳所得税额。

总机构应纳所得税额 = 500 × 25% = 125（万元）

海南分公司应纳所得税额 = 100 × 15% = 15（万元）

广东分公司应纳所得税额 = 400 × 15% = 60（万元）

应纳所得税额合计 = 125 + 15 + 60 = 200（万元）

最后，分摊就地缴纳的税额。

总机构就地缴纳税额 = 200 × 50% = 100（万元）

海南分公司就地缴纳税额 = 200 × 50% × 20% = 20（万元）

广东分公司就地缴纳税额 = 200 × 50% × 80% = 80（万元）

因此，A 公司 2024 年第二季度应纳税额为 100 万元。

## 案例 4 分析

### 跨年度利息收入的确认

甲公司由于临时性资金周转需要，于 2024 年 7 月 1 日与乙商业银行签订短期借款合同，合同约定借款期限为 6 个月，甲公司应在合同期满时（同年 12 月 31 日）一次性归还本金并支付借款利息 20 万元（不含税）。

假设在借款合同期满后，因甲公司资金短缺，直到次年 1 月 15 日才向乙商业银行支付借款本金及借款利息。乙商业银行针对该笔跨年度取得的利息收入，在企业所得税方面应将其确认为哪一年度的收入？

### 分析

根据《中华人民共和国企业所得税法实施条例》第十八条规定，利息收入是指企业将资金提供他人使用但不构成权益性投资，或者因他人占用本企业资金取得的收入，包括存款利息、贷款利息、债券利息、欠款利息等收入。

利息收入按照合同约定的债务人应付利息的日期确认收入的实现。

在本案例中，借款合同约定的利息支付日期为同年 12 月 31 日，因此，乙商业银行应按合同约定的利息支付日（同年 12 月 31 日）确认利息收入的实现，而不应在实际取得日（次年 1 月 15 日）确认利息收入。

### 知识点3：中小企业销售内控案例分析

#### 案例5 分析

**2025年浙江××企业销售环节的内部控制制度如下：**

（1）设立销售部，处理订单、签订合同、执行销售政策和信用政策；销售部经理对50万元以内的赊销业务有权批准，并根据具体情况确定产品售价。

（2）由于人手紧张，大宗销售都由业务员甲与客户谈判并签订合同。

（3）没有签订合同的购买方提货的销售业务直接由财务部收款后开具提货单据和发票，客户自行提货；货到付款的业务由销售业务员乙负责赴购买方收款，并将现金或者支票等票据转交财务部。财务部经理保管所有票据，并有权决定应收票据是否贴现。

6月××企业发生如下业务：

（1）销售部经理凭某一老客户以前给其留下的良好印象批准向该客户赊销23.4万元的业务，后来该款项迟迟未能收到，财务部证实该企业财务状况恶化，当时已经有数笔货款没有如期支付。

（2）另一新客户要求签订三年期供货合同，三年中每月末按照市场价格80万元购货，在提供下一批货物时清偿上一批货物款项。由于企业销售政策中没有此类情况，销售部经理向总经理请示，总经理当即决定签署该合同。一个月后，该客户未能还款，公司调查，发现该客户无偿还能力。

**问题与分析**

（1）尽管企业销售、发货、财务部门分设，但职责划分不合理。

第一，开具提货单应该是销售部门的职责，财务部根据销售部开具的提货单进行收款，但企业规定由财务部开具提货单，容易造成职责分工不明，收款作弊等。

第二，收款是财务部的职责，但规定由销售部业务员赴外地收款，造成同一部门和人员经办整个销售收款业务的全过程，同时违背了销售人员不得接触现款的规定。

（2）由销售部经理根据具体情况确定售价的做法容易造成销售价格失控、销售收入流失，应根据制定好的价目表、折扣政策、付款政策等加以执行。

（3）在进行业务谈判时，一般需要两名谈判人员，以增强谈判能力、减少作弊的可能。

（4）财务部经理保管所有票据并有权决定应收票据贴现的做法违背了票据保管人员与贴现批准人员相互分离的要求，容易导致贴现行为失去监督。

#### 案例6 分析

**陈某通过皮包公司倒卖浙江×公司产品**

陈某作为浙江×公司区域销售组长，借用亲戚身份证注册成立皮包公司"旭日风"。其通过旭日风向采购人员输送利益，规避公司限制，虚构旭日风拥有厂房和设备，获得浙江×公司货到付款和信用额度条件。

陈某将浙江×公司产品以低价卖给旭日风，再通过旭日风转卖给×公司客户，赚取差价。

随着信用额度调增，旭日风生意规模迅速扩大，但多次超期未支付货款。

**问题与分析**

（1）客户资质审查不严。浙江×公司未对旭日风进行严格的资质审查，轻易给予其货到付款和信用额度条件。

（2）内部控制失效。浙江×公司销售与收款环节内部控制存在严重缺陷，如陈某同时负责客户资质审查、赊销授信、产品定价和对客户的收款。

（3）监督机制缺失。浙江×公司未能及时发现和制止陈某的违规行为，内部审计和持续监督机制不健全。

**知识点4：建立"财务与销售"部门良好关系**

财务与销售是企业中两个至关重要的部门，它们既相互独立又紧密相连，共同推动着企业的持续发展。以下是对财务与销售之间关系的详细阐述。

（1）部门职责与功能。

财务部门：负责企业的财务管理和资金状况的把控，包括资金的筹集、分配、使用和回收等环节；编制和执行财务计划，进行财务预算、财务控制和财务分析等工作；负责企业的会计核算和财务报表的编制，提供准确的财务信息，反映企业的经营成果和财务状况。

销售部门：负责产品或服务的销售和市场推广，通过市场调研、客户开发和销售谈判等手段，实现企业的销售目标；关注市场动态和竞争对手情况，及时调整销售策略和方案，以适应市场变化；负责CRM，提高客户满意度和忠诚度，实现长期的销售增长。

（2）相互合作与相互支持。

①预算与销售目标协调。财务部门负责企业的预算编制和控制，而销售部门则根据市场需求和产品定位制定销售目标和策略。财务部门通过与销售部门的密切合作，可以更好地了解市场需求和销售预期，从而对预算进行修订和调整，确保企业的财务状况与销售目标相匹配。

②资金利用效率提升。财务部门通过对资金流动和资金需求的监控，为销售部门提供资金支持和融资渠道的选择。销售部门可以根据市场的变化和销售的需求，及时向财务部门提供资金预测和支出计划，以便财务部门做出相应的决策。

③销售数据分析与支持。财务部门通过对销售数据的分析和财务报表的生成，为销售部门提供数据支持和业务建议。这有助于销售团队更好地制定销售策略，提高销售效率，并发现潜在的市场机会和威胁。

④风险管理与控制。财务部门在风险管理方面具有丰富的经验和专业知识，可以帮助销售部门预测和评估市场风险。销售部门可以根据财务部门提供的数据和意见，制定合理的销售策略，降低经营风险。

（3）协同工作的重要性。

①提升整体业绩。财务部门与销售部门之间的紧密合作可以实现资源的优化配置，提高整体业绩。通过协同工作，财务部门和销售部门可以共同制定目标，实现经济效益最大化。

②增强市场竞争力。财务部门为销售部门提供准确的财务信息和数据支持，有助于销售团队更好地了解市场情况，制定有效的销售策略。这有助于企业在激烈的市场竞争中脱颖而出，提高市场份额和品牌影响力。

③促进可持续发展。财务部门与销售部门之间的协同工作有助于企业实现可持续发展。通过共同制定目标和计划，财务部门和销售部门可以推动企业不断创新和进步，以适应不断变化的市场环境。

（4）实践中面临的挑战与应对措施。

①信息不对称。财务部与销售部之间可能存在信息不对称的问题，导致决策失误或资源浪费。应对这一挑战的措施包括加强沟通、建立信息共享机制等。

②目标冲突。财务部门与销售部门可能因目标不同而产生冲突，如财务部门追求成本控制和利润最大化，而销售部门则追求销售额和市场占有率。应对这一挑战的措施包括明确共同目标、建立绩效考核机制等。

③合作意愿不足。财务部门与销售部门之间可能存在合作意愿不足的问题，导致协同工作效果不佳。应对这一挑战的措施包括加强团队建设、培养合作精神等。

（5）销售与财务的重要性。

①销售的重要性。

销售是公司实现收益和利润的主要途径。没有销售，公司的产品或服务就无法转化为收入，进而影响公司的盈利能力和市场竞争力。销售团队负责与客户建立关系，了解客户需求，推广产品或服务，并最终促成交易。在市场竞争激烈的环境下，销售能力往往决定了公司的市场份额和品牌影响力。

②财务的重要性。

财务是公司运营的核心，涉及公司资金的筹集、运用、管理和风险控制等。财务部门负责编制预算、控制成本、分析财务状况以及制定投资策略等。良好的财务管理能够确保公司资金的合理运用，降低风险，提高盈利能力。同时，财务数据是公司决策的重要依据，有助于公司制定更科学、更合理的战略规划。

销售和财务在公司运营中都具有不可替代的重要性，它们各自扮演着不同的角色。销售推动公司产品的市场推广和收益实现，而财务则确保公司资金的稳健运作和风险控制。两者相辅相成，共同推动公司的发展，为公司的持续运营贡献力量。因此，两者都是公司持续运营的关键因素，无法简单地将两者进行重要性排序，而应充分认识到它们在公司运营中发挥的关键作用。

（6）业务与财务的融合。

①企业应建立完善的财务制度流程，在建立财务制度时，要根据自身的实际情况，注意不能生搬硬套，将一些大企业的制度直接照抄过来，不适合本企业实际情况的制度会带来很大的麻烦，甚至执行不下去。

②应对业务部门和其他部门进行专门的培训，必要时，财务部门可以安排专门人员"一对一"向业务部门提供执行财务制度操作流程的培训，让所有相关人员熟悉应执行的财务流程，并能熟练地执行。

③应减缓财务部门和业务部门之间的矛盾。

首先，提高自身沟通能力，即交流能力、倾听能力与换位思考能力。在交流能力方面，锻炼好自己的沟通能力，树立以人为本的理念。在倾听能力方面，财务人员尤其需要注意认真听取业务部门相关人员对现有财务制度的意见和建议，对他们反馈的问题要做科学的记录并认真反思，在沟通过程中注意倾听。在换位思考能力方面，站在业务部门员工的角度思考。

其次，提升自己的业务处理能力与软件使用能力。对于财务管理人员来说，利用软件的能力尤为重要，除了 Excel 之外，还要熟悉专业的数据分析或者财务管理软件操作，能不手工操作的部分尽量不手工操作。

(7) 销售与财务的联系和影响。

销售是公司业务的核心部分，主要负责与客户建立联系、推广产品并促成交易；而财务则是管理公司资金流动、记录交易情况并确保公司财务稳健的部门。两者之间的关系主要体现在以下几个方面：

①财务支持销售活动。

销售工作的正常开展离不开财务的支持。例如，销售团队的外出拜访、市场推广活动、折扣优惠等都需要资金。财务部门需要为销售团队提供必要的经费支持，并确保这些资金得到合理的使用和管理。

②销售数据驱动财务决策。

销售数据是财务决策的重要依据。通过销售数据，财务部门可以了解公司的营收状况、客户支付习惯等，从而做出合理的财务规划。例如，财务部门根据销售趋势预测未来的资金需求，制订相应的资金调度计划。

③财务对销售业务的监管与协调。

财务部门不仅提供资金支持，还负责监管销售业务的合规性，确保其符合公司政策和法律法规。同时，财务部门与销售部门在日常工作中需要密切协调，确保销售目标的达成与公司的整体财务状况保持一致。

④共同推动公司业务发展。

销售部门和财务部门都是推动公司发展的关键力量。销售部门负责拓展市场、促进交易，而财务部门则确保公司资金安全、稳健运行。两者共同为公司创造价值，实现公司的业务目标并推动公司长期发展。

例如，有一个秀才去买木柴，他对卖木柴的人说："荷薪者过来！"卖木柴的人听不懂"荷薪者"三个字，但是听得懂"过来"两个字，于是把木柴担到了秀才前面。秀才问他："其价如何？"卖木柴的人听不懂这句话，但是听得懂"价"这个字，于是就告诉秀才价钱。秀才接着说："外实而内湿，烟多而焰少，请损之。"卖木柴的人因为听不懂秀才的话，担着木柴走了。

这是一个典型的沟通问题，用它描述现实中业务部门与财务部门的沟通状况再准确不过了。在公司召开的会议上，常常是业务部门说的事情财务部门不懂，财务部门说的事情业务部门不懂。

在现实中，销售部门与财务部门沟通的最大障碍是"语言"不通。表面上看，这是由两个部门工作性质的不同导致的，而其深层次原因是财务部门的定位问题。目前，销售部门对财务部门参与经营、对业务提供支持的要求不断提高，财务部门要想真正参与到企业经营中，成为企业价值的创造者和管理者，就必须了解业务，懂得业务部门的语言。综上所述，销售部门和财务部门在公司运营中相互依赖、相互影响。两者之间的紧密合作对于公司的稳健发展和持续增长至关重要。

(8) 企业财务人员如何做好业财融合？

①了解业务，深入业务。

业财融合要求财务人员不能只停留在传统的财务核算工作上，而是要深入了解企业的业务，与业务人员密切合作，共同为企业的发展提供支持。财务人员可以通过参加业务会议、与业务人员交流、实地考察等方式，了解企业的业务流程、市场需求、竞争环境等方面的信息。同时，财务人员要具备敏锐的洞察力和分析能力，能够从大量的业务数据中提取有价值的信息，为企业的决策提供科学依据。

②建立有效的沟通机制。

业财融合需要业务部门和财务部门的密切合作，因此，建立有效的沟通机制至关重要。财务人员应该主动与业务人员沟通，了解他们的需求和困难，为他们提供帮助和支持。同时，财务人员需要及时向业务人员反馈财务信息，帮助他们更好地了解企业的经营状况和财务状况。在沟通过程中，财务人员需要使用简单易懂的语言，避免专业术语的困扰，以便业务人员更好地理解和应用。

③加强团队建设，提高综合素质。

业财融合对财务人员的综合素质提出了更高的要求。财务人员不仅需要具备专业的财务知识，还需要了解企业的业务流程、市场环境、竞争态势等方面的知识。因此，企业应该加强财务团队的培训和学习，鼓励财务人员学习多元化的知识体系，提高综合素质。此外，企业还可以通过引进具有业务背景的财务人才，增强财务团队的整体实力。

④利用信息技术手段提高效率。

信息技术手段是实现业财融合的重要保障。通过建立财务和业务的信息化系统，可以实现数据的实时采集、处理和分析，提高工作效率和准确性。同时，通过数据挖掘和智能分析等技术手段，可以进一步挖掘数据的价值，为企业决策提供更加科学和准确的信息支持。在建立信息化系统的过程中，需要注重系统的可扩展性和灵活性，以便适应企业业务的发展变化。

⑤完善内部控制体系，防范风险。

业财融合在提高企业运营效率的同时，也带来了一定的风险。因此，完善内部控制体系至关重要。企业应建立健全内部控制制度，明确各部门的职责和权限，规范业务流程和操作；同时，加强内部审计和风险评估工作，及时发现和解决潜在的风险问题。在业财融合过程中，企业还需要注重保护商业秘密和客户信息等敏感信息，加强信息安全管理。

综上所述，财务与销售是企业中不可或缺的两个部门，它们之间的紧密合作与相互支持对于企业的发展至关重要。通过协同工作，两个部门可以共同制定目标、优化资源配置、提升整体业绩和增强市场竞争力，推动企业实现可持续发展。

【任务清单】3　销售业务与财务融合管理

| 项目名称 | 任务内容 |
| --- | --- |
| 任务情境 | 2025年4月1日，广州×××有限公司与"娃娃"连锁店发生购销合同纠纷。<br>(1) 广州×××有限公司与"娃娃"连锁店签订购销合同，约定货到付款。<br>(2) 广州×××有限公司按时交货，但"娃娃"连锁店多次请求暂缓入账支票，最终恶意拖欠货款。<br>(3) 广州×××有限公司通过法律手段追讨货款，并最终胜诉。 |
| 任务目标 | 请结合相关信息进行问题分析。 |

续表

| 项目名称 | 任务内容 |
| --- | --- |
| 任务实施 | (1) _____<br>(2) _____<br>(3) _____<br>(4) _____<br>(5) _____ |
| 任务点拨 | 应收账款管理不善；<br>法律风险意识不强；<br>合同执行不严格。 |
| 任务总结 | 通过完成上述任务，你学到了哪些知识或技能？ |

## 任务四　精细化成本融合分析计算

**学习情境**

依据业务需要，企业财务人员以业务与财务融合为切入点，结合成本管控的特点，熟练地找出企业精细化成本与业务管理方法。

**学习目标**

通过训练，使学生掌握成本业务管理的内容和控制流程；理解并掌握成本计算和业务流程管理的关键点；明确成本管理内部控制制度建设目标和要求；能够根据企业业务流程与成本管理的特点和要求，提出相应的制度设计方案。

**知识储备**

**知识点1：精细化成本管理的基本概述**

成本管理，是指企业生产经营过程中成本核算、成本分析、成本决策和成本控制等一系列科学管理行为。成本管理由成本规划、成本计算、成本控制和绩效评估四部分组成。精细化成本管理基于精细原则，对企业实施成本管理，并将成本管理的工作内容和责任落实到每一个部门、每一位员工身上。对精细化成本管理的各个流程进行合理的预测、决策、计划、核算和分析，并进行考核和奖惩。

精细化成本管理以精细化管理思想为指导，强调细微化、定量化和精细化的成本细分。它融合了作业成本、目标成本、战略成本等先进的成本理念和管理方法，以成本预测、成本计划、成本控制、成本核算分析以及考核等为主要内容，旨在实现资源的合理配置、降低企业成本、提高企业整体经济效益和管理水平。

（1）精细化成本管理的特征。

1）成本管理过程的全员参与性。精细化成本管理要求企业的每位员工都参与其中，做到人人有责。在这个管理体系中，成本管理不仅仅是企业管理者的职责，企业的其他员工也要有成本管理意识并参与其中。这样，每一位员工的利益和责任就与整个企业的效益密切相关。

2）成本管理的职能化。为了使精细化成本管理工作更加科学有效地进行，企业要建立一套成本管理的组织体系，并且设立相关的组织管理机构，由各个部门的负责人参与，从而制定出各个部门的成本目标，再通过汇总测算企业成本的总目标，这样有利于管理层更高效地得到成本数据；同时，各部门负责人要做到各司其职，这样才能保障成本管理有具体责任。

3）成本管理的全程化。与以往的成本管理不同，精细化成本管理贯穿生产经营的整个过程，不是作用于某一个阶段，而是作用于事前、事中和事后，对成本的预测、决策、计划、核算、分析和考核进行动态化成本管理。

4）成本管理的标准化。成本管理的过程充满了各种复杂性，因此，企业应切实加强成本管理流程的标准化，通过制定企业标准化的流程规范，能够使复杂的成本管理过程简单化，成本管理更有效率。

5）成本控制的精细化。企业在建设精细化成本管理体系后，进行精细化成本控制之前，首先要调查了解成本中的重点，即重点成本费用；其次要针对这些重点成本费用制定降低成本的管理措施，这样才能实现高效率的精细化成本控制，使成本控制过程的精细化成为精细化成本管理的核心。

6）动态性。企业经营所处的外在环境受到政策、技术等多方面的影响，所以，在精细化成本管理过程中，要坚持动态控制原则，始终注意实际情况，并调整成本管理方法，以应对不同的情况。

7）创新性。精细化成本管理要注重考核和奖励机制，鼓励各个岗位员工进行创新，不再以重复工作、应付工作为目的，从而达到降低成本、提高效率的目的。

（2）精细化成本管理的内容。

1）流程精细化。工作精细化要求企业将平时经营管理的全部流程予以严格管理，按照规范落实管理工作，具体到所有操作程序、所有岗位、所有员工。只有全部流程实现规范化运作，公司整体才能统一，公司的成本决策才有效力。企业管理的重要之处是内部控制，只有企业内部所有环节、所有员工、所有业务、所有流程都有严格的成本管理制度予以规范，才能真正控制成本，提升企业效益。只有所有员工有足够的责任心，才能促进企业高效运作。

2）核算精细化。核算精细化要求企业所有经济活动有账簿进行核算，在企业核算时，能及时发现问题，并予以解决，找出成本控制关键点，避免问题严重化，威胁企业健康发展。

3）战略精细化。战略精细化要求企业的成本管理有明确的控制方法，对实施成本战略的整个过程进行动态跟进，及时发现并解决问题，有效实施成本战略，促进管理效能全面提升。

4）决策精细化。决策精细化要求企业全部成本管控决策接受监督、有执行力、可以查证、有足够根据，以促进企业压缩成本，高速发展。

(3) 精细化成本管理应遵循的原则。

要想让精细化成本管理在公司顺利执行,需要遵守以下原则:

1) 完善相关管理制度。成本精细化管理作为公司管理模式的一部分,必须有制度作为前提保障。公司应结合自身实际情况,为进行精细化成本管理提供相应的制度保障,以确保精细化成本管理体系能有效运作。

2) 管理措施现代化。在进行精细化成本管理时,需要对企业具体的经营活动分类进行分析,需要从企业的生产实际出发,制定精细化成本管理措施助推企业实现经济利益。同时,企业不能完全照搬其他企业的成功经验,而是要从自身实际情况出发,不断优化成本管理策略,改进成本管理方案,使用现代化的手段摒除过去不够先进的管理体制,只有这样,才能切实提高企业的管理水平,实现现代化的科学成本管理。

3) 权利相结合。在进行精细化成本管理时,需要将相关负责人的利益与企业成本管理成效相结合,这样可以大大增强企业管理人员的企业责任感、使命感及参与意识,调动员工工作的积极性,使成本管理的过程保证全员参与。这有助于确保各个环节和流程中的精细化管理工作迅速有效地进行,整个企业的成本精细化管理模式顺利开展。

4) 成本效益原则。在公司构建精细化成本管理方案时,要考虑到公司经营收益问题。精细化成本管理虽然对提高整个公司的收益起着很大的作用,但是由于其过于精细且全面,成本管理手段会产生一定的成本。因此,成本管理不能仅限于细化管理控制,也不能局限于成本的降低,而是要结合公司的收益水平,统筹分析考虑,在实行精细化成本管理的同时要保证公司利润最大化,做到成本与效益相结合。

(4) 精细化成本管理需要消除的障碍。

精细化成本管理不仅要变革核算方法,还要以传统的成本核算为基础,全面变革。在实行精细化成本管理时,应消除以下障碍:

1) 思想误区。

目前,有些管理者仍未认识到精细化成本管理的本质,认为实行精细化成本管理就是要求成本精准核算、成本核算人员专业性强、有完善的财务成本制度等。这一思想误区使精细化成本管理仅仅停留在表面,无法深入开展,成效也不显著。员工是践行精细化管理的核心力量,要在平时的工作中对员工明确精细化管理的要求,以转变全体员工的思想认识。

2) 认为精细化成本管理繁杂琐碎。

有些管理者将精细化成本管理和多余、琐碎的成本数据联系起来,认为精细化成本管理使工作效率大大降低,过多关注细节工作。实际上,精细化成本管理是从细节中找到重点,立足细小的成本单元,对各项成本支出予以精准控制,重视每一项支出,全面拓展利润空间。与此同时,精细化管理是合理归类,而不是事无巨细,要有条理地梳理所有成本,将其进行归类,有秩序、有层次地开展工作,提高工作效率。

3) 将精细化成本管理等同于制定制度。

精细化成本管理虽重视"依据制度落实各项成本管理工作",控制重要工作环节,强化内部监督,但不是死板地按照程序操作,而是需要充分发挥人的主观能动性。精细化要求每项工作都有开展的依据,可以进行查证。在落实精细化成本管理时,不能一味追求制度而舍本逐末,这样会降低工作效率。

（5）精细化成本管理的意义。

1）提高企业盈利能力。通过降低成本，提高企业产品或服务的附加值，实现低成本、高附加值工作流程。

2）降低企业风险。对成本进行合理分配和控制，有助于降低企业经营风险。精细化成本管理可以通过降低成本、提高效益等多种方式降低风险。

3）提高企业核心竞争力。通过成本控制，可以提高企业核心竞争力、提高企业市场份额并拓展其生存空间。

4）推动企业创新发展。在经济全球化时代，企业间的市场竞争日益激烈，精细化成本管理有助于企业保持竞争优势，推动创新发展。

**知识点2：精细化成本管理的方法**

在精细化成本管理过程中，企业应融入精细管理理念，将其植入公司的经营。精细化管理不仅能提高企业的成本管理水平以及经营效率，也能使企业进行合理的资源配置。可以说，精细化管理有利于企业降低成本，增强核心竞争力。以下将对作业成本法进行阐述。

作业成本法是通过计算作业消耗资源量，分析企业提供给客户产品劳务时，不同作业的价值创造差异，并根据成本动因划分不同作业，需要企业管理者深入了解企业的生产组织构架、部门职能划分和操作流程规范，只有这样才能区分业务流程中各项作业对产品价值是否有增值作用，明确哪些作业需要进一步发展，各种作业的主次定位，减少非必要作业，提高成本效益。根据企业目前的组织构架，确定适合企业实际生产情况的成本管理目标，将成本核算精细化到每个人和每道工序，明确每个员工相应的任务和操作注意事项。将企业营运特点与财务软件实际应用相结合，使财务数据尽可能真实地反映企业状况。因此，管理者要详细了解企业财务软件目前具备的各种统计功能，清楚管理所需的各种数据，哪些可以通过软件直接提取得到，哪些需要管理者亲自到部门考察获取，寻求最合理的数据采集渠道。

（1）作业成本法的计算步骤和流程。

①按照工作内容区分不同类型的作业。在企业的生产活动过程中，根据业务内容区分不同类型的作业，如材料整理准备、机器设备调整准备、设备维修保养、产品运送、产品质量检验等。

②分析成本与作业间的关系以确定各项作业的作业动因。例如，材料整理数量就是材料整理准备作业的作业动因、机器调整工时就是设备调整准备作业的作业动因、生产线上运送产品的数量就是产品运送作业的作业动因。

③设置成本库并将资源耗费归集到作业中心。成本库又称"同质成本库"，它以作业中心为对象，把具有相同作业动因的作业耗费的资源归集到相应的成本库中。

④计算成本动因费率。

成本动因费率，是指单位成本动因引起的制造费用的数量。计算公式为

$$成本动因费率 = 成本库费用 / 成本库成本动因总量$$

⑤进行成本库费用的分配。

根据各产品消耗各成本库的成本动因数量进行费用分配，每种产品从各成本库中分配所得的费用之和即为每种产品的费用分配额。

⑥计算产品成本。

生产产品的总成本是直接材料、直接人工和制造费用之和。

作业成本管理（Activity-Based Costing Management，ABCM）是以提高客户价值、增加企业利润为目的，基于作业成本法的新型集中化管理方法。它通过对作业及作业成本的确认、计量，最终计算产品成本，同时将成本计算深入到作业层次，对企业所有作业活动进行追踪并动态反映，进行成本链分析，包括动因分析、作业分析等，为企业决策提供准确信息；指导企业有效地执行必要的作业，消除和精简不能创造价值的作业，从而达到降低成本、提高效率的目的。

例如，ABC餐厅是一家快餐连锁店，以制作汉堡包为主要业务。为了计算每个汉堡包的成本，ABC餐厅使用了作业成本法。它将整个生产过程划分为几个作业步骤，包括面团制作、烘烤、肉饼煎煮、配料准备和包装。每个作业步骤都会产生一些成本，如原材料费用、人工费用和能源费用。ABC餐厅根据每个作业步骤的成本来计算每个汉堡包的成本，从而确定合理的销售价格。

（2）作业成本法的应用实例。

**案例背景**：电子厂精密部件生产的作业成本法应用。

某电子厂生产两种精密部件——高端芯片（产品A）和普通电阻（产品B）。传统成本法下，间接费用按机器工时分配，但管理层发现产品B的实际利润率与预期偏差较大。为精准核算成本，引入作业成本法。

①基础数据与假设。

| 项目 | 产品A（高端芯片） | 产品B（普通电阻） |
| --- | --- | --- |
| 年产量 | 10 000 件 | 50 000 件 |
| 直接材料成本 | 80 元/件 | 20 元/件 |
| 直接人工成本 | 40 元/件 | 10 元/件 |
| 机器工时 | 2 小时/件 | 0.5 小时/件 |
| 总间接费用 | 5 000 000 元（含设备维护、质量检验、订单处理等） | — |

②作业成本法实施步骤。

步骤1：识别作业与资源消耗。

通过流程分析，确定以下作业中心及资源消耗：

设备维护：与机器运行相关，成本 2 000 000 元。

质量检验：与检验次数相关，成本 1 500 000 元。

订单处理：与订单数量相关，成本 1 500 000 元。

步骤2：确定成本动因及数量。

| 作业中心 | 成本动因 | 动因总量 | 产品A消耗 | 产品B消耗 |
| --- | --- | --- | --- | --- |
| 设备维护 | 机器工时 | 10 000×2 + 50 000×0.5 = 45 000 小时 | 20 000 小时 | 25 000 小时 |
| 质量检验 | 检验次数 | 300 次 | 200 次 | 100 次 |
| 订单处理 | 订单数量 | 150 单 | 100 单 | 50 单 |

步骤 3：计算成本动因率。

成本动因率 = 动因总量作业中心总成本

设备维护率：2 000 000 ÷ 45 000 ≈ 44.44 元/小时

质量检验率：1 500 000 ÷ 300 = 5 000 元/次

订单处理率：1 500 000 ÷ 150 = 10 000 元/单

步骤 4：分配作业成本至产品。

| 作业中心 | 产品 A 分配成本 | 产品 B 分配成本 |
|---|---|---|
| 设备维护 | 20 000 小时 × 44.44 ≈ 888 800 元 | 25 000 小时 × 44.44 ≈ 1 111 000 元 |
| 质量检验 | 200 次 × 5 000 = 1 000 000 元 | 100 次 × 5000 = 500 000 元 |
| 订单处理 | 100 单 × 10 000 = 1 000 000 元 | 50 单 × 10000 = 500 000 元 |
| 合计间接成本 | 2 888 800 元 | 2 111 000 元 |

步骤 5：计算单位成本。

单位成本 = 直接材料 + 直接人工 + 产量间接成本

产品 A 单位成本：80 + 40 + (2 888 800 ÷ 10 000) = 408.88 元/件

产品 B 单位成本：20 + 10 + (2 111 000 ÷ 50 000) = 72.22 元/件

③与传统成本法对比。

传统成本法（按机器工时分配）：分配率（元/小时）

产品 A 间接成本：20 000 × 111.11 = 2 222 200 元 → 单位成本：80 + 40 + (2 222 200 ÷ 10 000) = 342.22 元/件

产品 B 间接成本：25 000 × 111.11 = 2 777 750 元 → 单位成本：20 + 10 + (2 777 750 ÷ 50 000) = 85.56 元/件

对比结果：

| 项目 | 作业成本法 | 传统成本法 | 差异 |
|---|---|---|---|
| 产品 A 单位成本 | 408.88 元 | 342.22 元 | +66.66 元（高估） |
| 产品 B 单位成本 | 72.22 元 | 85.56 元 | -13.34 元（低估） |

传统成本法下，产品 B 因产量大、机器工时多，分摊了更多间接费用，导致成本虚高；而产品 A 因复杂度高（如检验次数多、订单频繁），实际消耗的资源未被准确反映，成本被低估。作业成本法通过多维度动因（如检验次数、订单数量），更真实地反映了产品对资源的消耗。

**知识点 3：企业成本融合案例分析**

成本融合，是指将不同成本元素或成本管理体系进行有机结合，以实现更高效的成本管理和控制。以下是关于成本融合的实践案例。

**案例 1**

**A 煤炭公司的成本管控模式**

A 煤炭公司为了满足"高质量"发展的要求，亟须解决成本管控中存在的问题，围绕价值创造，融合运用现代成本管理方法，达到降本增效的目的。

(1) 问题。

1) 未融合运用目标成本法、作业成本法、责任成本法等现代成本管理方法。

2) 在创造价值、设计优化、流程优化和工艺优化方面挖掘深度不够。

3) 成本管理只是严格要求降低成本，没有从有效产出角度衡量投入和支出。

(2) 措施。

1) 以全面预算管理为引领，实现作业成本、标准成本和责任成本融合运用。首先，A 煤炭公司根据实际和煤炭市场情况采用作业成本法核算产品成本，然后分别选择合理的作业分配标准，将成本库中的制造费用分摊于产品中。其次，A 煤炭公司根据作业活动制定标准成本，将成本的前馈控制、反馈控制及核算功能有机结合起来，形成 PDCA 管理控制循环系统。最后，A 煤炭公司对作业活动实施责任成本管理，对直接发生的成本和费用按照可控程度分解落实到各责任中心。

2) 以创造价值为核心，从设计、技术、工艺层面入手，优化内部流程。A 煤炭公司早在项目投入前期就加强初始设计，设立投资决策委员会进行科学决策；同时，通过生产组织优化持续降低成本，加强数字信息管理，实现全面预算与 ERP 系统充分融合。

3) 用有效产出衡量投入支出，全方位开展提质增效。A 煤炭公司成立了提质增效工作领导小组，深入开源节流，多渠道、全方位降低成本，包括降低非生产性支出、优化煤炭发运方式、优化组织机构和用工结构、实现电子商务竞价、强化工程施工和设备材料供应管理等。

(3) 效果。

A 煤炭公司通过融合成本管理方法、优化内部流程、全方位开展提质增效等措施，达到了系统上整体降低企业成本的目的，提高了企业的核心竞争力。

**案例 2**

**A 企业业财融合的成本精益管控**

A 公司为传统制造企业，主要生产工业板材及汽车板材。面对激烈的竞争市场，A 公司对产品成本高度重视，然而蒸汽消耗却大幅上升，公司利润进一步被压缩。

(1) 问题。

1) 能源部门对成本重视度不高，没有形成成本管理的概念。

2) 财务人员缺乏对业务的了解，对蒸汽成本异常的分析停留在数字差异上，无法发掘根本原因。

(2) 措施。

1) A 公司派遣财务人员深入一线，详细了解业务流程，积极探索成本变动因素影响点。

2) A 公司聘请能源研究专员及工艺研究员讲解公司生产流程及能源消耗管控侧重点。

3) A 公司组建业财融合团队，对影响蒸汽成本的因素进行分析，并寻求解决措施。

(3) 效果。

通过财务与业务的长期探索、实践，A 公司找到了蒸汽消耗高的原因所在，并采取了解决措施。经过一年的效果验证，A 公司蒸汽成本节约了 32.27 万元。同时，A 公司通过完善成本核算体系、强化成本考核体系等措施，实现了成本的精益化管理。

**案例 3**

**日本 QB HOUSE 理发店的低成本差异化战略**

QB HOUSE 是日本企业 QB Net 公司运营的 10 分钟理发店,提供的是 10 分钟 1 000 日元的短时间、低价格的理发服务。

(1)策略。

QB HOUSE 理发店通过将理发服务标准化、流程化,实现了低成本运营;同时,通过提供独特的短时间理发服务,满足了消费者对快捷、便利的需求,实现了差异化竞争。

(2)效果。

QB HOUSE 理发店通过低成本差异化战略,成功在市场上立足,并赢得了消费者的青睐。这种战略不仅降低了企业的运营成本,还提高了消费者的满意度和忠诚度。

以上三个案例展示了企业在成本融合方面的不同实践。A 煤炭公司通过融合成本管理方法、优化内部流程和全方位开展提质增效等措施,实现了成本的降低和效益的提升;A 企业通过业财融合的方式,实现了成本的精益化管理;QB HOUSE 理发店通过低成本差异化战略,成功在市场上立足。这些案例都表明,企业在成本融合方面有着广阔的空间和潜力,可以通过不断创新和实践,实现成本的降低和效益的提升。

**知识点 4:大智移云时代下成本管理的创新**

2013 年 8 月,第十二届中国互联网大会首次提出了大智移云的概念。"大智移云"是大数据、智能化、移动互联网和云计算的简称。移动互联网与物联网的结合,产生了大数据。大数据的挖掘和处理需要云计算作为平台,挖掘和处理后的大数据可以促进移动互联网与物联网的发展,同时促进软件和硬件的智能化发展。如今大智移云技术已经应用到人们生活的方方面面,与企业生产结合紧密,使企业的生产经营方式、制造环境和管理环境及手段都发生了变化,而企业的成本管理模式也需要与时俱进。

(1)大智移云对企业成本管理的影响。

传统的企业成本管理都是通过人工的方式对往年的数据以及本年的经济收益和支出情况进行分析,整个过程较为烦琐,且非常容易发生错误,成本的估算工作无法得到保证。大智移云运用了大数据技术,企业的各项支出、本年账单甚至是近几年的财政收入情况都有明确的信息,企业董事可以随时验证信息的真实性,大智移云不仅可以保证企业成本管理工作的准确性,还可以提高企业成本管理工作的效率。企业在拥有了大智移云后,所有运行数据都会被记录在云端,数据本身具有一定的安全性,企业的发展以及相关决策都可以直接参考数据变化,为企业决策提供依据。大智移云不仅可以避免企业成本管理工作出现失误,还可以降低生产成本,提高效益,让企业真正向智能化方向发展。

(2)企业成本管理创新的路径。

1)利用大数据技术调整企业成本战略规划。

一方面,利用大数据技术对企业外部信息进行实时收集与分析。外部相关管理部门的政策、市场的供需情况、竞争对手的经营情况等对企业的生产经营有较大影响,因此,大数据系统需要及时收集这些维度的外部信息并进行分析,为企业提供全面且准确的外部信息决策来源。另一方面,企业应建立完善的内部数据信息收集机制,对现有资源、技术以及生产能力等情况进行全面且准确的评估，进而制订较为科学的战略执行计划。

2）打造成本信息共享的精益生产管控平台。

在传统生产过程中，由于缺乏大数据等技术，企业难以及时获取外部信息。不仅如此，各部门之间的信息也缺乏及时的传递渠道，导致企业在生产过程中由于信息传递不及时产生库存堆积、生产停顿等现象。随着大数据技术的出现，企业能够及时获取外部环境信息。例如，在推出新品过程中，企业能及时获取市场情况，并反馈给生产端。在新品销售火爆时，通过信息及时传递，企业能及时追加产品生产量，避免出现供不应求的情况；在新品出现滞销时，通过信息传递，企业能及时减少相关产品的生产量，避免企业出现库存积压的情况，导致企业生产成本上升。对于老产品而言，通过大数据及时传递信息，能使产品根据订单完成生产，从而实现企业"零库存"经营，降低企业的库存成本，提升企业的资金使用效率。

要打造全面的成本信息共享精益生产管控平台，首先，需要加强对供应商的精细化管理。一方面，需要通过建立完善的供应商信息库，加强对供应商的管理和选择；另一方面，采购部门需要加强对采购计划的管理和完善，并依据采购订单需求合理选择供应商签订采购合同，实现以较低的成本采购到符合企业生产要求的材料和物品。除此之外，采购部门还需要对采购全过程进行监督和跟踪，确保采购的材料或商品能够及时运抵企业，且商品及材料符合企业的质量要求。其次，需要加强仓储环节的精细化管理。通过条形码技术与仓库数据库结合，在库存材料及成品出入库时，对材料及成品对应的条形码进行扫描，从而实时掌握企业各项材料、半成品、成品的库存数量情况，并加强对相关材料、半成品及成品的库存管理。再次，需要加强成本控制信息的精细化管理。通过条形码技术以及对各项工艺的研究，能够对各项工艺成本进行实时分摊，从而加强对整个生产流程中各项成本全面且精细化控制。最后，需要加强对销售环节的精细化管理。为此，企业需要建立相关数据系统对各项产品进行定价，并对相关折扣优惠政策信息进行录入，从而方便对产品进行销售管理。除了对销售的产品进行信息管理之外，企业还需要对经销商及客户进行管理，对相关销售数据进行精准掌控，从而依据相关销售数据信息进行精准的营销方案策划。同时，销售部门需要积极采纳经销商及客户对产品的反馈意见，对产品进行针对性的优化调整。

3）利用大数据技术深度融合业绩评价指标。

通过大数据信息技术，能够在员工每天签到的过程中，将员工的签到信息、工作完成进度等信息及时传输到大数据信息系统中。除此之外，通过大数据技术还能划分不同的工种模块，并依据企业不同岗位、工种的特点设置差异化的大数据评估维度，实现对员工全方面、客观的评价。不仅如此，大数据信息系统还能实现对员工相关工作数据的深度分析，发现员工擅长的方面，并以此对员工的工作进行优化调整，挖掘员工的潜能，提升工作效率，进而提升企业的运营效率，降低企业成本。利用信息化工具以及相关算法对员工的工作进行全方位的评价，使业绩评价更加客观，提高业绩评价的科学性与合理性，从而树立公平的企业形象，增强员工对企业的忠诚度。

4）创造良好的大数据技术应用环境。

为了创造良好的大数据应用环境，企业需要采取以下措施：首先，各级领导干部要加快转变不适应创新发展要求的思想观念、思维方式和工作方法，在企业内部积极鼓励财务大数据技术以及信息化技术的实施。其次，根据财务信息化技术的特点全方位制定适宜财务管理信息化的制度，并加强相关财务管理工作人员对制度流程以及信息化技术的学习。为此，一方面，开展定期培训，培养财务管理人员使其逐步掌握信息化管理相关技能；另一方面，派遣有潜力的财务管理人员在财务信息化管理和财务分析方面进行深造，从而提升企业财务管理人员的专业水平。再次，财务管理信息化工作离不开其他工作部门的配合，因此，需要对其他部门人员展开培训，使其掌握信息化工具的应用能力。最后，由于熟练掌握财务管理信息化工具和大数据分析能力的人员匮乏，企业一方面需要加强对相关专业人员的引进与选拔；另一方面需要加强对现有人员的培训，使其通过系统性的培训全面提升在大数据分析方面的能力，从而使得企业大数据分析工具发挥应有的功能。

（3）企业成本管理的创新举措。

借力大智移云技术，企业创新性地提出了一系列成本管理举措。

1）在制造成本管理方面，企业可以建立数据中心部门，利用 BOM 系统和数据集成系统，实现精细化、多维度、多视角的成本集成管理，从而大大提升制造成本管理水平。

2）在采购成本管理方面，可以利用大智移云技术，制订"物料需求 + 协议预案"的定制化采购方案和以电子化平台为依托的协同订购方案，从而提高采购效率与效益，提升采购成本管理水平。

3）在仓储成本管理方面，可以从"容量和质量，精度与效率"两个方面考量搭建智能仓储体系，实现与采购业务的顺畅链接；从全局运转的视角优化物流管理工作流程，借助物联网和信息系统搭建厂区物流系统，实现与生产计划的精准匹配。

4）在销售成本管理方面，同时展开销售部门组织架构重设和信息化建设，利用精准营销系统与 BI 信息中心，制订科学精准的销售计划，大大节约销售成本。

5）在人工成本管理方面，可以依托大数据分析和云平台，结合价值链分析和成本效益分析，通过循序渐进的方式完成机器替代人工，通过生产排单系统实现订单的合理安排，建立"个人—部门—企业"一体化的量级薪酬核算体系，三管齐下，实现用工数科学合理，员工效用最大化，考核体系精细化。

（4）采用现代科学的成本管理方法和手段。

成本管理的创新是企业应对日益激烈的市场竞争、提升核心竞争力的关键手段。随着市场环境的不断变化，企业需要不断创新成本管理方式，以适应市场需求和竞争态势的变化；通过成本管理创新，企业可以降低生产成本、提高产品质量和服务水平，从而提升市场竞争力。

1）具体方法。

①目标成本管理法。以市场为导向，确定目标成本，制订相应的计划。此方法能确保产品更具市场竞争力，提高产品性能，并使管理更加灵活。

②数字化成本管理法。利用数字化技术进行成本管理，实现全方位、精细化、实时化的全流程成本管理。数字化成本管理能节省成本、提高效率，并使管理更加透明。

③成本驱动决策法。在企业的全部决策中进行成本估算、评估和分析，将成本控制纳入企业的决策和管理。成本决策法能提高绩效，推动企业变革和创新。

④"去中心化"管理法。建立一套完备的规则体系，并依托先进的数字技术，对企业的各项管理流程进行自动化监控；"去中心化"管理能更加细致地管理成本，提高决策的准确性，并降低管理成本。

2）协同平台应用。

协同平台，是指集成项目管理的各个方面，如任务管理、文档管理、沟通协作等，形成一个统一的管理平台。

协同平台的功能：实时共享和更新项目信息，确保所有成员及时了解项目的成本状况。

协同平台的工具，如PingCode、Worktile等平台提供了丰富的项目管理功能。

3）风险管理与成本控制。

风险管理与成本控制，是指通过识别和评估项目中的潜在风险，提前采取措施，避免这些风险对项目成本产生不利影响。

风险管理与成本控制的措施：制订详细的风险管理计划、明确各个风险的应对策略和措施。

风险管理与成本控制的工具，如PingCode、Worktile等平台提供了风险管理模块。

4）绩效管理与成本考核。

绩效管理与成本考核，是指通过对项目团队和成员的绩效进行考核，激励他们提高工作效率和成本意识，从而实现成本控制的目标。

绩效管理与成本考核的措施：制定明确的绩效指标和考核标准，对项目团队和成员的工作进行评估和奖励。

绩效管理与成本考核的工具，如PingCode、Worktile等平台提供了绩效管理和成本考核的功能。

5）成本管理创新趋势。

①数字化和智能化。随着大数据、人工智能等技术的不断发展，成本管理将更加数字化和智能化，实现更精准的成本预测和控制。

②协同化和集成化。成本管理将更加注重协同化和集成化，通过协同平台和集成系统实现项目信息的实时共享和更新，提高成本管理的效率和准确性。

③精益化和持续优化。精益管理理念将在成本管理中得到更广泛的应用，通过持续改进和优化项目流程与资源配置，实现更低的成本和更高的效率。

以下是一些成本管理创新的实际案例，可资借鉴。

（1）蒙牛公司的成本控制模式。通过板块负责制、层层审批制、标准成本制和跟踪管理制度等措施，实现了对成本的全过程管控。

（2）索尼公司的公共设施共享计划。通过共享公共设施，提高员工之间的沟通效率，节省企业的办公空间，减少设施和管理人力的浪费。

（3）三星公司的组织架构调整。从多个部门和生产线中分离出核心团队，削减不必要的人事成本，提升企业的效率和利润率。

（4）网易公司的"指数成本控制法"。将关键业务指标与成本挂钩，根据业务的发展情况和成本支出的实际情况进行相应的调整，提高成本管控的精准性。

综上所述，成本管理创新是企业提升竞争力和实现可持续发展的关键手段。通过采用数据驱动管理、智能预算控制、全生命周期成本监控等创新做法，企业可以更好地控制和管理项目成本，提高项目的成功率，实现企业的战略目标。企业成本管理创新举措涉及多个方面，包括增强成本观念、加强成本管控与成本核算、建立多层责任成本控制体系、采用现代科学的成本管理方法和手段、实施绩效管理以及借鉴实际案例等。这些举措的实施有助于企业降低成本、提高效率、增强竞争力并实现可持续发展。

**【任务清单】4　精细化成本融合分析计算**

| 项目名称 | 任务内容 |
| --- | --- |
| 任务情境 | 某服务业企业成立于 2020 年，主要从事餐饮行业。随着市场竞争的加剧，企业意识到成本管理的重要性，开始积极探索成本管理实践。 |
| 任务目标 | 掌握精细化成本计算过程步骤。 |
| 任务实施 | (1)　　　　　　　　　　　　　　　<br>(2)　　　　　　　　　　　　　　　<br>(3)　　　　　　　　　　　　　　　<br>(4)　　　　　　　　　　　　　　　<br>(5)　　　　　　　　　　　　　　　 |
| 任务点拨 | 参照知识点 2~3。 |
| 任务总结 | 通过完成上述任务，你学到了哪些成本管理知识或技能？ |

### 思政之窗

某公司财务部每个月都会给每个客户制作一份对账函，要求业务人员去对账并将客户签字盖章后的对账函返回财务部。但每个月返回的函件数量总是不尽如人意。财务部认为，业务人员没有尽职尽责地完成对账工作，导致公司财务记录不准确；而业务人员则抱怨对账工作烦琐且难以得到客户的配合。

财务部关注对账的准确性和及时性，认为这是公司财务管理的重要环节；而业务人员关注销售任务的完成和客户关系的维护，认为对账工作增加了他们的负担。双方应共同制定高效的对账流程和沟通机制，确保对账工作顺利进行。同时，高层管理人员应组织专门会议，协调解决双方之间的矛盾和问题。

从以上案例可以看出，财务除了拥有扎实的专业基础知识和娴熟的技能，还应具备高度的责任感和业务融合感。

### 故事启迪

**钢玻璃杯的故事**

20 世纪 80 年代，一个农民初中没毕业便辍学回家帮家里打理三亩薄田。在他 19 岁时，父亲去世了，母亲身体又不好，还有一位瘫痪在床的祖母，家庭的重担全部压在了他的肩上。

为了生存，他把一块水田挖成池塘想养鱼，但乡里的干部告诉他，水田只能种庄稼，不能养鱼，他只好又把水塘填平。这件事成了一个笑话,在别人眼里,他是一个想发财但又非常愚蠢的人。

听说养鸡能赚钱,他向亲戚借了500元钱,养起了鸡。但是,一场洪水过后,鸡得了鸡瘟,几天内全部死光。500元对如今一般人来说可能不算什么,但对于只靠三亩薄田生活的家庭而言,不啻天文数字,他的母亲受此刺激竟忧郁而死。

他后来酿过酒,捕过鱼,甚至在石矿的悬崖上帮人打过炮眼,可是都没有赚到钱。

35岁时,他还没有娶到媳妇。因为,他只有一间土屋,还随时有可能在一场大雨后倒塌。娶不上老婆的男人,在农村是没有人看得起的。

但他还想搏一搏,就四处借钱买了一辆手扶拖拉机。不料,上路不到半个月,这辆拖拉机就载着他冲入一条河里。他断了一条腿,成了残疾人。

几乎所有的人都说他这辈子完了。

但是,后来他成了一家公司的老总,手中有上亿元的资产。现在,许多人都知道了他苦难的过去和富有传奇色彩的创业经历。许多媒体采访过他,许多报告文学描述过他。有这么一个情节——

记者问他:"在苦难的日子里,你凭什么一次又一次毫不退缩?"

他坐在宽大豪华的老板台后面,喝完了手里的一杯水,然后把玻璃杯子握在手里,反问记者:"如果我松手,这只杯子会怎样?"

记者说:"摔在地上,碎了。"

"那我们试试看。"他说。

他手一松,杯子掉到地上发出清脆的声音,但并没有破碎,而是完好无损。他说:"即使有10个人在场,他们也都会认为这只杯子必碎无疑。但是,这不是普通的玻璃杯,而是用玻璃钢制作的。"

这样的人,即使只有一口气,也会努力拉住成功的手,除非上苍剥夺了他的生命……

> **拓展练习**

### 一、单选题

1. 业财融合服务,是指运用创新的管理模式和信息化、数字化的手段,将财务管理思想与方法渗透到业务的各个环节,以下哪项不属于服务特点( )。

   A. 全面性　　　　B. 实用性　　　　C. 协同性　　　　D. 价值导向

2. 业财融合的核心价值包括信息融合性、组织融合性、( )等。

   A. 价值融合性　　B. 实用融合性　　C. 应对融合　　　D. 检测合并

3. 企业应当完善包括销售、发货、( )等与销售业务相关的管理制度方面,有效防范经营风险。

   A. 开票　　　　　B. 汇款　　　　　C. 收款　　　　　D. 付款

4. 现金折扣,是指销货方为鼓励购买方及早偿还货款而提供的折扣优惠。现金折扣额不得从销售额中减除,应计入( )。

   A. 营业收入　　　B. 应收账款　　　C. 财务费用　　　D. 银行存款

5. 销售循环常见弊端包括:虚计销售收入,调节利润、销售成本结转不实,调节利润、收款方式选用不当,造成坏账、销售费用支出失控,成本增大、( )等。

A. 销售退回审批制度不严　　B. 对客户授信分级处理
C. 资金账目不清　　　　　　D. 销售合同签订谨慎

## 二、业务操作题

浙江××家具制造有限责任公司于2020年成立，年销售额1 000万元，企业人员配备有限，业务处于发展期；主要市场在华东区域，客户端以中小企业及商场领域为主；许多业务相互交叉，一人多岗是普遍现象，因而存在管控环节不清，责任不明情况。特别是，销售业务的合同签订、发货、退货、货款收回等环节，既没有形成较完整的业务内部控制体系，也没有健全的控制制度。针对这种状况，该公司决定加强管理队伍和制度建设，不断提高管理水平。

要求：设计一套比较完整的销售内控制度。

### 实训提示

1. 在进行制度设计时，一定不能生搬硬套，要结合公司实际，体现公司的特点。

2. 设计的制度既要符合企业内部控制基本规范和配套指引的要求，又要具有可操作性；制度的具体条款要反映公司的生产经营与管理实际，切忌空洞。

# 项目八

## 中小企业多维度财务分析

### 知识目标

1. 理解财务分析的目标。
2. 掌握中小企业财务分析基本框架。
3. 掌握企业战略分析方法。
4. 掌握会计分析方法。
5. 掌握报表分析方法。
6. 熟悉企业前景分析。

### 技能目标

1. 能够进行企业战略分析。
2. 能够进行会计分析。
3. 能够熟练进行报表分析。

### 素质目标

1. 培养学生发现问题、分析问题和解决问题的基本素质。
2. 培养学生根据财务分析目标建立财务分析体系的能力。
3. 培养学生全面进行财务分析的能力。

## 知识串联

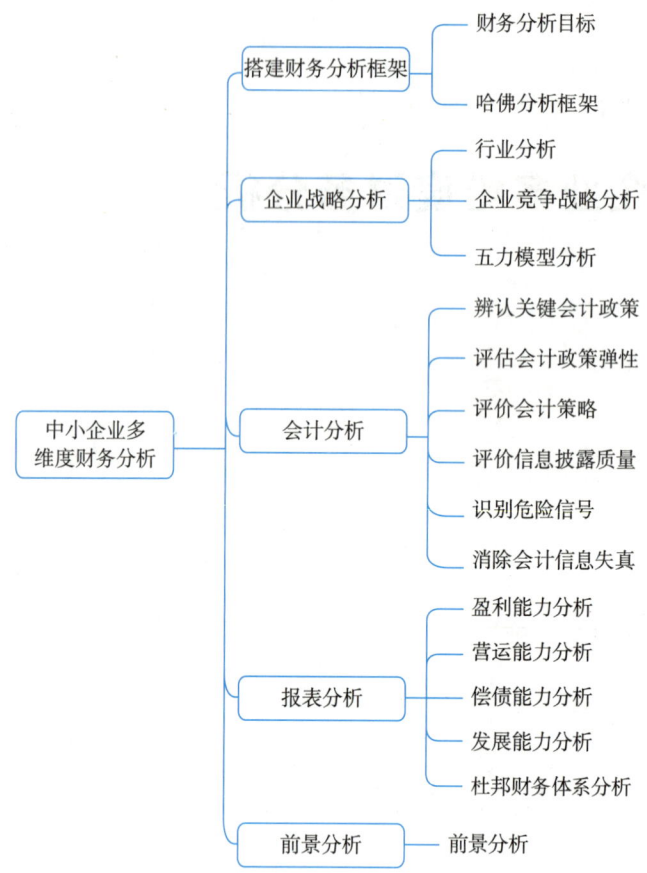

## 任务一　搭建财务分析框架

**学习情境**

通过学习，会计王飞认识到，对企业进行财务分析要遵循一定程序和方法，今后要按照较为系统和规范的"套路"对"娃娃店"进行全面的财务分析，因此，需要为"娃娃店"搭建切合实际的财务分析框架。那么，如何搭建财务分析框架呢？

**学习目标**

了解财务分析的目标；熟悉财务分析的基本框架。

**知识储备**

**知识点1：财务分析目标**

财务分析目标与财务信息使用者相关，不同的财务信息使用者，财务分析的目标是不同的。因此，从财务信息使用者角度出发，财务分析目标又可细分为投资者财务分析目标、债权人财务分析目标、经营者财务分析目标、监管者财务分析目标、相关利益者财务分析目标等。

（1）从投资者角度来看财务分析的目标。

从企业股东（包括潜在投资者）角度来看，其财务分析的目的在于对企业投资进行价值分析，首先关注企业的盈利能力，其次关注企业的偿债能力和营运能力。

（2）从企业经营者角度来看财务分析的目标。

企业经营者的财务分析目标是综合的，他们不仅要关心盈利状况，还要关心企业的营运能力和偿债能力，希望通过财务分析及时发现经营中存在的问题，并及时采取有效措施解决这些问题，使企业健康、快速地发展。

（3）从债权人角度来看财务分析的目标。

债权人的财务分析目标与投资者及经营者不同，其首先看对企业的债权能否及时、足额收回，即研究企业的偿债能力；其次看债务人的收益状况与风险程度是否相适应。

（4）从企业其他利益相关者角度来看财务分析的目标。

企业其他利益相关者主要是指与企业经营相关的供应商、客户等单位以及政府行政管理与监督部门。企业的供应商、客户等单位出于保护自身利益的目的，关心企业的财务状况，其财务分析的目标在于掌握企业的信用状况，对企业支付能力、偿债能力和经营状况进行判断；政府行政管理与监督部门对企业进行财务分析，一方面是为了检查和监督政府相关制度、政策在企业的执行情况，另一方面是判断企业财务信息的真实性、准确性。

**知识点 2：哈佛分析框架**

哈佛分析框架是由美国哈佛大学佩普（Palepu）、希利（Healy）和百纳德（Bernard）三位学者提出的一种财务分析框架。哈佛分析框架从战略高度分析一个企业的财务状况、企业外部环境存在的机会和威胁、企业内部条件的优势和不足，通过科学的预测为企业未来的发展指出方向。哈佛分析框架包括战略分析、会计分析、财务分析、前景分析。

（1）战略分析。

战略分析从企业内部的资源与能力、核心竞争力、价值链等，以及外部的宏观环境、产业环境、竞争环境等方面进行分析，帮助信息使用者更好地做出分析判断。

（2）会计分析。

会计分析是对企业的会计政策、会计估计、会计方法、会计信息披露等方面进行分析，目的是反映公司财务报表数据的真实性。

（3）财务分析。

经过会计分析确认财务数据完整、准确之后，进行财务分析。通过对公司的偿债能力、营运能力、盈利能力及发展能力几个方面的计算，做出相关财务指标分析，利用横向与同行业公司对比和纵向选取一定时间段的财务数据对比进行分析评价，发现企业的优势和不足。

（4）前景分析。

前景分析就是在财务分析的基础上，利用对公司的战略分析着眼于未来的发展趋势，利用对公司的财务分析评估未来的发展潜力，通过对行业的发展前景展望指出公司未来面临的机会与挑战。

【任务清单】1　搭建财务分析框架

| 项目名称 | 任务内容 |
| --- | --- |
| 任务情境 | 通过对【知识储备】的学习，你认为如何开展财务分析？ |
| 任务目标 | 熟练掌握财务分析基本框架。 |

续表

| 项目名称 | 任务内容 |
|---|---|
| 任务实施 | （1）如何从投资者角度来看财务分析的目标？<br><br>（2）如何从企业经营者角度来看财务分析的目标？<br><br>（3）如何从债权人角度来看财务分析的目标？<br><br>（4）如何从企业经营角度搭建财务分析框架？ |
| 任务点拨 | 参照知识点 1~2。 |
| 任务总结 | 通过完成上述任务，你学到了哪些知识或技能？ |

## 任务二　企业战略分析

**学习情境**

在财务分析前，首先要对企业战略进行分析，通过企业战略分析可以了解企业的内部及外部经营环境，识别企业经营变化的主要因素和风险，有利于定性评估企业经营的可持续性及未来的发展方向。那么，如何进行企业战略分析呢？

**学习目标**

掌握行业分析、企业竞争战略分析、五力模型分析等方法。

**知识储备**

**知识点 1：行业分析**

行业分析主要包括行业特征分析、行业周期分析、行业获利能力分析、企业核心竞争力分析等。

（1）行业特征分析。行业特征反映了该行业的基本状况及发展趋势，通过行业分析可以评价该行业的竞争、技术、需求、盈利及增长特征。

（2）行业周期分析。行业周期是指行业从出现到衰落经历的时间。根据行业增长情况、市场集中度、竞争状况、市场容量、技术成熟度、利润率等指标，行业周期可分为：幼稚期、成长期、成熟期和衰退期。行业处于不同的发展阶段，对企业具有不同的战略指导意义。

（3）行业获利能力分析。不同行业的获利能力存在差异，并且有时差异会很大。根据哈佛大学迈克尔·波特分析行业获利能力的五力模型，行业获利能力取决于现有企业之间的竞争状况、新进入者的威胁、替代产品风险、客户议价能力、供应商议价能力。

（4）企业核心竞争力分析。企业核心竞争力是由企业长期形成的、蕴含在企业本质中的、企业独有的、支撑企业发展，并能使企业在竞争环境中长时期取得主动的核心能力。它是建立在企业核心资源基础之上的技术、产品、管理、文化等综合优势在市场中的反映。识别企业核心竞争力的标准有：价值性、稀缺性、不可替代性和难以模仿性。

**知识点 2：企业竞争战略分析**

竞争战略是由"竞争战略之父"——迈克尔·波特在《竞争战略》一书中提出的，它是企业战略的一部分，在企业总体战略下，指导和管理具体战略经营单位的计划与行动。波特提出了三种卓有成效的竞争战略：低成本战略、差别化战略和专一化战略。

（1）低成本战略，是指通过有效途径，使总成本降低，以建立一种不败的竞争优势。这种战略要求企业努力取得规模经济，以经验曲线为基础，严格控制生产成本和间接费用，以使企业的产品总成本降低到最低水平。处于低成本地位的战略经营单位能够防御竞争对手的进攻，因为较低的成本可使其通过削价与对手进行激烈竞争后，仍然获得盈利，从而在市场竞争中立住脚跟。成本领先是最基本的竞争能力，所有战略建立在成本优势的基础上。换言之，不管企业采取何种竞争战略，成本优势都是不得不重视的核心问题。

（2）差别化战略，是指将公司提供的产品或服务差异化，形成一些在全产业范围中具有独特性的东西。差别化战略的方式，通常是在设计或品牌形象、技术特点、外观特点、客户服务、经销网络及其他方面有独特性。

（3）专一化战略，是指主攻某个特殊的顾客群、某产品线的一个细分区段或某一地区市场。专一化战略的整体是围绕着很好地为某一特殊目标服务这一中心建立的，它开发推行的每一项职能化方针都要考虑这一中心思想。

**知识点 3：五力模型分析**

波特五力模型是企业竞争战略分析中经常用到的战略分析工具。波特五力模型将大量不同的因素汇集在一个简便的模型中，以此分析一个行业或企业的基本竞争态势。五力模型确定了竞争的五种主要来源，即同行企业竞争状况、新进入者的威胁、替代产品风险、客户议价能力、供应商议价能力。

（1）同行企业竞争状况。大部分行业中的企业，相互之间的利益都是紧密联系在一起的，作为企业整体战略一部分的各企业竞争战略，目标都在于使自己的企业获得相对于竞争对手的优势，所以，在实施中必然会产生冲突与对抗。这些冲突与对抗构成了现有企业之间的竞争。现有企业之间的竞争常常表现在价格、广告、产品介绍、售后服务等方面，其竞争强度与许多因素有关。

（2）新进入者的威胁。新进入者在给行业带来新生产能力、新资源的同时，也希望在已被现有企业瓜分的市场中赢得一席之地，这就有可能与现有企业发生原材料与市场份额的竞争，最终导致行业中现有企业盈利水平降低，甚至可能危及这些企业的生存。

(3) 替代产品风险。两个处于不同行业中的企业，可能会由于生产的产品互为替代品，产生相互竞争行为。这种源自替代品的竞争会以各种形式影响行业中现有企业的竞争战略。

(4) 客户议价能力。客户主要通过压价与要求提供较高的产品或服务质量，影响行业中现有企业的盈利能力。

(5) 供应商议价能力。供应商力量的强弱主要取决于提供给买主的是什么投入要素，当供应商提供的投入要素价值构成了买主产品总成本的较大比例、对买主产品生产过程非常重要或者严重影响买主产品质量时，供应商对于买主的潜在讨价还价力量就会大大增强。

【任务清单】2　企业战略分析

| 项目名称 | 任务内容 |
| --- | --- |
| 任务情境 | 通过对【知识储备】的学习，利用上市公司新和成（002001）最新的年报对该公司进行战略分析［上市公司年报信息可在巨潮资讯网（http://www.cninfo.com.cn）查询］。 |
| 任务目标 | 掌握企业战略分析的基本方法。 |
| 任务实施 | (1) 公司简介。<br><br>(2) 竞争战略分析。<br><br>(4) 五力模型分析。 |
| 任务点拨 | 参照知识点1~2。 |
| 任务总结 | 通过完成上述任务，你学到了哪些知识或技能？ |

## 任务三　会计分析

**学习情境**

在财务分析前，还要对企业进行会计分析，通过对企业的会计政策、会计估计、会计方法、会计信息披露等方面进行分析，可以判断企业财务报表数据的真实性。那么，如何进行会计分析呢？

**学习目标**

掌握辨认关键会计政策、评估会计政策弹性等会计分析方法。

## 知识储备

**知识点 1：辨认关键会计政策**

对企业会计报表进行分析，首先应结合企业战略分析，并对企业用于衡量其成功要素和风险的会计政策与估计进行评估及确认。如实施差异化战略，对于以产品质量和创新为主要竞争优势的制造企业，其与研发及售后服务相关的会计政策就显得尤为关键；对于低成本战略的商品流通企业，其与存货相关的会计政策如存货计价和跌价准备等就显得特别重要；对于应实施专一化战略的企业，分析时要兼顾存货相关会计政策与研发及售后服务相关会计政策。

**知识点 2：评估会计政策弹性**

不同企业有着不同的关键会计政策，而不同的关键会计政策有着不同的会计政策弹性。有些企业的关键会计政策可能受到会计准则严格限制，而有些企业的会计政策存在较大的政策弹性空间。报表分析者应分析目标企业关键会计政策弹性大小，格外关注会计政策弹性大的企业有无利用政策弹性的行为。

**知识点 3：评价会计策略**

在评价会计策略时，报表分析者应关注：企业选择的关键会计政策与其所在行业的惯例是否一致、企业有无利用会计弹性进行盈余控制的动机、企业有无变更会计政策和估计、企业以前采取的会计政策和估计是否符合实际、企业是否为特定会计目的进行特殊的交易设计，等等。

**知识点 4：评价信息披露质量**

在评价信息披露质量时，报表分析者应关注：企业是否提供了充分的资料，让报告阅读者评估其经营策略及经营状况等；报表附注是否充分解释了企业主要会计政策；企业是否对业绩变动给予了充分说明；企业是否忠于事实而不存在"报喜不报忧"的情况等。

**知识点 5：识别危险信号**

针对企业可能存在的会计报表舞弊行为，报表分析者通过识别危险信号发现舞弊者的蛛丝马迹。一些常见的危险信号包括：未解释的会计政策和会计估计变动，未解释的异常交易，关联交易频繁，企业重组、股权交易不断，频繁更换审计师或审计师出具非"无保留"审计意见，等等。

**知识点 6：消除会计信息失真**

会计信息失真的原因主要有：会计报表是多方博弈后的通用信息报告，信息不充分；根据权责发生制编制的报表存在扭曲企业真实情况的现象；会计信息披露质量问题；等等。会计信息失真可以利用报表附注、评估会计信息质量、历史对比分析、行业对比分析、调研等方法对其进行信息还原。

【任务清单】3　会计分析

| 项目名称 | 任务内容 |
| --- | --- |
| 任务情境 | 通过对【知识储备】的学习，利用上市公司新和成（002001）最新年报对该公司进行会计分析[上市公司年报信息可在巨潮资讯网（http://www.cninfo.com.cn）查询]。 |
| 任务目标 | 掌握企业会计分析的基本方法。 |

续表

| 项目名称 | 任务内容 |
|---|---|
| 任务实施 | （1）辨认关键会计政策。<br><br>（2）评估会计政策弹性。<br><br>（3）评价会计策略。<br><br>（4）评价信息披露质量。<br><br>（5）识别危险信号。<br><br>（6）消除会计信息失真。 |
| 任务点拨 | 参照知识点1~6。 |
| 任务总结 | 通过完成上述任务，你学到了哪些知识或技能？ |

## 任务四　报表分析

**学习情境**

通过企业战略分析对企业的经营环境有了详细了解，通过会计分析对企业的会计数据和会计信息质量做出了评价，在此基础上对企业的会计报表进行系统的财务分析具有一定的可靠性。那么，如何进行企业会计报表分析呢？

**学习目标**

掌握会计报表盈利能力分析、营运能力分析、偿债能力分析、发展能力分析及杜邦财务体系分析等方法。

**知识储备**

**知识点1：盈利能力分析**

盈利能力的大小是一个相对的概念，即利润与一定的资源投入或一定的收入相比较获得的一个相对的概念，它是企业生存与发展中最重要的要素。

184

(1) 资本经营盈利能力分析。主要指标：

净资产收益率 =（净利润÷平均净资产）×100%

其中，

平均净资产 =（期初所有者权益 + 期末所有者权益）÷2

该指标为正且越高，反映企业盈利能力越好。

(2) 资产经营盈利能力分析。主要指标：

总资产报酬率 =（息税前利润÷平均资产总额）×100%

其中，

息税前利润 = 利润总额 + 利息支出

平均资产总额 =（期初资产总额 + 期末资产总额）÷2。

该指标为正且越高，反映企业盈利能力越好。

(3) 营业经营盈利能力分析。主要指标：

销售利润率 =（净利润÷营业收入）×100%

该指标为正且越高，反映企业盈利能力越好。

**知识点 2：营运能力分析**

营运能力主要指企业营运资产的效益和效率。资产周转速度是衡量企业营运效率的主要指标，资产周转速度越快，表明资产可供运用的机会越多，使用效率越高；反之，则表示资产利用效率越低。资产周转速度快慢，通常使用资产周转率（次数）和资产周转期（天数）两个指标表示。

(1) 总资产周转率（次数）= 营业收入÷平均资产总额

总资产周转期（天数）=［1÷总资产周转率（次数）］×计算期天数

其中，

平均资产总额 =（期初资产总额 + 期末资产总额）÷2

总资产周转率（次数）数值越高，总资产周转期（天数）就越短，说明企业资产的投入产出率越高，企业总资产运营状况越好。

(2) 流动资产周转率（次数）= 营业收入÷平均流动资产

流动资产周转期（天数）= 计算期天数÷流动资产周转率

其中，

平均流动资产 =（期初流动资产 + 期末流动资产）÷2

流动资产周转率（次数）数值越高，流动资产周转期（天数）就越短，说明企业流动资产的投入产出率越高，企业流动资产运营状况越好。

(3) 存货周转率（次数）= 营业收入÷平均存货

存货周转期（天数）= 计算期天数÷存货周转率

其中，

平均存货 =（期初存货 + 期末存货）÷2

存货周转率（次数）数值越高，存货周转期（天数）就越短，说明企业存货的变现速度越快，企业存货的周转速度越快、流动性越强。

(4) 应收账款周转率（次数）= 营业收入÷平均应收账款

应收账款周转期（天数）＝计算期天数÷应收账款周转率

其中，

平均应收账款＝（期初应收账款＋期末应收账款）÷2

应收账款周转率（次数）数值越高，应收账款周转期（天数）就越短，说明企业变现速度和管理效率越高，企业应收账款的周转速度越快、流动性越强。

（5）固定资产周转率（次数）＝营业收入÷平均固定资产

固定资产周转期（天数）＝计算期天数÷固定资产周转率

其中，

平均固定资产＝（期初固定资产＋期末固定资产）÷2

固定资产周转率（次数）数值越高，固定资产周转期（天数）就越短，说明企业利用效率和管理水平越高。

**知识点3：偿债能力分析**

偿债能力反映企业偿还到期债务的能力，包括短期偿债能力和长期偿债能力。

（1）短期偿债能力分析。

短期偿债能力反映企业短期的财务状况和风险程度。

流动比率＝流动资产÷流动负债

流动比率越高，表示企业的偿付能力越强，企业面临的短期流动性风险越小，债权人安全程度越高。

速动比率＝速动资产÷流动负债

其中，

速动资产＝流动资产－存货

速动比率消除了存货等变现能力较差的流动资产项目的影响，可以部分弥补流动比率指标存在的缺陷。用速动比率评价企业的短期偿债能力相对更准确一些。

（2）长期偿债能力分析。

长期偿债能力反映企业整体财务状况和债务负担及偿债能力的保障程度。

资产负债率＝负债÷资产

该指标越大，说明企业的债务负担越重；反之，则说明企业的债务负担越轻。对债权人来说，该比率越低越好，因为企业的债务负担越轻，其总体偿债能力越强，债权人权益的保证程度越高。对于企业来说，需要结合其运营特点进行分析。

**知识点4：发展能力分析**

发展能力反映企业在生存基础上扩大规模、壮大实力的潜在能力。

（1）股东权益增长率＝（本期股东权益增加额÷股东权益期初余额）×100%

该指标反映的是股东权益的增长情况。

（2）营业利润增长率＝（本期营业利润增加额÷上期营业利润总额）×100%

该指标反映的是企业营业利润增长情况。

（3）收入增长率＝（本期营业收入增加额÷上期营业收入）×100%

该指标反映的是企业某期销售增长情况。

（4）资产增长率=（本期资产增加额÷资产期初余额）×100%

该指标反映的是企业资产规模增长情况。

**知识点 5：杜邦财务体系分析**

杜邦财务体系分析是利用几种主要的财务比率之间的关系，建立财务分析指标体系，综合分析企业财务状况的分析方法。该体系由美国杜邦公司首先采用。企业经营以实现股东财富最大化为目标，因此，杜邦财务体系分析以净资产收益率为起点，将企业净资产收益率逐级分解为多项财务指标，深入分析比较企业经营业绩。采用这一分析体系，可以使财务指标分析的层次更清晰、条理更突出，为报表分析者全面仔细了解企业的经营状况提供便利。

净资产收益率=总资产净利率×权益乘数

总资产净利率=销售净利率×资产周转率（次数）

净资产收益率=销售净利率×资产周转率（次数）×权益乘数

杜邦财务体系分析将净资产收益率分解为三个指标——销售净利率、资产周转率（次数）和权益乘数，而这三个分解指标又对企业经营有着不同的作用，分别代表企业三种不同的杠杆：市场杠杆、管理杠杆和财务杠杆。市场杠杆——销售净利率的高低代表了企业在市场中的地位，销售净利率与企业的产品组合、销售收入和毛利率等息息相关；管理杠杆——资产周转率（次数）综合反映了企业管理者对资产利用管理的水平，资产周转得快慢直接影响企业管理的效率，资产周转率（次数）与企业的现金流、存货周转率（次数）、应收账款账期和固定资产周转率（次数）等因素相关；财务杠杆——权益乘数的高低不但影响企业的盈利水平，还关乎企业的风险程度，财务杠杆与资产负债率、流动比率及净现金负债率等相关。

**案例分析**

星星制造公司财务综合分析报告

一、公司概况

星星制造公司是一家成立于 2018 年的小型制造企业，主要生产电子产品。公司经过多年发展，在本地市场已占据一定份额，但在市场竞争日益激烈的环境下，需通过财务分析来洞察自身经营状况，为后续发展提供决策依据。

二、财务数据选取

选取公司 2024 年财务报表数据（见下表）：

| 项目 | 金额（元） |
| --- | --- |
| 营业收入 | 5 000 |
| 营业成本 | 3 500 |
| 销售费用 | 300 |
| 管理费用 | 400 |
| 财务费用 | 100 |
| 资产总额 | 8 000 |
| 流动资产 | 5 000 |
| 固定资产 | 2 500 |
| 流动负债 | 3 000 |

续表

| 项目 | 金额（元） |
| --- | --- |
| 长期负债 | 1 000 |
| 净利润 | 400 |

三、盈利能力分析

（1）毛利率。

毛利率 =（营业收入 - 营业成本）÷ 营业收入 × 100%

= （5 000 - 3 500）÷ 5 000 × 100% = 30%

较高的毛利率表明公司产品或服务具有一定的获利空间，在扣除直接成本后，每百元营业收入能带来 30 元的毛利，这为公司进一步覆盖其他费用并实现盈利奠定了基础。

（2）净利率。

净利率 = 净利润 ÷ 营业收入 × 100%

= 400 ÷ 5 000 × 100% = 8%

净利率反映了公司最终的盈利能力，星星制造公司净利率为 8%，意味着每百元营业收入能实现 8 元的净利润。虽然有盈利，但需关注与同行业对比情况，若行业平均净利率较高，公司可能需进一步优化成本费用结构。

（3）成本费用利润率。

成本费用利润率 = 净利润 ÷（营业成本 + 销售费用 + 管理费用 + 财务费用）× 100%

= 400 ÷（3 500 + 300 + 400 + 100）× 100%

= 400 ÷ 4 300 × 100% ≈ 9.3%

该指标越高，表明企业为取得利润而付出的代价越小，成本费用控制得越好。星星制造公司的成本费用利润率为 9.3%，说明公司在成本费用控制方面有一定成效，但仍有提升空间。

四、营运能力分析

（1）应收账款周转率。

假设期初应收账款为 400 万元，期末应收账款为 600 万元。

应收账款周转率 = 营业收入 ÷ [（期初应收账款 + 期末应收账款）÷ 2]

= 5 000 ÷ [（400 + 600）÷ 2] = 10（次）

应收账款周转率反映了企业应收账款周转速度的快慢及管理效率的高低。星星制造公司应收账款周转率为 10 次，表明公司在一年内应收账款周转了 10 次，回收速度相对较快，资金回笼效率较高，有助于维持企业资金的正常周转。

（2）存货周转率。

假设期初存货为 800 万元，期末存货为 1 200 万元。

存货周转率 = 营业成本 ÷ [（期初存货 + 期末存货）÷ 2]

= 3 500 ÷ [（800 + 1 200）÷ 2] = 3.5（次）

存货周转率衡量了企业存货管理水平和变现能力。星星制造公司存货周转率为 3.5 次，说明公司存货在一年内周转了 3.5 次，存货周转速度一般。若与同行业优秀企业相比偏低，可能存在存货积压问题，影响资金使用效率和企业盈利能力。

（3）流动资产周转率。

流动资产周转率 = 营业收入 ÷ 流动资产平均余额

假设期初流动资产为 4 500 万元，则流动资产平均余额 =（4 500 + 5 000）÷ 2 = 4 750 万元

流动资产周转率 = 5 000 ÷ 4 750 ≈ 1.05（次）

流动资产周转率反映了流动资产的周转速度。星星制造公司流动资产周转率为 1.05 次，意味着流动资产在一年内周转 1.05 次，周转速度相对较慢，可能需要优化流动资产配置，提高流动资产的运营效率。

五、偿债能力分析

（1）流动比率。

流动比率 = 流动资产 ÷ 流动负债
　　　　 = 5 000 ÷ 3 000 ≈ 1.67

一般认为，流动比率的合理值在 2 左右。星星制造公司流动比率为 1.67，表明公司流动资产对流动负债有一定的保障能力，但相比标准值略低，短期偿债能力存在一定风险，需关注流动资产的变现能力和流动负债的到期情况。

（2）速动比率。

速动资产 = 流动资产 − 存货 = 5 000 − 1 200 = 3 800 万元

速动比率 = 速动资产 ÷ 流动负债
　　　　 = 3 800 ÷ 3 000 ≈ 1.27

通常速动比率的合理值在 1 左右。星星制造公司速动比率为 1.27，说明公司在不考虑存货变现的情况下，也具有一定的短期偿债能力，速动资产能够覆盖流动负债。

（3）资产负债率。

资产负债率 =（负债总额 ÷ 资产总额）× 100%

负债总额 = 3 000 + 1 000 = 4 000 万元

资产负债率 =（4 000 ÷ 8 000）× 100% = 50%

资产负债率反映了企业长期偿债能力以及负债经营的程度。一般认为资产负债率在 40%~60% 较为合理。星星制造公司资产负债率为 50%，处于合理区间，表明公司长期偿债能力尚可，且适度的负债经营能利用财务杠杆为企业带来一定收益，但也需注意控制负债规模，防范财务风险。

六、发展能力分析

（1）营业收入增长率。

假设上一年营业收入为 4 500 万元。

营业收入增长率 =（本期营业收入 − 上期营业收入）÷ 上期营业收入 × 100%
　　　　　　　 =（5 000 − 4 500）÷ 4 500 × 100% ≈ 11.1%

营业收入增长率体现了企业业务的增长速度。星星制造公司营业收入增长率为 11.1%，说明公司业务处于增长态势，市场拓展取得一定成效，但需持续关注市场动态和竞争情况，以保持增长的持续性。

（2）净利润增长率。

假设上一年净利润为 350 万元。

净利润增长率 =（本期净利润 - 上期净利润）÷ 上期净利润 × 100%
= （400 - 350）÷ 350 × 100% ≈ 14.3%

净利润增长率反映了企业盈利能力的增长情况。星星制造公司净利润增长率为14.3%，高于营业收入增长率，表明公司在成本控制、经营管理等方面取得了一定成效，使得净利润增长幅度更大，企业盈利能力增强。

（3）总资产增长率。

假设上一年资产总额为7 500万元。

总资产增长率 =（本期资产总额 - 上期资产总额）÷ 上期资产总额 × 100%
= （8 000 - 7 500）÷ 7 500 × 100% ≈ 6.7%

总资产增长率衡量了企业资产规模的扩张速度。星星制造公司总资产增长率为6.7%，说明公司资产规模在逐步扩大，但扩张速度相对较为平稳，需合理规划资产投资，确保资产的有效利用和收益提升。

七、杜邦体系分析

杜邦体系以净资产收益率（ROE）为核心指标，将盈利能力、营运能力和偿债能力有机结合。

净资产收益率 = 总资产净利率 × 权益乘数

总资产净利率 = 净利润 ÷ 资产总额 × 100%
= 400 ÷ 8 000 × 100% = 5%

权益乘数 = 资产总额 ÷ 所有者权益总额

所有者权益总额 = 资产总额 - 负债总额 = 8 000 - 4 000 = 4 000万元

权益乘数 = 8 000 ÷ 4 000 = 2

则净资产收益率 = 5% × 2 = 10%

通过杜邦分析可知，星星制造公司净资产收益率为10%。总资产净利率为5%，反映公司资产利用的综合效果一般，需进一步提升资产运营效率，提高盈利能力；权益乘数为2，说明公司利用了一定的财务杠杆，但处于合理范围。为提高净资产收益率，公司可从提高总资产净利率（如优化成本结构、提高资产周转率）和合理调整权益乘数（在风险可控范围内适度增加负债）等方面着手。

通过对星星制造公司的盈利能力、营运能力、偿债能力和发展能力分析，以及杜邦体系分析可知，公司在盈利能力方面有一定基础，但需进一步优化成本费用结构以提升净利率；营运能力方面，应收账款回收情况良好，但存货和流动资产周转有待加强；偿债能力处于合理水平，但短期偿债能力需关注；发展能力呈现增长态势，但需持续保持。公司应综合考虑各方面因素，采取针对性措施，如加强成本控制、优化存货管理、合理配置流动资产、适度利用财务杠杆等，以提升公司整体经营业绩和市场竞争力。

【任务清单】4 报表分析

| 项目名称 | 任务内容 |
| --- | --- |
| 任务情境 | 通过对【知识储备】的学习，结合前面对上市公司新和成（002001）的财务分析，利用上市公司新和成（002001）最新年报对该公司进行会计报表分析［上市公司年报信息可在巨潮资讯网（http：// www.cninfo.com.cn）查询］。 |

续表

| 项目名称 | 任务内容 |
| --- | --- |
| 任务目标 | 掌握企业会计报表分析的基本方法。 |
| 任务实施 | （1）盈利能力分析。<br>（2）营运能力分析。<br>（3）偿债能力分析。<br>（4）发展能力分析。<br>（5）杜邦财务体系分析。 |
| 任务点拨 | 参照知识点 1~5。 |
| 任务总结 | 通过完成上述任务，你学到了哪些知识或技能？ |

## 任务五　前景分析

### 学习情境

企业前景分析是以战略分析、会计分析和财务分析为基础的一种动态的综合分析预测。前景分析是财务分析的最终目的，可以为报表使用者权衡风险收益、调整投资决策提供重要依据，也可以帮助企业管理者科学地制订未来发展计划、调整企业发展战略。那么，如何进行企业前景分析呢？

### 学习目标

掌握对企业前景分析的基本方法。

### 知识储备

**知识点：前景分析**

会计报表提供的是过去的数据，而前景分析要面向企业未来。财务预测是基于合理的假设，根据预期条件和可能影响未来经营与投资活动等重要事项，做出恰当的预计结果并将预计信息编制成各项预计会计报表，以反映企业预期的财务状况、经营成果和现金流量等信息。财务预测应是全面的，不仅要预测收益数据，还要预测资产负债及现金流量数据。这些数据不是臆造的，而是建立在战略分析、会计分析和财务分析的坚实基础上。

在对企业前景进行预测分析时，应首先预测其未来的收入状况，因为销售收入预测是财务预测的重要起点。由于所处行业及发展阶段不同，企业未来销售变动趋势会有所不同，在预测过程中要关注影响企业未来销售变动的重要因素。另外，还应考虑企业未来销售变动幅度及其影响，如不能因企业目前处于高速增长阶段就简单认为其未来仍按此速度增长，而应根据未来市场状况评估市场饱和度、竞争等因素的综合影响。在预测企业未来盈利水平时，过去年度的盈利水平可以作为预测的基础数据，但仍应评估影响企业利润的综合因素。

【任务清单】5　前景分析

| 项目名称 | 任务内容 |
| --- | --- |
| 任务情境 | 通过对【知识储备】的学习，结合前面对上市公司新和成（002001）的财务分析，利用上市公司新和成（002001）最新的年报对该公司进行前景分析〔上市公司年报信息可在巨潮资讯网（http：//www.cninfo.com.cn）查询〕。 |
| 任务目标 | 掌握企业前景分析的基本方法。 |
| 任务实施 | 1.　<br>2.　<br>3.　<br>4.　<br>5.　 |
| 任务点拨 | 参照知识点。 |
| 任务总结 | 通过完成上述任务，你学到了哪些知识或技能？ |

### 思政之窗

一份600字的财务分析报告戳穿了一个上市公司的"神话"。

蓝田事件是中国证券市场一系列欺诈案之一，被称为"老牌绩优"的蓝田巨大泡沫的破碎，是中国股市上演的一出丑剧，成为2002年中国经济界一个重大事件。

蓝田股份曾经创造了中国股市长盛不衰的绩优神话。这家以养殖、旅游和饮料为主的上市公司，一亮相就颠覆了行业规律和市场法则，1996年发行上市以后，在财务数字上一直保持着神奇的增长速度：总资产规模从上市前的2.66亿元发展到2000年末的28.38亿元，增长了9.7倍，历年年报的业绩都在每股0.60元以上，最高达到每股1.15元，5年间股本扩张了360%，创造了中国农业企业罕见的"蓝田神话"。

2001年10月9日起，中央财经大学刘姝威教授对蓝田的财务报告进行了分析，得出的结果是，2000年蓝田的流动比率已经下降到0.77，净营运资金已经下降到-1.27亿元。在刘姝威看来，这几个简单的数字说明，蓝田在一年内难以偿还流动债务，有1.27亿元的短期债务无法偿还，蓝田已经失去了创造现金流量的能力，完全在依靠银行的贷款维持生存——它是一个空壳！10月23日，刘姝威毫不犹豫地将《应立即停止对蓝田股份发放贷款》的600字财务分析报告发给了金融内参编辑部，之后"蓝田神话"破灭：蓝田股份涉嫌业绩造假金额高达10亿元，而生态农业、蓝田经济开发公司（蓝田股份原第一大股东）以及蓝田总公司（蓝田经济开发公司的母公司）所欠银行贷款的总数曾一度高达30亿元。

一篇短短600字的财务分析报告就可以直接戳穿一个公司的骗局，可见财务分析报告不在于长短，而在于其分析的深度和质量。因此，我们在进行财务分析时，要运用所学会计知识，从纷繁复杂的财务信息中探寻企业经营的本质，提供有内容、有深度的财务分析报告。

**故事启迪**

### 分粥

有七个人曾经住在一起，每天分一大桶粥。要命的是，粥每天都不够。

一开始，他们抓阄决定谁来分粥，每天轮一个。于是，每周下来，他们只有一天是饱的，就是自己分粥的那一天。

后来，他们推选出一个道德高尚的人出来分粥。但是，强权就会产生腐败，大家开始挖空心思去讨好那个人，并贿赂他，搞得整个小团体乌烟瘴气。

再后来，大家组成三人的分粥委员会及四人的评选委员会，互相攻击扯皮下来，粥吃到嘴里全是凉的。

最后，他们想出来一个方法：轮流分粥，但分粥的人要等其他人都挑完后拿剩下的最后一碗。为了不让自己吃到最少的，每人都尽量分得平均；即使不平均，也只能认了。大家快快乐乐，和和气气，日子越过越好。

同样是七个人，不同的分配制度，会有不同的风气。所以，一个单位如果有不好的工作习气，那么一定是机制有问题，没有完全公平、公正、公开，没有严格的奖勤、罚懒。如何制订这样一个制度，是每个领导需要考虑的问题。

**拓展练习**

### 一、单选题

1. 投资者在进行财务分析时，最关心企业的（    ）。
   A. 偿债能力　　　B. 盈利能力　　　C. 营运能力　　　D. 发展能力
2. 以下财务报告中，反映企业财务状况的是（    ）。
   A. 利润表　　　　B. 利润分配表　　C. 费用成本表　　D. 资产负债表
3. 企业扩大举债经营规模的根本保障是（    ）。
   A. 偿债能力　　　B. 获利能力　　　C. 筹资能力　　　D. 变现能力
4. 进行资产规模与变动分析，应采用（    ）。
   A. 水平分析法　　B. 垂直分析法　　C. 趋势分析法　　D. 比率分析法
5. 在利润分析中，无法得到的信息是（    ）。
   A. 主营业务利润　B. 成本费用　　　C. 资产结构　　　D. 净利润

### 二、多选题

1. 反映上市公司盈利能力的指标有（    ）。

A. 每股收益 B. 普通股权益报酬率
C. 股利发放率 D. 总资产报酬率

2. 属于筹资活动现金流量的项目有（ ）。

A. 短期借款的增加 B. 支付给职工的现金
C. 或有收益 D. 分配股利支付的现金

3. 根据杜邦财务体系分析，与净资产收益率指标相关的有（ ）。

A. 流动比率 B. 销售净利率 C. 资产周转率 D. 权益乘数

4. 股东权益增长率的大小直接取决于（ ）。

A. 资产负债率 B. 总资产报酬率 C. 净资产收益率 D. 股东净投资率

5. 某企业流动比率为2，以下会使该比率下降的业务有（ ）。

A. 收回应收账款 B. 从银行取得短期借款已入账
C. 偿还应付账款 D. 赊购商品与材料

### 三、判断题

1. 流动资产周转率（次数）是影响总资产周转率的唯一因素。（ ）
2. 价格因素是影响企业盈利能力的决定因素。（ ）
3. 资产周转速度越快，为企业节约的资金越多。（ ）
4. 获利能力越强的企业，偿债能力越强。（ ）
5. 杜邦财务体系分析中的核心指标是净资产收益率。（ ）

### 四、业务操作题

请运用所学财务分析知识，结合前面对上市公司新和成（002001）的战略分析、会计分析、报表分析及前景分析，对新和成（002001）进行全面的财务分析，具体数据信息从互联网及巨潮资讯网（http：//www.cninfo.com.cn）查询。

项目8 拓展练习及答案

# 参考文献

[1] 史璞. 基础会计［M］. 北京：北京师范大学出版社,2012.
[2] 程淮中. 会计基础与实务［M］. 北京：人民邮电出版社,2014.
[3] 张先治,陈友邦. 财务分析［M］. 大连：东北财经大学出版社,2020.
[4] 王建军. 业财融合与中小企业竞争力提升［M］. 上海:复旦大学出版社,2021.
[5] 韩向东. 智能管理会计:全面赋能业财融合的实战指南［M］. 北京:人民邮电出版社,2021.
[6] 李新娥,李晓月,张亚男. 业财一体化应用与设计［M］. 上海:立信会计出版社,2025.